L'ÉTRANGE DÉFAITE

Marc Bloch

L'Étrange Défaite

Essai Historique

En application de l'art. L.137-2.-I. du code de la propriété intellectuelle, toute reproduction et/ou divulgation de parties de l'oeuvre dépassant le volume prévu par la loi est expressément interdite.

© Marc Bloch, 2025

Édition : BoD · Books on Demand, 31 avenue Saint-Rémy, 57600 Forbach, bod@bod.fr
Impression : Libri Plureos GmbH, Friedensallee 273, 22763 Hamburg (Allemagne)

ISBN : 978-2-3225-5077-7
Dépôt légal : Janvier 2025

AVANT-PROPOS DE GEORGES ALTMAN A L'EDITION ORIGINALE DE L'ÉTRANGE DEFAITE

Il est admirable que ce Témoignage ait pu être pensé, écrit, mis à l'abri pour nous, en juillet 1940, dans une France frappée par la foudre du désastre.

Quand tout croulait, dans la plus affreuse confusion des hommes et des choses, quand le pays de la liberté, des Droits de l'Homme, de la grandeur spirituelle, de la douceur de vivre, prenait par Vichy figure de peuplade conviée à honorer de barbares totems et d'absurdes tabous, quand tant de clercs se ruaient à la servitude, il est admirable qu'un grand témoin, tombé quatre ans après au service de la Résistance, ait pu découvrir, analyser avec cette clarté les secrets de la plus étrange des défaites.

Nous n'hésitons pas à dire qu'il n'a pas paru à ce jour en France, sur 1940, un récit, une explication, un réquisitoire d'une pensée aussi lucide, d'un dessin aussi net. Affirmons hautement que la voix d'outre-tombe d'un grand civil martyr, mort sans avoir jamais douté de l'aube, nous en dit plus long et plus vrai que bien d'autres sur le mal qui plongea la France dans la nuit.

Marc Bloch a écrit ce texte, il le dit, « en pleine rage ». La belle rage d'un grand esprit qui n'admet pas, d'une intelligence qui refuse, la colère d'un témoin qui sait. Mais ce combattant plongé en pleine débâcle, cet historien contraint de vivre, de subir un des pires moments de notre histoire a su, malgré son dégoût et sa révolte, donner à sa pensée et à son style une sérénité, une hauteur de vues comme implacables. L'Étrange Défaite *a l'allure, le ton, l'accent de ces essais qui échappent à la hâte sommaire du présent, au flot pressé et bousculé des faits. Écrit sur le vif et sur-le-champ, sous le plein fouet suffocant de la vague, on dirait que ce livre s'est donné à soi-même son recul historique.*

Cela déjà suffirait. Mais il y a plus que cette description vive, précise du désastre de 40 ; il y a dans tout le Témoignage, et spécialement dans la deuxième partie, l'examen de conscience, la bouleversante confession d'un grand intellectuel français qui se penche sans merci sur un monde et sur une caste. Le texte prend alors le ton d'une méditation passionnée sur les autres et sur soi : militaires, politiques, fonctionnaires, professeurs, ouvriers, paysans, toutes les catégories sociales de la nation passent sous l'observation du témoin dans des raccourcis dignes d'un Vauvenargues. C'est vrai. Il y a dans le récit un tour de maxime, une frappe lapidaire. Voyez comme il explique le désordre, la peur, l'ambition, le courage, avec quelle sereine hardiesse cet homme qui fait partie d'une aristocratie bourgeoise n'hésite pas à retrouver spontanément dans le petit peuple de France les constantes de liberté, d'humanité, de dignité. Marc Bloch, combattant des deux guerres, celle de 14, celle de 39, compare souvent. Et, parlant du courage, il écrit : Je n'ai pas connu en 1914-1918 de meilleurs guerriers que les mineurs du Nord ou du Pas-de-Calais. À une exception près. Elle m'étonna longtemps jusqu'au jour où j'appris par hasard que ce trembleur était un jaune, entendez un ouvrier non syndiqué, employé comme briseur de grèves. Aucun parti pris politique n'est ici en cause. Simplement, là où manquait en temps de paix le sentiment de la solidarité de classe, toute capacité de s'élever au-dessus de l'intérêt égoïste immédiat fit de même défaut sur le champ de bataille.

Sous la forme de la chose vue et entendue, le capitaine Marc Bloch trace du haut commandement français pendant la « drôle de guerre » des portraits qui correspondent, on le sait trop, à la plus dure réalité. Mais la critique est toujours accompagnée par des vues sur le présent et sur l'avenir, par des remarques de méthode et de tactique, où le moraliste, l'historien paraît, avec une étonnante aisance, deviner et prévoir.

Explication, avertissement, confiante prophétie en la résurrection : aujourd'hui, dans la liberté reconquise, ce Témoignage sur l'étrange défaite écrit en 1940 prend une sorte de beauté souveraine, cette grandeur qu'ont les textes écrits dans l'actualité pour la postérité. Voyez par exemple si ces lignes écrites en juillet 40 ne pourraient servir de règle d'or aux réformateurs français de 1946 : Quelle que soit la nature du gouvernement, le pays souffre si les instruments du pouvoir sont hostiles à l'esprit même des institutions publiques. À une monarchie, il faut un personnel monarchique. Une démocratie tombe en faiblesse, pour le plus grand mal des intérêts communs, si ses hauts fonctionnaires, formés à la mépriser et, par nécessité de fortune, issus des classes mêmes dont elle a prétendu abolir l'empire, ne la servent qu'à contrecœur.

Tout Marc Bloch enfin, et sa grande âme d'humaniste français, sont dans ces lignes : Combien de patrons, parmi ceux que j'ai rencontrés, ai-je trouvé capables par exemple de saisir ce qu'une grève de solidarité, même peu raisonnable, a de noblesse : passe encore, disent-ils, si les grévistes défendaient leur propre salaire… Il est deux catégories de Français qui ne comprendront jamais l'histoire de France : ceux qui refusent de vibrer au souvenir du sacre de Reims ; ceux qui lisent sans émotion le récit de la fête de la Fédération.

Quant aux derniers paragraphes du Témoignage de Marc Bloch qui s'ouvrent par cette sorte de « largo » : J'appartiens à une génération qui a mauvaise conscience... je défie tout Français conscient des choses de l'esprit de les lire sans cette émotion que l'on a devant une parfaite dignité humaine ; *cette pureté, d'ailleurs, on la retrouvera dans le simple écrit par lequel Marc Bloch résistant indique à sa famille ses dernières volontés, en cas de mort subite. Il prévoyait, dès 1940, qu'il aurait à reprendre le combat, un autre combat, une aventure, celle de la Résistance civile en France occupée :* Je le dis franchement : je souhaite en tout cas que nous ayons encore du sang à verser, même si cela doit être celui d'êtres qui me sont chers (je ne parle pas du mien, auquel je n'attache pas tant de prix) car il n'est pas de salut sans une part de sacrifice ni de liberté nationale qui puisse être pleine si on n'a travaillé à la conquérir soi-même.

Marc Bloch avait raison et raison de conclure : Quel que puisse être le succès final, l'ombre du grand désastre de 1940 n'est pas près de s'effacer.

Son témoignage traverse l'ombre.

Le monde intellectuel, la France universitaire, l'intelligence française savent trop ce qu'ils ont perdu avec lui.

Chacun des livres de Marc Bloch, Les Rois thaumaturges, Les Caractères originaux de l'histoire rurale française, La Société féodale, *a marqué une découverte, une conquête originale de la science moderne sur le passé. Ses collègues, ses étudiants, les historiens de tous les pays, un vaste public d'élite savent que le professeur Marc Bloch fut un des esprits les plus curieux, un des historiens les plus neufs dont la France peut s'enorgueillir :* Je me souviens, *dit le professeur britannique Brogan,* je me souviens fort bien du jour où la nouvelle de la mort de Marc Bloch nous parvint à Cambridge et avec quel empressement fut accueillie la rumeur, fausse, hélas ! qui annonçait son évasion. Quand nous apprîmes sa mort de façon certaine, quel coup ce fut pour tout le monde savant ! *Une grande figure, vraiment, et dont l'œuvre vivante se place parmi les plus durables, parmi celles où des générations d'étudiants, de chercheurs, de savants viendront sans cesse puiser.*

… Je le savais quand il entra avec nous, à Lyon, dans la Résistance, mais je ne savais point qu'un homme pouvait ainsi faire prendre à sa vie le même style qu'à son âme et qu'à son esprit.

… Cher Marc Bloch, cher Narbonne de la Résistance… Au début de ce Témoignage, parlant de sa condition de juif dont il ne veut tirer « ni orgueil ni honte », il dit :… la France, dont certains conspireraient volontiers à m'expulser aujourd'hui et peut-être (qui sait ?) y réussiront, demeurera, quoi qu'il arrive, la patrie dont je ne saurais déraciner mon cœur. J'y suis né, j'ai bu aux sources de sa culture, j'ai fait mien son passé, je ne respire bien que sous son ciel et je me suis efforcé à mon tour de la défendre de mon mieux.

Ils n'ont point réussi à l'expulser du sol, ni de l'esprit ni du combat ; ils ont pu l'« expulser » de la vie… Par avance, il offrait son sang. Et pourtant…

Longtemps, nous n'avons pas voulu croire que les brutes avaient éteint cette lumière.

C'était déjà trop de savoir qu'on l'avait battu, torturé, que ce corps d'homme mince, d'une si naturelle distinction, que cet intellectuel si fin, si mesuré, si fier avait été plongé dans l'eau de glace d'une baignoire, tremblant et suffocant, giflé, cravaché, outragé.

Nous ne pouvions pas, non, nous ne pouvions supporter cette image : Marc Bloch, livré aux bêtes nazies, ce type si parfait de dignité française, d'humanisme exquis et profond, cet esprit devenu une proie de chair aux mains des plus vils... Nous étions là quelques-uns à Lyon, ses amis, ses camarades de lutte clandestine, quand nous apprîmes l'arrestation, quand on nous dit tout de suite : « Ils l'ont torturé. » Un détenu l'avait vu dans les locaux de la Gestapo, saignant de la bouche (ce sillage sanglant à la place du dernier sourire de malice qu'il m'avait légué au coin d'une rue avant d'être happé par l'horreur !). Je me souviens ; à ces paroles : « Il saignait », les larmes de rage jaillirent de nos yeux à tous. Et les plus endurcis baissèrent la tête avec accablement, comme on fait quand, tout de même, c'est trop injuste.

Nous avons, des mois, attendu, espéré. Déporté ? Toujours à Montluc, la prison de Lyon ? Transféré dans une autre ville ? On ne savait rien jusqu'au jour où l'on nous dit : « Plus d'espoir. Il a été fusillé à Trévoux le 16 juin 1944. On a reconnu ses vêtements, ses papiers. » Ils l'ont tué aux côtés de quelques autres qu'il animait de son courage.

Car on sait comme il est mort ; un gosse de seize ans tremblait près de lui : « Ça va faire mal. » Marc Bloch lui prit affectueusement le bras et dit seulement : « Mais non, petit, cela ne fait pas mal », et tomba en criant, le premier : « Vive la France ! »

Dans le tour à la fois sublime et familier de ces derniers mots, dans cette simplicité antique, je vois la preuve admirable de l'unité sereine d'une vie où la découverte puissante et neuve du passé ne fit qu'appuyer la foi dans les valeurs éternelles de l'homme — une foi active pour laquelle il a su mourir.

Je revois encore cette minute charmante où Maurice, l'un de nos jeunes amis de la lutte clandestine, son visage de vingt ans rouge de joie, me présenta sa « nouvelle recrue », un monsieur de cinquante ans, décoré, le visage fin sous les cheveux gris argent, le regard aigu derrière ses lunettes, sa serviette d'une main, une canne de l'autre ; un peu cérémonieux d'abord, mon visiteur bientôt sourit en me tendant la main et dit avec gentillesse :

— Oui, c'est moi le « poulain » de Maurice...

C'est ainsi, en souriant, que le professeur Marc Bloch entra dans la Résistance, c'est sur ce même sourire que je le quittai pour la dernière fois.

Tout de suite, dans notre vie haletante, traquée, forcément bohème, j'admirai le souci de méthode et d'ordre qu'apportait notre « cher maître ». (Ce terme académique nous faisait rire, lui et nous, comme un vestige d'un passé réel mais si lointain déjà, si inactuel dans nos soucis, comme un chapeau haut de forme interposé parmi les mitraillettes.) Le cher maître, pour l'heure, apprenait avec zèle les rudiments de l'action illégale et de l'insurrection. Et l'on vit bientôt le professeur en Sorbonne partager avec un flegme étonnant cette épuisante vie de « chiens de rues » que fut la Résistance clandestine dans nos villes.

Je sais que ce n'est pas aller contre son cœur que de dire qu'il aimait le danger et qu'il avait, comme parle Bossuet, « une âme guerrière maîtresse du corps qu'elle anime ». Il avait refusé l'armistice et Pétain, il continua la guerre au poste où le destin l'avait mis. Mais dans notre hourvari clandestin, dans nos rendez-vous, nos réunions, nos courses, nos imprudences, nos périls, il apportait un goût de précision, d'exactitude, de logique qui donnait à son calme courage une sorte de charme saugrenu qui, pour ma part, m'enchantait.

— Voyons, voyons, ne nous emballons pas, il faut limiter le problème...

Le problème, c'était de faire tenir des consignes aux chefs régionaux des Mouvements Unis de Résistance (les M. U. R.), d'organiser un transport d'armes, de tirer un tract clandestin, de mettre en place, pour le jour J, les autorités clandestines...

Quand, au coin d'une rue, dans nos rendez-vous secrets, je voyais Marc Bloch avec son pardessus au col frileusement relevé, sa canne à la main, échanger de mystérieux et compromettants bouts de papier avec nos jeunes gars en « canadienne » ou en chandail, du même air placide dont il aurait rendu des copies à des étudiants d'agrégation, je me disais, et je me dis toujours que nul ne peut imaginer, sauf ceux qui l'ont vécue, les aspects exaltants de la Résistance civile et clandestine en France.

Gestapo, Milice, police de Pétain font rage. Chaque jour voit, comme nous disions, « tomber un ami ». Il était là, il y a quelques minutes avec nous, puis disparaît comme happé par l'abîme. Et d'autres sans cesse le remplacent. Comme le temps est long ! Comme l'espoir parfois s'affaisse ! Comme la victoire semble lointaine, et la fin du cauchemar ! Les maquis luttent, les presses clandestines roulent, la grande voix basse, acharnée de la Résistance s'entend quand même partout. Perquisitions, arrestations, coups de feu dans les rues, tortures, fusillades... Comme nous nous sentons seuls, *parfois, au milieu des indifférences, des résignations – et des affreuses complicités.*

Bientôt toute la Résistance connut Marc Bloch. Trop. Car il voyait, il voulait voir trop de monde. Il avait gardé de la vie légale et universitaire cette idée que dans le travail on n'est jamais mieux servi que par soi-même. Et il voulait faire le plus par lui-même. Passionné d'organisation, il était légitimement hanté par le souci de mettre au point tous les rouages complexes de cette vaste administration souterraine par laquelle les Mouvements Unis de Résistance commandaient aux maquis, aux groupes francs, à la propagande, à la presse, aux sabotages, aux attentats contre l'occupant, à la lutte contre la déportation. Âme guerrière mais non point militaire au sens professionnel du terme, il plaisantait souvent : « Dans la guerre de 14, je n'ai jamais pu monter en grade. Savez-vous que je suis le plus vieux capitaine de l'armée française ? »

Il avait dû, comme nous tous, abandonner sa véritable identité pour un double, triple ou quadruple nom : un sur la fausse carte, un pour les camarades, un autre pour la correspondance. Pourquoi avait-il d'abord voulu choisir le pseudonyme insolite d'Arpajon ? *Cela l'amusait d'évoquer cette petite cité de la banlieue sud de Paris, et le train à vapeur pittoresque qui soufflait jadis dans la nuit des halles à travers le Quartier latin, son quartier des écoles. Quand le nom d'Arpajon fut « brûlé », comme nous disions, il décida de « rester sur la ligne » et se nomma* Chevreuse. Chevreuse *« brûlé » à son tour, nous jugeâmes alors plus raisonnable de lui faire « quitter » l'Île-de-France, et il s'appela* Narbonne…

C'est Narbonne qui devint bientôt le délégué de Franc-Tireur *au directoire régional des M. U. R. à Lyon, c'est Narbonne qui, avec les délégués de* Combat *et* Libération, *devait diriger la Résistance lyonnaise, jusqu'au tragique coup de filet qui le mena au supplice…*

Narbonne, *pour la Résistance, il était, pour ses logeurs, M. Blanchard ; c'est sous ce nom qu'il voyageait clandestinement, pour se rendre par exemple à Paris aux réunions du C. G. E. (Comité Général et d'Études de la Résistance). Il avait accepté cette vie de risque et d'illégalité avec un entrain quasi sportif, gardant d'ailleurs une jeunesse, une santé physique que j'admirais en le voyant prendre à la course ce tramway qui le ramenait dans son logis lyonnais, derrière la Croix-Rousse, logis de fortune dont le meuble principal était constitué par une « cuisinière » qui lui servait périodiquement à brûler de trop nombreux papiers.*

Je venais souvent le chercher dans cette calme et champêtre rue de l'Orangerie, à Cuire ; il était convenu que je ne montais pas et que, pour le faire descendre, je devais siffler de l'extérieur quelques notes d'une musique de Beethoven ou de Wagner ; en général, c'étaient les premières notes de La Chevauchée des Walkyries. *Il descendait avec un sourire amusé et chaque fois ne manquait pas de me dire :*

– Pas mal, Chabot, mais toujours un peu faux, vous savez.

Ainsi imaginez cet homme fait pour le silence créateur, pour la douceur studieuse d'un cabinet plein de livres, courant de rue en rue, déchiffrant avec nous dans une mansarde lyonnaise le courrier clandestin de la Résistance…

Et puis la catastrophe arriva. Après un an d'efforts, la Gestapo réussit à mettre la main sur une partie du directoire des M. U. R. Marc Bloch est arrêté, torturé, emprisonné. Et cette fin admirable que nous avons dite…

Le 16 juin 1944, vingt-sept cadavres sont découverts à Saint-Didier-sur-Formans, près de Lyon. Quelques amis arrivent à se procurer les photos de la police judiciaire ; on se penche anxieusement. Une figure de vieillard recouverte d'une barbe de dix jours, un fragment de vêtement, des initiales M. B., des faux papiers au nom de Maurice Blanchard. C'était Marc Bloch.

— Si j'en réchappe, je reprendrai mes cours, nous disait-il souvent.

Il aimait avec passion son métier. Il rêvait d'une vaste réforme de l'enseignement dont il avait publié les grandes lignes dans la revue clandestine du C. G. E., Les Cahiers politiques. *Il adorait sa famille, sa femme, si vaillante et si douce, qui mourut subitement pendant qu'il était à Montluc, ses six enfants, Alice, Etienne, Louis, Daniel, Jean-Paul, Suzanne...*

J'ai rarement connu d'hommes dont l'esprit, le cœur et le comportement fussent d'une si naturelle distinction. Il était spontanément porté à ramener tout à la mesure humaine et aux valeurs de l'esprit. Entre les alertes, les poursuites, les départs précipités, les coups de filet de la vie souterraine, il avait besoin, non point, comme on dit, de s'évader, mais de revenir aux vrais domaines de sa vie – à la pensée, à l'art.

Je me souviens d'un clair de lune sur la Croix-Rousse ; je raccompagnais Marc Bloch vers sa lointaine retraite. La nuit semblait si légère, et si loin du drame pesant où nous étions, qu'il plut à Marc Bloch de parler musique et poèmes non pas pour oublier les risques et l'horreur, mais pour évoquer un peu les belles disciplines d'esprit, les douces beautés profanées, bannies, un temps éclipsées, qui justifient l'homme d'exister et pour lesquelles Marc Bloch luttait.

Il avait toujours un livre à la main dans ses courses clandestines, pour y lire, et pour marquer aussi ses rendez-vous secrets dans une mystérieuse cryptographie, un système à lui dont il tirait gloire. Mais il choisissait ses auteurs, pour ne point perdre son temps.

Les derniers que je lui vis en main étaient un Ronsard… et un recueil de fabliaux français du Moyen Âge.

Georges Altman (Chabot.)

PREMIÈRE PARTIE

L'ÉTRANGE DÉFAITE

I.   Présentation du témoin

Ces pages seront-elles jamais publiées ? Je ne sais. Il est probable, en tout cas, que, de longtemps, elles ne pourront être connues, sinon sous le manteau, en dehors de mon entourage immédiat. Je me suis cependant décidé à les écrire. L'effort sera rude : combien il me semblerait plus commode de céder aux conseils de la fatigue et du découragement ! Mais un témoignage ne vaut que fixé dans sa première fraîcheur et je ne puis me persuader que celui-ci doive être tout à fait inutile. Un jour viendra, tôt ou tard, j'en ai la ferme espérance, où la France verra de nouveau s'épanouir, sur son vieux sol béni déjà de tant de moissons, la liberté de pensée et de jugement. Alors les dossiers cachés s'ouvriront ; les brumes, qu'autour du plus atroce effondrement de notre histoire commencent, dès maintenant, à accumuler tantôt l'ignorance et tantôt la mauvaise foi, se lèveront peu à peu ; et peut-être les chercheurs occupés à les percer trouveront-ils quelque profit à feuilleter, s'ils le savent découvrir, ce procès-verbal de l'an 1940.

Je n'écris pas ici mes souvenirs. Les petites aventures personnelles d'un soldat, parmi beaucoup, importent, en ce moment, assez peu et nous avons d'autres soucis que de rechercher le chatouillement du pittoresque ou de l'humour. Mais un témoin a besoin d'un état civil. Avant même de faire le point de ce que j'ai pu voir, il convient de dire avec quels yeux je l'ai vu.

Écrire et enseigner l'histoire : tel est, depuis tantôt trente-quatre ans, mon métier. Il m'a amené à feuilleter beaucoup de documents d'âges divers, pour y faire, de mon mieux, le tri du vrai et du faux ; à beaucoup regarder et observer, aussi. Car j'ai toujours pensé qu'un historien a pour premier devoir, comme disait mon maître Pirenne, de s'intéresser « à la vie ». L'attention particulière que j'ai accordée, dans mes travaux, aux choses rurales a achevé de me convaincre que, sans se pencher sur le présent, il est impossible de comprendre le passé ; à l'historien des campagnes, de bons yeux pour contempler la forme des champs ne sont pas moins indispensables qu'une certaine aptitude à déchiffrer de vieux grimoires. Ce sont ces mêmes habitudes de critique, d'observation et, j'espère, d'honnêteté, que j'ai essayé d'appliquer à l'étude des tragiques événements dont je me suis trouvé un très modeste acteur.

La profession que j'ai choisie passe, ordinairement, pour des moins aventureuses. Mais mon destin, commun, sur ce point, avec celui de presque toute ma génération, m'a jeté, par deux fois, à vingt et un ans d'intervalle, hors de ces paisibles chemins. Il m'a, en outre, procuré, sur les différents aspects de la nation en armes, une expérience d'une étendue, je crois, assez exceptionnelle. J'ai fait deux guerres. J'ai commencé la première au mois d'août 1914, comme sergent d'infanterie : en pleine troupe, par conséquent, et presque au niveau du simple soldat. Je l'ai continuée, successivement, comme chef de section, comme officier de renseignements, attaché à un état-major de régiment, enfin, avec le grade de capitaine, dans les fonctions d'adjoint à mon chef de corps. Ma seconde guerre, j'en ai vécu la plus grande partie à l'autre extrémité de l'échelle : dans un état-major d'armée, en relations fréquentes avec le G. Q. G. Tranchant à travers les institutions et les milieux humains, la coupe, on le voit, n'a pas manqué de variété.

Je suis Juif, sinon par la religion, que je ne pratique point, non plus que nulle autre, du moins par la naissance. Je n'en tire ni orgueil ni honte, étant, je l'espère, assez bon historien pour n'ignorer point que les prédispositions raciales sont un mythe et la notion même de race pure une absurdité particulièrement flagrante, lorsqu'elle prétend s'appliquer, comme ici, à ce qui fut, en réalité, un groupe de croyants, recrutés, jadis, dans tout le monde méditerranéen, turco-khazar et slave. Je ne revendique jamais mon origine que dans un cas : en face d'un antisémite. Mais peut-être les personnes qui s'opposeront à mon témoignage chercheront-elles à le ruiner en me traitant de « métèque ». Je leur répondrai, sans plus, que mon arrière-grand-père fut soldat, en 93 ; que mon père, en 1870, servit dans Strasbourg assiégé ; que mes deux oncles et lui quittèrent volontairement leur Alsace natale, après son annexion au IIe Reich ; que j'ai été élevé dans le culte de ces traditions patriotiques, dont les Israélites de l'exode alsacien furent toujours les plus fervents mainteneurs ; que la France, enfin, dont certains conspireraient volontiers à m'expulser aujourd'hui et peut-être (qui sait ?) y réussiront, demeurera, quoi qu'il arrive, la patrie dont je ne saurais déraciner mon cœur. J'y suis né, j'ai bu aux sources de sa culture, j'ai fait mien son passé, je ne respire bien que sous son ciel, et je me suis efforcé, à mon tour, de la défendre de mon mieux.

Un jeune officier me disait, alors que nous devisions sur le pas d'une porte, dans Malo-les-Bains bombardé : « Cette guerre m'a appris beaucoup de choses. Celle-ci entre autres : qu'il y a des militaires de profession qui ne seront jamais des guerriers ; des civils, au contraire, qui, par nature, sont des guerriers. » Et il ajoutait : « Je ne m'en serais, je vous l'avoue, jamais douté avant le 10 mai : vous, vous êtes un guerrier. » La formule peut paraître naïve. Je ne la crois pas tout à fait fausse ; ni dans ses applications générales ni même, si je m'interroge avec sincérité, quant à ce qui me touche personnellement. Un médecin de l'armée, qui fut mon compagnon au 4ᵉ bureau de l'état-major, aimait à me persifler gentiment en m'accusant, moi vieux professeur, « d'avoir plus que personne l'esprit militaire » : ce qui, d'ailleurs, signifiait tout bonnement, j'imagine, que j'ai toujours eu le goût de l'ordre dans le commandement. Je suis revenu de la précédente guerre avec quatre citations ; je ne pense pas me tromper en supposant que, si l'entrée inopinée des Allemands à Rennes n'avait arrêté net les propositions de la 1ʳᵉ armée, je n'aurais pas regagné mes foyers, après cette guerre-ci, sans un ruban de plus sur ma vareuse[1]. En 1915, après une convalescence, j'ai rejoint le front avant mon tour, comme volontaire. En 1939, je me suis laissé maintenir en activité, malgré mon âge et mes six enfants, qui m'avaient, depuis longtemps, donné le droit de pendre au clou mon uniforme. De ces faits et de ces témoignages, je ne tire nulle vanité : j'ai, pour cela, vu trop de braves et humbles gens accomplir leur devoir, sans emphase, beaucoup mieux que moi et dans des conditions beaucoup plus difficiles. Simplement, si le lecteur, tout à l'heure, devant certains propos d'une franchise un peu rude, se sentait tenté de crier au parti pris, je lui demande de se souvenir que cet observateur, ennemi d'une molle indulgence, ne servit pas contre son gré et ne fut point, par ses chefs, ou ses camarades, jugé un trop mauvais soldat.

Voici, maintenant, l'exact bilan de ce qu'il m'a été donné de faire et, par conséquent, de voir, dans la dernière guerre.

Comme je l'ai dit plus haut, je m'étais, dans l'intervalle entre les deux guerres, constamment refusé à profiter des dispositions législatives qui m'auraient permis d'échapper à toute obligation militaire. Mais, bien qu'inscrit, dès 1919, au

---

[1] La citation est venue à l'ordre du corps d'armée (juillet 1942).

service d'état-major, je ne me pliai jamais à suivre le moindre cours dit « de perfectionnement ». Dans le principe, je reconnais que j'eus tort. Mon excuse est que ces années-là, précisément, se trouvèrent coïncider avec la période de ma vie durant laquelle j'ai, tant bien que mal, produit l'essentiel de mon œuvre d'historien, qui me laissait bien peu de loisirs. Ma consolation, je la puise dans les expériences mêmes de la campagne : assurément, le reflet de l'enseignement de l'École de Guerre, auquel je me suis ainsi soustrait, ne m'eût inspiré que bien peu d'idées justes. Comme l'armée de ce temps estimait, avant tout, les bons élèves, elle ne manqua point de me tenir rigueur de mon obstinée école buissonnière. Elle sut même m'en punir doublement. Capitaine de 1918, je n'avais pas cessé de l'être en 1938, lors de ma première mobilisation. Capitaine, je me retrouvai, encore, au mois d'août 1939, malgré une proposition d'avancement, signée par les chefs qui m'avaient vu au travail ; capitaine, toujours, lorsque, le 11 juillet 1940, je déposai l'uniforme. Tel fut mon premier châtiment, qui m'a laissé sans rancune comme sans tristesse. Le second m'atteignit dans mon affectation de mobilisation.

J'avais d'abord appartenu, sur le papier, à un 2e bureau de corps d'armée : ce qui, le 2e bureau étant chargé des renseignements, ne paraissait pas, on l'avouera, pour un historien, un trop mauvais emploi ; puis, plus modestement déjà, à un état-major d'infanterie divisionnaire. Mais bientôt on me fit quitter les formations des armées, pour me précipiter dans les inglorieux services du territoire : en l'espèce, l'état-major d'un groupe de subdivisions. Ce groupe-là, à vrai dire, avait son siège à Strasbourg, où chacun voyait alors la première proie offerte aux bombes allemandes. Il y aurait eu, me semblait-il, une certaine inélégance à me dérober à un poste ainsi placé. Ce sentiment, confirmé par la paresse naturelle à laquelle je succombe aisément, lorsqu'il s'agit de ma propre personne, m'empêcha de tenter les démarches qui m'auraient peut-être permis de trouver mieux. Un ami, cependant, s'efforça, peu avant la guerre, de me faire entrer au 2e bureau du G. Q. G. ; il ne put réussir à temps. Ce fut donc au groupe de subdivisions de Strasbourg, qu'après y avoir accompli deux brèves périodes d'instruction, je fus appelé d'abord en septembre 1938, lors de l'alerte de Munich ; puis, une seconde fois, au mois de mars suivant, pour quelques heures seulement (ma convocation m'avait touché à Cambridge, d'où il me fallut revenir en toute hâte) ; enfin, le 24 août de cette même fatidique année 1939.

Je n'ai, au bout du compte, pas trop regretté cette affectation. La besogne d'un état-major de groupe de subdivisions est, en soi, assez morne. Mais c'est, sur une entrée en guerre, un bon observatoire. Du moins, tel fut le cas, durant les deux ou trois premières semaines. La mobilisation, proprement dite, s'effectuait, pour une large part, sous notre contrôle. Que se passa-t-il, ensuite, dans les états-majors, de même type, qui fonctionnaient dans l'intérieur du pays ? J'imagine que, cette première fièvre une fois épuisée, ils conservèrent, malgré tout, une certaine activité, faite d'innombrables paperasses et de beaucoup de menues histoires. Le nôtre, qui avait bientôt quitté Strasbourg pour se replier sur Molsheim, au pied des Vosges, était, là encore, implanté en pleine zone des armées. Lorsque la VIe armée se fut décidée, d'ailleurs avec une étonnante lenteur, à mettre en place ses propres organes de commandement, notre rôle, déjà progressivement amenuisé, se réduisit presque à néant. Alors se succédèrent d'interminables et torpides journées. Nous étions cinq : un général de brigade, un lieutenant-colonel, deux capitaines, un lieutenant. Je nous revois encore, face à face dans notre salle d'école, tous tendus vers un même souhait : que quelque papier, apporté par un courrier inopiné, nous fournît enfin l'occasion de rédiger un autre papier. Le plus jeune des deux capitaines était le plus heureux, il distribuait des laissez-passer ! Un historien ne s'ennuie pas facilement : il peut toujours se souvenir, observer, écrire. Mais l'inutilité, quand la nation se bat, est un sentiment insupportable.

Notre général appartenait au cadre de réserve. On finit par renvoyer cet excellent homme à ses études, c'est-à-dire, pour l'essentiel, à la pêche à la ligne. Le reste de l'état-major fut fondu avec celui du groupe de subdivisions de Saverne. Personnellement, je ne passai, pourtant, que deux jours dans cette aimable petite ville, alors fort encombrée. Je m'étais découvert une voie d'accès auprès d'un haut personnage du G. Q. G. Obtenir un meilleur poste, « par relations », l'acte ne compte point parmi ceux dont il y ait lieu de tirer beaucoup de fierté. Était-ce ma faute, cependant, si aucun autre moyen ne s'offrait de trouver pour ma bonne volonté un plus utile emploi ? Grâce à ce puissant intercesseur, je reçus, au début d'octobre, un avis de mutation. J'étais affecté à l'état-major de la Ire armée, que je rejoignis, sans tarder, à Bohain, en Picardie.

L'ordre du G. Q. G. m'assignait une fonction précise : celle d'officier de liaison avec les forces britanniques. Je devais figurer, à ce titre, au 2e bureau. Mais deux autres capitaines arrivèrent bientôt, précédés par des notes qui définissaient leur emploi mot pour mot dans les mêmes termes que le mien. Le chef d'état-major jugea qu'il y avait pléthore ; mieux valait, pensait-il, que chacun des principaux organes de l'armée eût ses moyens propres de contact avec nos voisins du corps expéditionnaire. Il nous répartit donc entre les divers bureaux, à l'exception, seulement, du 1er, dont le rôle, qui est de veiller sur les effectifs et la discipline, ne comporte guère de fenêtres ouvertes sur l'extérieur. Je me trouvai, pour ma part, versé au 4e, qui a la charge de la circulation, de la main-d'œuvre et des ravitaillements. J'y conservais, en principe, le même service, mi d'information, mi de diplomatie. On verra plus loin comment, très malheureusement et bien contre mon gré, ces attributions se révélèrent, à l'expérience, de plus en plus insignifiantes. Allais-je retomber dans l'oisiveté dont j'avais, une première fois, tant souffert ? Je m'en désolais déjà quand l'officier chargé du ravitaillement en essence ayant été appelé à un autre poste, on me désigna pour prendre sa place.

Me voici donc devenu, du jour au lendemain, le grand maître des carburants, dans l'armée la plus motorisée de tout le front français. Ma première impression fut une terreur panique : car je me rendais bien compte que ce service ne manquerait pas d'entraîner, en cas d'opérations actives, les responsabilités les plus lourdes, et j'en ignorais jusqu'au rudiment. « Pourvu, écrivais-je à ma femme, que Hitler consente à rester sage encore pendant quelques semaines ! » Mais il n'est pas, je crois, de poste de direction que tout homme d'esprit un peu clair, s'il travaille d'arrache-pied, ne puisse se mettre en mesure de remplir convenablement. J'appris de mon mieux mon nouveau métier. Dans cet effort, j'eus une grande chance : je trouvai, dans le commandant du parc d'essence de l'armée, le guide le plus sûr et le plus désintéressé. C'est la première fois que j'inscris ici le nom du capitaine Lachamp. Ce n'est assurément pas la dernière. L'amer arrière-goût que me laisse cette guerre, mal conduite et plus mal terminée encore, ne fait que m'en rendre plus chers les rares souvenirs lumineux. Rencontrer un homme vraiment homme est toujours une joie ; travailler avec lui, dans une parfaite communauté d'intentions, et sentir cette collaboration s'épanouir, peu à peu, en une solide amitié, l'action ne connaît guère de récompenses plus que celles-là précieuses.

À dire vrai, mes nouvelles fonctions ne me donnèrent beaucoup à faire que durant la période d'apprentissage. Après quoi, je glissai, comme tous mes camarades, à la vie sans fièvre d'un bureaucrate d'armée. Je n'étais pas oisif, certes ; je n'étais pas, non plus, fort occupé et mes besognes quotidiennes ne me procuraient qu'une faible dose d'excitation cérébrale. Je pus, par bonheur, leur adjoindre, pendant quelques semaines, une tâche supplémentaire, spontanément choisie. Je m'étais aperçu que nous n'avions, sur les dépôts d'essence situés en territoire belge, que des renseignements absurdement insuffisants : carence redoutable pour une armée que sa mission propre, connue de nous tous, appelait à pénétrer en Belgique, aussitôt que les Allemands, de leur côté, en auraient eux-mêmes violé la frontière. Certaines relations personnelles me permirent de compléter et préciser sensiblement ce dossier. Il y fallut beaucoup de démarches, dont mon expérience des milieux d'états-majors tira de grands profits. J'appris alors, en particulier, comment, entre gens de bureaux, s'ils sont courtois, on traduit ce qui, en bon français, se dit simplement : « se mêler de ce qui ne vous regarde pas » – car, en somme, l'enquête, dont j'avais pris l'initiative, si utiles qu'en pussent être les résultats, n'appartenait, en aucune façon, à mon service régulier. Cela se nomme, en appuyant la phrase d'un discret sourire : « avoir du dynamisme ».

Mais cette occupation même n'eut qu'un temps. Réduit dorénavant, jour après jour, à recenser des bidons ou à calculer, au compte-gouttes, des allocations d'essence, j'eus de nouveau, peut-être à tort, le sentiment que ce que je pouvais posséder de forces intellectuelles et d'esprit d'entreprise n'était pas trop bien employé. L'ennui de ces longs mois de l'hiver et du printemps 1939-1940, qui a rongé tant d'intelligences, pesait lourdement sur le morne Bohain. Plus ou moins intoxiqué sans doute, à mon tour, par ses subtils poisons, je songeais sérieusement, je l'avoue, à chercher autre chose, voire à solliciter, une fois l'été passé, de reprendre tout simplement ma place à la Sorbonne, quand éclata le coup de tonnerre du 10 mai.

Combien il fut inattendu, rien ne le montrera mieux qu'un petit souvenir personnel. Je m'étais rendu le 9 à Paris, pour gagner, le lendemain matin, de bonne heure, Meaux. Là je devais me procurer, auprès du Service des Carburants de l'état-major général, quelques carnets de ces bons d'essence qui, distribués aux unités par mes soins, leur servaient à opérer réglementairement leurs perceptions. À mon arrivée à Meaux, j'ignorais encore tout des événements de la nuit. Ces messieurs du G. Q. G. furent naturellement fort étonnés de voir apparaître, en une pareille conjoncture, pour une mission si peu guerrière, un officier venu tout exprès d'une des armées du front de Belgique. Après quelques minutes de quiproquo, je compris enfin les raisons de cet accueil un peu gêné : juste à temps pour me précipiter à la gare, traverser Paris et, y ayant pris d'assaut un train invraisemblablement bondé, rejoindre enfin mon poste.

Ce que furent les trois semaines qui suivirent, je me suis promis de ne pas le raconter ici en détail. Il sera temps, tout à l'heure, d'en tirer les leçons. Quelques images, choisies parmi la foule de celles qui se pressent à ma mémoire, suffiront à jalonner le cours de ces journées et de ces nuits, toutes remplies par la grande tragédie de la campagne du Nord.

Voici, d'abord, le lycée de jeunes filles de Valenciennes désigné pour être notre P. C. de départ, avant ce P. C. belge que prévoyait le thème de la manœuvre, et que nous n'occupâmes jamais. Tout près, nous allions contempler, d'un œil encore neuf, les maisons ruinées par le premier bombardement. Je pus m'échapper, à deux reprises, pour des randonnées en Belgique. Elles plaisaient à mon humeur nomade, que mes chefs n'approuvèrent pas toujours. Le 11, j'allai seulement jusqu'à Mons. Le 12, beaucoup plus loin, vers Nivelles, Fleurus et Charleroi. Le long des routes, profitant des loisirs de la

Pentecôte, les mineurs du Borinage, du pas de leurs portes, acclamaient les autos françaises. Légèrement vallonnées, parées de leurs verdures printanières, les campagnes où, naguère, autour de Ligny et des Quatre-Bras, se battit l'armée de Ney, étaient charmantes. Mais déjà de longues colonnes de civils, chassés du pays de Liège, poussaient, sur les bas-côtés, la classique voiture d'enfant de l'évacué, chargée des bagages les plus hétéroclites ; et, symptôme plus inquiétant, des soldats belges, débandés, commençaient à se glisser à travers les villages. Puis vinrent, après les premiers espoirs, les premières angoisses. On se prit à parler de la brèche de la Meuse. Il fallut tenter de ravitailler par là-bas des divisions, jetées dans la bataille et tout aussitôt volatilisées. Enfin, l'armée refoulée vers le Sud-Ouest, l'état-major se replia, le 18 mai, sur Douai.

Nous y habitâmes, moins de deux jours, une école encore, aux portes de la ville : logés déjà, à Bohain, à l'école des filles, nous étions décidément voués aux lieux pédagogiques. Tout autour, les bombes pleuvaient dru sur la gare, les rues principales, les terrains d'aviation. Cependant, j'apprenais, presque chaque jour, qu'un dépôt d'essence de plus, parmi ceux de l'arrière, était tombé aux mains des Allemands. Nos beaux bacs de Saint-Quentin et de Cambrai, que nous avions jalousement réservés à assurer, par envoi progressif vers l'avant, le ravitaillement des unités au combat, nos chers dépôts « de bled », où les bidons se dissimulaient astucieusement sous les arbres des parcs ou les toits de briqueteries abandonnées : sur rien de tout cela, l'armée ne pouvait plus compter. Bientôt, il fallut de nouveau plier bagage. On avait d'abord décidé de me laisser, avec deux camarades, à Douai, en P. C. avancé. Mais cette mission, comme tant d'autres alors, ne dura que quelques heures ; et, filant à travers le pays noir, parmi les crassiers, dont beaucoup, cocassement effondrés sous les bombes, commençaient déjà à perdre la netteté de leurs lignes d'épuré, je rejoignis, à Lens, notre quatrième et dernière école (19 mai).

C'était, cette fois, une école maternelle. Fait au gabarit d'enfants en bas âge, le mobilier ne nous laissait le choix qu'entre deux formes de courbatures : fatigue de la station debout, indéfiniment prolongée ; contorsions d'un corps assis dans un espace trop étroit, les genoux, repliés à hauteur du ventre, venant s'écorcher au bord du pupitre. Encore n'était-il pas toujours commode de choisir : le besoin de rédiger quelque note de service nous avait-il contraints de nous asseoir ? il fallait, pour s'extraire de la cangue, de longs efforts. Cet étrange supplice, la laideur du paysage, l'envahissante saleté des poussières de charbon, tout, en ces tristes lieux, semblait s'accorder à notre angoisse grandissante. L'affreux P. C., vraiment, que ce groupe scolaire de Lens et bien digne d'une défaite ! Oublierai-je jamais la soirée du 20 mai ? Dans la nuit tombante, alors qu'au loin fumait Arras en feu, je vis mon chef de bureau s'approcher de moi. Il me dit, à mi-voix, désignant du doigt sur une carte murale pour écolier l'embouchure de la Somme : « Les Boches sont là ! » Puis il revint et murmura : « Ne le racontez pas trop. » Je venais de demander au téléphone le G. Q. G. ; ce fut seulement, je l'avoue, après avoir plusieurs fois répété ma tentative que je compris pleinement ce que comportent d'abandon ces mots tragiques : « une armée cernée ». Nous émigrâmes peu après (le 22 mai), vers le Nord, à Estaires-sur-la-Lys. Mais ce carrefour était peu sûr. Les aviateurs allemands ne cherchaient guère à atteindre personnellement les états-majors ; il y aurait eu beaucoup de présomption à leur demander de nous éviter. Dès la première après-midi, une bombe, sans toucher directement l'auberge où nous gîtions, en ébranla avec assez de force la cheminée et les murs pour couvrir nos habits, nos papiers et nos visages d'une innommable suie. L'avertissement fut entendu. En pleine nuit, un ordre de départ me tira du lit où, pour la première fois depuis bien des jours, pour la dernière de la campagne, je jouissais du doux sommeil que procurent de vrais draps. Ce fut, d'ailleurs, pour ne nous mettre en route que le jour depuis longtemps levé ; l'art, si nécessaire, du repos, manqua toujours à notre état-major. Dans la matinée, après un assez long circuit, destiné, comme d'habitude, à rameuter mon parc d'essence, je rejoignis, au sud de Lille, le château d'Attiches, où mes camarades étaient déjà rassemblés (23 mai).

Ce château était, dans un très beau parc, une lourde bâtisse ornée, sur la façade, d'affreuses céramiques et meublée dans le style cossu, sombre et vaguement moyenâgeux que la haute bourgeoisie, vers la fin du siècle dernier, considérait comme le cadre obligé d'une existence prétendument seigneuriale. Dans un coin de la salle à manger, où nous travaillions, le châtelain, par une attention que nous jugeâmes prématurée, avait entassé tout un monceau de couronnes mortuaires. Ce fut là que, dès l'après-midi du 23, notre 4e bureau se scinda, définitivement, en deux sections. L'une, formant échelon arrière, se rendit immédiatement sur la côte, pour y régler les ravitaillements par mer. L'autre – dont je fus – demeura sur place, avec le commandant de l'armée. La plus éloignée du front était en fait destinée à subir les plus violents bombardements. Ce fut une ironie du destin que, sur le moment, personne, je crois, n'avait prévue. En toute innocence, nous nous tenions certainement, à l'avant, pour plus menacés par les bombes – qui, en vérité, ne cessèrent de tomber dans nos environs – surtout, pour plus exposés à la captivité. Et, comme l'échelon de repli, s'il se trouva comprendre des hommes d'un indiscutable courage, en réunissait aussi quelques-uns auxquels cette retraite ne sembla pas trop désagréable, nous avions le sentiment de former, plus près de la ligne de feu, une petite société choisie, où régna constamment une excellente atmosphère de cordialité et d'entraide. Si bien qu'un de nos camarades, simple lieutenant de réserve mais, dans le civil, président d'une grande chambre de commerce du Nord, ayant été désigné pour s'en aller sur le littoral, il refusa hardiment de se soumettre. Notre sous-chef de bureau, qui, par une bizarre contradiction avec les usages militaires les mieux reçus, accompagnait, vers l'arrière, le chef même, prit fort mal une attitude si opposée à la sienne propre. Blanc de colère, il traîna le rebelle devant la plus haute autorité de l'état-major. Ce fut, à sa grande surprise, pour voir approuver cette brave désobéissance.

Une autre scène encore reste associée dans ma mémoire à l'image de la salle à manger d'Attiches : un des plus affreux spectacles humains, en vérité, auxquels il m'ait jamais été donné d'assister. Toute une matinée, nous y pûmes voir, affaissé sur une chaise, près de la porte, un personnage qui, le visage morne et l'œil éteint, mâchonnait d'innombrables cigarettes. Aucun insigne n'était bien clairement visible sur sa manche, les passants le coudoyaient, sans lui accorder plus d'attention qu'au dernier des plantons. C'était, pourtant, un général de division placé, la veille encore, à la tête même d'une de nos plus brillantes unités. Mais un général depuis quelques heures cassé de son commandement. Pour ivrognerie, murmurait-on, à tort ou à raison. Il attendait d'avoir avec le chef de l'armée un ultime entretien longuement retardé. Il l'obtint, enfin, vers midi. L'entrevue ne dura que quelques minutes et nous ne revîmes plus jamais notre hôte d'un lamentable matin.

Puis ce fut (depuis le 26) notre dernier P. C. : de l'autre côté de Lille, vers le nord-ouest, à Steenwerk, une aimable villa, claire et de bon ton. Dans la maison voisine habitait le général Prioux. Il venait de prendre le commandement de l'armée, à la place du général Blanchard, passé au groupe d'armées. L'étreinte ennemie se faisait de plus en plus impérieuse, le problème commençait à se poser de la destruction, par le feu, des importants dépôts d'essence de Lille.

Toute la journée du 27 et la nuit suivante se passèrent, pour moi, à tenter d'obtenir une décision. Il n'y eut pas moins de quatre ordres et contrordres successifs. Le dernier, qui prescrivait de tout détruire, faillit bien ne pas atteindre le but. Mon motocycliste partit dans la nuit. Il n'arriva jamais. Quel qu'ait été son destin, je n'ai pas le droit d'avoir des remords. Mon devoir était d'assurer l'envoi du pli. J'aurais manqué à ma mission en le portant moi-même. Comment, cependant, me défendrais-je d'un pincement de cœur, à la pensée que, sur un mot de moi, un brave garçon est peut-être allé à la mort ? La précédente guerre avait déjà chargé ma mémoire de quelques souvenirs de cette sorte : j'ai là de quoi venir parfois me lanciner, dans mes veilles, jusqu'à ce qu'en moi s'évanouisse toute conscience. Heureusement, je pus faire réexpédier l'ordre et le grand feu s'alluma à temps.

Juste à temps. Car l'armée se retirait déjà derrière la Lys et, de là, vers la côte. Pas tout entière, cependant. Le soir du 28, le général Prioux nous fit savoir que, désespérant d'assurer la retraite de deux au moins de ses divisions, il avait décidé de rester lui-même à Steenwerk et d'y attendre l'ennemi. Ne retenant à ses côtés que quelques officiers, il invitait la plupart d'entre nous à gagner, dans la nuit, le littoral, afin de nous y embarquer. J'allai le trouver, peu après, pour me faire confirmer l'ordre de vider, mettre hors d'usage et abandonner les camions-citernes. C'était priver l'armée de ses dernières gouttes d'essence et je n'avais pas cru pouvoir prendre sur moi une résolution si grave, bien qu'elle découlât clairement des autres dispositions du moment. Notre grand chef arpentait mélancoliquement le vestibule de sa maison : triste destin, en vérité, que celui de cet homme, enlevé au corps de cavalerie qu'il avait, je crois, fort honorablement commandé, pour prendre, en dernière heure, la direction d'une armée en déroute et accepter, à la place du vrai responsable de la défaite, une ingrate captivité !

Puis je rentrai à notre villa. J'avais déjà, dans la journée, brûlé, conformément à nos instructions, mes archives, y compris le cahier sur lequel était inscrite, au jour le jour, toute l'histoire de mon service. Que ne donnerais-je, aujourd'hui, pour le tenir en main, ce cher cahier vert ! Je précipitai également, dans le fourneau de la popote, ma correspondance personnelle – car il nous était interdit de nous alourdir de bagages – et je fis choix, dans ma cantine, pour les emporter avec moi, de quelques objets particulièrement précieux ou utiles. J'en oubliai d'ailleurs les trois quarts. Du moins, ai-je pu alors échanger ma vieille vareuse de travail contre un vêtement en meilleur état. Plus heureux, en cela, que le général commandant l'artillerie de l'armée. Ce très digne homme qui, par un point d'honneur peut-être excessif, avait voulu demeurer avec le général Prioux, ne disposait plus de ses cantines, prématurément expédiées sur Dunkerque. Il ne lui restait que la vareuse qu'il portait sur lui et elle était trouée au coude. Il en gémissait hautement : se faire faire prisonnier, passe encore : mais en haillons ! Rira qui voudra, je trouve, je l'avoue pour ma part, quelque noblesse à ce sentiment.

Nous partîmes donc dans la nuit, en une longue et lente colonne d'autos, qui se glissa à travers le territoire belge : car les routes françaises étaient déjà coupées. Au petit jour, nous avions à peine fait une dizaine de kilomètres. Comment avons-nous réussi à échapper aux éclaireurs motorisés de l'ennemi ? Encore aujourd'hui, je me l'explique mal. Le fait est, pourtant, que, tantôt en voiture, tantôt à pied, j'arrivai, vers la fin de la matinée, à Hondschoote. Restait à atteindre la côte. J'unis mes efforts à ceux du capitaine Lachamp, retrouvé là-bas, pour chercher à rejoindre le gros du parc d'essence, qui, parti bien avant nous, avait reçu comme point de rassemblement, Bray-les-Dunes. Nous tentâmes, en voiture, la route de Furnes. Ce fut pour nous heurter, d'abord, à des ponts déjà coupés, puis, sur la chaussée principale, à un invraisemblable embouteillage de camions, arrêtés, tête-bêche, par files de trois. Par-derrière, un officier de chars, arguant d'une mission urgente, réclamait à grands cris le passage. Nous nous employâmes, pendant plus d'une heure, à dégager au moins une trouée. Un général de division, rencontré par hasard, me demanda ce que je faisais là. Mis au courant, il se laissa recruter pour nous aider et s'en acquitta, je dois le dire, avec zèle. Nos efforts réussirent enfin. Mais il était trop tard pour songer à poursuivre notre chemin – aussi bien, qui nous garantissait que nous ne nous cognerions pas, plus loin, à de nouveaux obstacles ? – et, bredouilles, nous n'eûmes qu'à regagner Hondschoote.

De là, à la nuit tombante, nous repartîmes, à pied cette fois et par un trajet plus direct : un piéton pouvait se faufiler, là où une auto n'eût jamais passé. Marche affreuse, du moins dans ses dix derniers kilomètres, qu'il fallut franchir parmi d'extraordinaires entassements de camions à peine visibles dans une obscurité de plus en plus épaisse. Le parc était bien à Bray. Il m'offrit l'hospitalité dans une maison abandonnée. Il m'offrit même à boire. Malheureusement – près de là, les chirurgiens de l'hôpital de Zuydcoote n'eurent que trop de raisons de le savoir, – tout ce littoral, bordé vers l'arrière de marais et de polders envahis par le sel, se trouvait alors, par suite de la rupture des canalisations, presque complètement privé d'eau. Nous n'eûmes, pour apaiser notre soif, qu'un verre de champagne. Combien une bonne lampée, à une fontaine bien fraîche, eût été plus douce à mon gosier !

L'armée ayant cessé d'exister, en tant que telle, je n'avais plus aucun service d'état-major à remplir. Mais j'avais encore charge d'âmes. Je ne commandais certes pas le parc d'essence ni ses compagnies de camions-citernes. J'avais pourtant trop travaillé avec ces braves gens pour me croire en droit de m'occuper de moi-même avant d'avoir assuré leur sort, c'est-à-dire leur embarquement. Car telle était alors l'exclusive préoccupation de chacun. Fuir, avant que l'ennemi en forçât les dernières défenses, cette côte maudite ; se dérober à la captivité par le seul chemin qui restât encore libre, celui de la mer : une véritable fièvre d'évasion s'était emparée de cette foule d'hommes, maintenant à peu près désarmés, qui, des rives où ils s'entassaient, voyaient les Anglais, avant eux, prendre le large. J'employai le plus clair de ma journée du 30 à tâcher de procurer à mes clients une place définie sur le tableau des départs. Je passai d'abord une partie de la matinée à Bray-les-Dunes, qu'emplissait une foule désordonnée de soldats courant après leurs unités et de camions que montaient des conducteurs d'occasion, pour les abandonner quelquefois au bout de quelques centaines de mètres. Une fois de plus, j'y fis de la régulation routière, m'efforçant, sans grand succès, d'engager à une activité un peu plus efficace les malencontreux gendarmes, absurdement entassés, par paquets, vers le centre des carrefours. Puis on put m'apercevoir au cabaret du « Perroquet », sur la frontière belge, siège, pendant quelques heures, d'un éphémère commandement de zone, à Malo-les-Bains, où je retrouvai les principaux éléments de mon 4e bureau. Ma nuit s'écoula au bivouac, dans les dunes. Les obus allemands y rythmaient notre repos. Par bonheur, ces méthodiques artilleurs ne cessèrent d'arroser constamment le même point, vers la gauche de l'hôtel de Malo-Terminus. Les premiers coups firent d'assez nombreuses victimes. Puis personne ne passa plus par là ou seulement au pas de course. Si le tir avait été moins précis, quel massacre sur notre couche de sable, parmi les oyats !

Le lendemain matin, j'eus la certitude que mes gens embarqueraient. Comment aurais-je prévu qu'une bombe coulerait leur bateau ? La plupart, d'ailleurs – non pas tous, hélas ! – purent être repêchés. Rien ne m'interdisait donc plus, désormais, de vaquer à mon propre destin. Notre ancien sous-chef d'état-major, qui nous gouvernait alors, ne montrait pas beaucoup d'empressement à faire partir, avant lui, ses aides de camp. Il m'autorisa, cependant, à me débrouiller. Le mot sonnait mal à mes oreilles. S'agissait-il de me glisser à la place d'un autre ? Heureusement, vers le début de l'après-midi, l'obligeance du commandant du corps de cavalerie me permit d'obtenir, avec deux camarades, un ordre de mission régulier. Nous n'avions plus qu'à chercher le navire qui nous était assigné.

Un renseignement mal donné fit que mes deux compagnons de route et moi, nous dûmes traverser par deux fois Dunkerque, d'abord d'est en ouest, puis en sens inverse. Je conserve un souvenir aigu de la ville en décombres, avec ses façades creuses, sur lesquelles flottaient de vagues fumerolles et, épars parmi ses rues, moins des cadavres que des débris humains. J'ai dans les oreilles encore l'invraisemblable fracas, qui, comme le finale au terme d'un grand opéra, vint peupler de ses sonorités nos dernières minutes, sur les rives de la Flandre : éclatements de bombes, éclatements d'obus, tac-tac des mitrailleuses, tirs de D. C. A., et, pour mieux scander la symphonie, le rythme obstiné du petit canon-revolver du bord. Mais, je l'avoue, si j'évoque cette journée du 31, ce ne sont pas ces images d'horreur et de danger qui adhèrent le plus fortement à ma mémoire. Je revis, avant tout, notre départ de la jetée. Un admirable soir d'été déployait sur la mer ses prestiges. Le ciel d'or pur, le calme miroir des eaux, les fumées, noires et fauves, qui, s'échappant de la raffinerie en flammes, dessinaient, au-dessus de la côte basse, des arabesques si belles qu'on en oubliait la tragique origine ; jusqu'au nom de conte hindou, enfin, inscrit à la poupe de notre bateau *(Royal-Daffodil*, « La Jonquille du Roi ») ; tout, dans l'atmosphère de ces premières minutes de voyage, semblait conspirer à rendre plus pleine l'égoïste et irrésistible joie d'un soldat échappé à la captivité.

Ce fut ensuite, après notre débarquement à Douvres, un trajet de toute la journée, en train, à travers l'Angleterre du Sud. Il m'a laissé le souvenir d'une longue torpeur, coupée par un incohérent défilé de sensations et d'images, qui, pareilles aux épisodes d'un rêve, n'affleuraient à la conscience que pour sombrer aussitôt : plaisir de dévorer à belles dents les sandwiches au jambon et au chester que nous tendaient, à travers la portière, des *girls* aux robes multicolores ou des clergymen aussi dignes que s'ils avaient distribué la communion ; parfum légèrement sucré, des cigarettes, offertes avec la même profusion ; acidité des limonades, fadeur d'un thé, chargé de trop de lait ; douceur des gazons, paysages de parcs, flèches de cathédrales, haies et rochers de Devon ; hourras des enfants groupés au passage à niveau. Devant tant d'attentions : « Ils sont vraiment bien gentils ! », disaient mes camarades. Vers le soir, nous nous réembarquâmes à Plymouth, pour jeter l'ancre, à l'aube, devant Cherbourg. Là, il fallut rester de longues heures en rade. « Vous comprenez, disaient les officiers du paquebot, français cette fois, qui nous avait transportés, ces messieurs de la Préfecture maritime n'arrivent pas à leur bureau avant neuf heures. » Nous retrouvions, hélas ! la France militaire de l'arrière. Plus de vivats ; plus de sandwiches ni de cigarettes. Mais, une fois à terre, un accueil bien officiel, bien sec, un peu méfiant ; comme lieu de repos, un camp inhospitalier et sordide, où seules quelques dames de la Croix-Rouge mettaient une note de bonne grâce. Puis, après un nouveau cahotement dans des wagons passablement inconfortables, nous arrivâmes, au milieu de la nuit, à Caen, où personne ne semblait nous attendre, mais où, heureusement, il est de bons hôtels et même des salles de bains.

Comment on chercha à refaire, avec les débris d'une armée, quelque chose qui pût encore servir ; comment et pourquoi on n'y réussit guère : il y aura lieu, par la suite, de réfléchir sur cette mélancolique histoire. Après un assez long séjour en Normandie, nous avions échoué, le 16 juin, à Rennes. La Ire armée n'était plus. Mais son état-major ou ce qui en restait était mis à la disposition du général commandant le « groupement » qu'on venait de constituer pour défendre, disait-on, la Bretagne. Le 17, Rennes fut bombardée par avions. Nous habitions fort au-delà de la zone des points de chute ; et, si le formidable ébranlement que produisit l'explosion pourtant lointaine, d'un dépôt de cheddite, put, un moment, en brisant les vitres jusque tout autour de nous, m'inspirer quelque doute sur mon étalonnage des distances, je me rassurai bien vite. « Il est doux, dit le poète latin, d'écouter la tempête, quand on est tranquille sur le rivage. » Citation banale, aveu peut-être odieux : quel soldat, pourtant, tendant l'oreille au bruit d'un danger qu'il sait ne pouvoir l'atteindre, n'a senti, lui aussi, au plus obscur de soi-même, son cœur se dilater d'un animal soulagement ?

Le 18, au matin, le bruit se répandit que l'ennemi approchait. Notre bureau était situé sur un boulevard, dans le haut de la ville. De l'autre côté de la chaussée, une rue descendait vers le centre. Là cantonnait mon ordonnance. Vers onze heures du matin, j'allai le trouver pour l'inviter à fermer, en toute hâte, mes valises. Après l'avoir quitté, je remontais la rue, lorsque j'aperçus, à son extrémité, une colonne allemande qui défilait sur le boulevard : entre le bureau et moi, par conséquent. Pas un coup de feu. Des soldats français, des officiers regardaient. J'appris plus tard que lorsque les Allemands croisaient, par hasard, un soldat armé, ils se contentaient de le forcer à briser son fusil et à jeter ses cartouches. J'étais farouchement résolu, depuis longtemps, à tout tenter pour ne pas me laisser faire prisonnier. Si j'avais pu me croire ; encore utile, j'aurais eu, je l'espère, le courage de rester à mon poste. En l'absence de toute résistance, mon inutilité devenait flagrante ; ou plutôt il m'apparaissait clairement que le seul moyen de continuer à servir, en quelque façon, mon pays et les miens était de m'échapper, avant que le piège achevât de se refermer.

Essayer de m'enfuir vers l'ouest – à supposer qu'il me fût encore possible de découvrir une route libre – cette tentative n'eût abouti, de toute évidence, qu'à me faire prendre un peu plus loin, dans le cul-de-sac de la péninsule. Vers le sud, de même, je risquais fort de ne pouvoir passer la Loire. Du moins, ainsi raisonnais-je, sur le moment. J'ai appris depuis que, contre mon attente, les Allemands n'occupèrent Nantes que le lendemain. Aurais-je, cependant, réussi à atteindre cette ville, et comment ? Il m'est arrivé aussi de penser qu'à Brest j'aurais peut-être trouvé le moyen de m'embarquer pour l'Angleterre. Mais me serais-je cru le droit d'abandonner mes enfants pour un exil indéfini ? Quoi qu'il en soit, après quelques minutes de réflexion, sur le trottoir de la rue en pente, je choisis l'issue qui me parut la plus simple et, par suite, la plus sûre. Je me rendis dans la maison où je logeais. J'enlevai ma vareuse – mon pantalon de toile écrite n'avait rien qui évoquât particulièrement l'uniforme. De mon propriétaire qui, ainsi que son fils, fit preuve, en l'occurrence, de beaucoup de courage, j'obtins, sans peine, le prêt d'un veston et d'une cravate. Puis, après avoir pris contact avec un de mes amis, professeur à Rennes, j'allai me faire donner une chambre dans un hôtel. Estimant que l'on ne se cache jamais mieux que sous son propre personnage, j'inscrivis, sur la fiche qu'on me tendit, mon vrai nom, avec ma profession. Mes cheveux gris m'assuraient que, sous l'universitaire, personne ne chercherait l'officier. À moins que la *Kommandantur* ne s'avisât de confronter, avec les listes des hôtels, le tableau d'encadrement de l'armée. L'idée ne semble pas lui en être jamais venue. Sans doute, nos maîtres étaient-ils déjà blasés sur le bonheur de faire des prisonniers.

Je passai ainsi une douzaine de jours à Rennes. Sans cesse, dans la rue, au restaurant, à l'hôtel même, j'y coudoyais des officiers allemands, partagé chaque fois entre le poignant chagrin de voir les villes de mon pays livrées à l'envahisseur, la surprise d'une cohabitation pacifique avec des hommes que j'aurais abordés, quelques jours plus tôt, seulement revolver au poing, le malicieux plaisir, enfin, de jouer, sans qu'ils s'en doutassent, un bon tour à ces messieurs. À vrai dire, cette dernière satisfaction n'était pas elle-même sans mélange. Il y a toujours, à mon goût, une certaine gêne à vivre dans le mensonge ; et bien que celui-là eût, je crois, aisément trouvé grâce devant les plus sévères casuistes, je m'étonnais parfois de réussir à le soutenir avec tant de persévérance. Les trains une fois rétablis, je gagnai Angers, où j'ai des amis ; puis, de là, par la route, Guéret et les miens. De ces doux moments de la « revoyure », comme disait si bien notre vieux langage, on ne trouvera rien ici. Pour en parler, ils font trop fort bondir mon cœur. Que le silence soit sur eux !

On voit donc comment se circonscrit mon expérience. J'entends de cette guerre-ci ; car la précédente n'aura à intervenir que comme fond de tableau. J'ai participé au travail et à la vie d'états-majors d'un rang assez élevé. Je n'ai certes pas su tout ce qui s'y faisait. Il m'est arrivé parfois, on s'en rendra compte, d'ignorer jusqu'aux renseignements les plus nécessaires à mon service propre. Mais j'ai pu observer, au jour le jour, les méthodes et les hommes. Je n'ai, par contre, jamais vu de près, moi-même, le combat. Avec la troupe, je n'ai eu que de trop rares contacts. Là-dessus, force m'est de m'en remettre, avant tout, à d'autres témoignages, que j'ai été bien placé pour recueillir et peser. C'est assez, sans doute, sinon pour remplacer la vision directe, dont rien n'égale jamais, si les yeux sont bons, l'authenticité ni la saveur humaine, du moins pour justifier certaines réflexions. Aussi bien, nul ne saurait prétendre avoir tout contemplé ou tout connu. Que chacun dise franchement ce qu'il a à dire ; la vérité naîtra de ces sincérités convergentes.

II. La déposition d'un vaincu

Nous venons de subir une incroyable défaite. À qui la faute ? Au régime parlementaire, à la troupe, aux Anglais, à la cinquième colonne, répondent nos généraux. À tout le monde, en somme, sauf à eux. Que le père Joffre était donc plus sage ! « Je ne sais pas, disait-il, si c'est moi qui ai gagné la bataille de la Marne. Mais il y a une chose que je sais bien : si elle avait été perdue, elle l'aurait été par moi. » Sans doute entendait-il surtout rappeler, par là, qu'un chef est responsable de tout ce qui se fait sous ses ordres. Peu importe qu'il n'ait pas eu lui-même l'initiative de chaque décision, qu'il n'ait pas connu chaque action. Parce qu'il est le chef et a accepté de l'être, il lui appartient de prendre à son compte, dans le mal comme dans le bien, les résultats. La grande vérité que cet homme simple exprimait si simplement prend cependant aujourd'hui un sens encore plus plein. Au retour de la campagne, il n'était guère, dans mon entourage, d'officier qui en doutât ; quoi que l'on pense des causes profondes du désastre, la cause directe – qui demandera elle-même à être expliquée – fut l'incapacité du commandement[2].

---

2 Au surplus, c'est le général Weygand, ancien directeur du Centre des hautes études militaires, ancien généralissime, qui l'a dit, le 25 mai 1940 (*Les Documents secrets de l'État-Major général français*, p. 140) : « La France a commis l'immense erreur d'entrer en guerre n'ayant ni le matériel qu'il fallait, ni la doctrine militaire qu'il fallait » [juillet 1942].

Je crains bien que ce propos, par sa brutalité, ne choque, chez beaucoup, des préjugés puissamment enracinés. Notre presse, presque tout entière, et tout ce qu'il y a, dans notre littérature, de foncièrement académique, ont répandu dans notre opinion le culte du convenu. Un général est, par nature, un grand général ; et lorsqu'il a mené son armée à la débâcle, il arrive qu'on le récompense par un cordon de la Légion d'honneur. Ainsi s'imagine-t-on, sans doute, entretenir, par un voile pudiquement jeté sur les pires erreurs, la confiance de la nation ; alors qu'en réalité on ne fait que semer, parmi les exécutants, un dangereux agacement. Mais il y a plus, et en somme, plus respectable.

Une singulière loi historique semble régler les rapports des États avec leurs chefs militaires. Victorieux, ceux-ci sont presque toujours tenus à l'écart du pouvoir ; vaincus, ils le reçoivent des mains du pays qu'ils n'ont pas su faire triompher. Mac-Mahon, malgré Sedan, Hindenburg, après l'effondrement de 1918, ont présidé aux destinées des régimes issus de leurs défaites ; et ce n'est pas le Pétain de Verdun, non plus que le Weygand de Rethondes, que la France a mis ou laissé mettre à sa tête. Je n'ignore certes point que dans ces réussites tout n'est pas spontané. Elles n'en répondent pas moins à une sorte de psychose de l'affectivité collective. Aux yeux des peuples vaincus, ces uniformes, semés d'étoiles et de médailles, symbolisent, avec les sacrifices consentis sur le champ de bataille, les gloires du passé et peut-être de l'avenir. Je ne crois pas qu'une opinion qui heurte la vérité mérite jamais qu'on évite de la contredire. Je pense, avec Pascal, que le zèle est étrange « qui s'irrite contre ceux qui accusent des fautes publiques, et non pas contre ceux qui les commettent »… « Jamais les saints ne se sont tus », a-t-il encore écrit ailleurs. Ce n'est pas une devise pour la censure. Elle n'en mérite pas moins d'être méditée par quiconque, sans prétendre, hélas ! à la sainteté, s'efforce simplement vers la modeste moralité de l'honnête homme. Mais, du moment que le sentiment est sincère, on ne saurait le battre en brèche sans un peu de chagrin.

Je viens de parler du « commandement ». À peine, cependant, le mot est-il sorti de ma plume qu'en moi l'historien se scandalise de l'avoir écrit. Car l'A. B. C. de notre métier est de fuir ces grands noms abstraits pour chercher à rétablir, derrière eux, les seules réalités concrètes, qui sont les hommes. Les erreurs du commandement furent, fondamentalement, celles d'un groupe humain.

J'ai peu approché les grands chefs, dont m'éloignait la modestie de mon grade et de mes fonctions. Le seul qu'il m'ait été donné de voir, quelquefois, d'un peu plus près, fut le général Blanchard. Je garde de lui surtout le souvenir d'un homme très bien élevé. La dernière fois qu'il me fit l'honneur de m'adresser la parole, ce fut, m'ayant rencontré en Normandie, après mon retour des Flandres, pour me dire obligeamment : « Eh bien ! vous vous êtes donc, vous aussi, tiré indemne de cette aventure. » La formule me parut désinvolte. « Bénissons notre heureuse aventure ! » s'écrie de même Félix, dans la dernière scène de *Polyeucte*. Et Voltaire de commenter : « Ces mots, après avoir coupé le cou de son gendre, font un peu rire. » Dans l'aventure des Flandres, Blanchard avait, pour sa part, perdu plus de la moitié de son armée, et laissé en arrière, comme prisonniers volontaires, avec son propre chef d'état-major, l'officier qu'il s'était donné lui-même pour successeur. Mais je sais qu'il ne faut juger personne sur un propos de hasard. Au château d'Attiches, comme un jour, dès l'aube, on m'avait appelé pour téléphoner au G. Q. G. britannique, je passai plus d'une heure dans la pièce où se tenait le général : sans un mot, presque sans un geste, figé dans une immobilité tragique, il contemplait fixement la carte, étalée sur la table qui nous séparait, comme pour y chercher la décision qui le fuyait. À Attiches, de même, j'ai, fort involontairement, surpris de sa bouche quelques mots, sur lesquels j'aurai à revenir. Dans l'ensemble, cependant, je n'ai guère pu le connaître qu'à travers ses actes de commandement. Or, sur ce point, il m'est difficile d'établir le départ entre son action personnelle et celle de son entourage.

J'ai eu, cela va de soi, une familiarité beaucoup plus grande avec les milieux d'officiers d'état-major, mes chefs immédiats ou mes camarades, pour la plupart d'active et brevetés de l'École de Guerre.

Si grande, à la vérité, que je me trouve, d'avance, prémuni contre la tentation de camper ici un portrait, qui serait naturellement tout arbitraire, de l'officier d'état-major en soi. Quand, les yeux clos, je feuillette mes souvenirs, c'est une galerie de figures nettement individualisées qui défilent devant ma conscience : les unes, vouées, à jamais, au sourire, les autres, qui, tant que je vivrai, resteront douces à ma mémoire.

Le capitaine B..., du 3e bureau, levant haut vers le ciel sa tête vide, semblait offrir éternellement à la vénération des foules, comme un saint sacrement, la science livresque, jadis reçue en dépôt aux cours de tactique. Le capitaine X... – de chez nous celui-ci – fort en gueule, plutôt que grand dans l'action, avait réussi, en quelques mois, à s'attirer la haine de tout le personnel des secrétaires, qu'il se croyait, par la grâce d'une vocation native au commandement, chargé de « mettre au pas » : quand il s'en allait coucher à la cave, quels ricanements derrière son dos ! Avec ces fiers-à-bras, comment confondre notre charmant popotier, si serviable, si modestement brave, si discrètement efficace dans ses fonctions d'adjoint au chef de bureau, puis d'officier de liaison, et auquel je ne trouve vraiment à reprocher qu'une chose : l'accès de découragement ou de dépression physique qui, devant l'écroulement de ses rêves de guerrier pour images d'Épinal, l'entraîna un soir, dans la lourde atmosphère de Steenwerk, à se laisser faire inutilement prisonnier. Qu'il avait dû souffrir pour en arriver là – et souffrir plus encore quand il aura su, par quelque journal allemand, l'armistice ! Ceux que je viens de nommer, nous les avions déjà bien jaugés dès le temps de Bohain. Mais les jours brûlants de la campagne devaient, en des sens divers, nous apporter plus d'une révélation.

Cet officier supérieur, qui avait fait la guerre de 1914-1918 et en avait rapporté de belles citations, certes, nous connaissions bien d'avance, avec ses qualités, qui n'étaient pas sans attrait, ses redoutables défauts : son sens du concret, mais son désordre, son esprit de « débrouillage », mais son obstinée répugnance à rien prévoir ; sa gentillesse, mais, parfois, son manque de franchise. Qui nous eût fait prévoir, cependant, son effondrement, dans l'action ? En toute sincérité, je crois, aujourd'hui, que, sur le moment, nous avons été injustes envers lui. Méchamment, nous avons attribué, sans plus, à la faiblesse devant le danger ce qui – entretenant, chez lui, cette nervosité, par les apparences, si voisine de la peur – était, avant tout, conscience, presque prématurée, de la catastrophe grandissante, anxiété sous le poids d'une charge trop lourde, sentimentalité excessive aussi : ne m'a-t-il pas avoué, à Attiches, qu'il ne s'était pas senti la force de désigner lui-même ceux de ses collaborateurs qui devraient rester au poste jugé alors le plus exposé ? Mais un fait est sûr : alourdi sans doute par des années de bureau et de pédagogie, ce soldat de carrière avait complètement cessé d'être – avec tout ce que le mot comporte de domination de soi et d'implacabilité – un chef.

Sur l'autre volet du diptyque, comment résisterais-je au plaisir d'évoquer la longue et blonde silhouette du cher capitaine d'artillerie qui, aux heures troubles d'Attiches et de Steenwerk, exerça, à l'échelon avancé, le commandement de notre bureau ? Naguère, à Bohain, où il avait sous ses ordres la section du ravitaillement, nous avions pu le juger tatillon et, parfois, de mauvais poil. Il n'avait pas l'esprit très prompt et, cavalier passionné, se vantait volontiers de détester le travail intellectuel. Sa franchise à soutenir, fût-ce contre ses supérieurs, les opinions qu'il croyait vraies, forçait l'estime ; mais son humeur contredisante agaçait. Son goût, peut-être un peu artificiel pour les plaisanteries scatologiques, fatiguait les moins prudes. Ses préjugés politiques, sociaux (car il était de haute bourgeoisie) et, j'imagine, raciaux s'écartaient, autant qu'il est possible, de ma propre vision du monde. Nous étions de corrects camarades : sans beaucoup de chaleur, je le crains, ni d'une part ni de l'autre.

Vint la campagne du Nord. Quand tout fut consommé, le général Prioux décida que chaque bureau désignerait un officier pour attendre l'ennemi avec lui. T…, je l'ai dit, était alors notre chef. Il estima que, parce qu'il était le chef, cette mission de sacrifice ne pouvait appartenir qu'à lui. De jugement assez ferme, d'ailleurs, pour ne pas ranger le consentement à une inutile prison parmi les devoirs d'honneur du soldat, il m'a, d'ailleurs, confessé plus tard avoir passé la soirée qui suivit, l'œil fixé sur le trou de haie par où, dès l'arrivée des Allemands, il comptait bondir loin de leurs prises, revolver au poing. Il l'eût tenté certainement si, presque à la dernière heure, un incident inopiné n'était venu lui rendre sa liberté de mouvement. Dans la nuit, on vit apparaître au P. C. le général commandant le 4e corps ; les unités sous ses ordres se trouvant presque toutes dans l'incapacité de repasser la Lys, il avait résolu de joindre sa destinée à celle du commandant de l'armée. Notre popotier, qui faisait auprès de lui fonction d'agent de liaison, l'accompagnait. Comme je l'ai dit plus haut, ce pauvre ami refusa de mettre à profit la chance, qui lui fut offerte, de gagner la côte. Son abnégation lassée sauva T... Car le général n'avait demandé qu'un prisonnier d'office par bureau. T... reçut l'autorisation de partir. Nous eûmes, le lendemain matin, la surprise et la joie de le voir surgir, à peine un peu en retard, à notre premier rendez-vous, non loin de Hondschoote, juché sur une belle bicyclette neuve qu'il avait découverte, en cours de route, dans les rues désertées de Bailleul. Mais nous nous étions, lui et moi, fait nos adieux, la veille au soir. Nous étions, l'un et l'autre, passablement émus ; et si nous ne nous dîmes pas alors, en autant de mots, que nous nous étions autrefois mutuellement méconnus et que nous en avions beaucoup de regrets, c'est parce que ces choses-là ne se disent guère ; il suffit qu'on les sente ensemble. La vie nous a aujourd'hui séparés. Au point que j'ignore, au moment où j'écris, s'il est encore de ce monde. Si jamais elle doit nous rapprocher de nouveau, ce sera, j'en ai peur, pour recommencer à nous opposer. Pas comme avant, cependant. Pour ma part, il me serait impossible de rayer de ma mémoire ces quelques minutes chargées d'électricité humaine, dans le jardin de Steenwerk.

Ni non plus ce qui les avait précédées et justifiées. Un des privilèges du véritable homme d'action est, sans doute, que, dans l'action, ses travers s'effacent, tandis que des vertus, jusque-là en sommeil, paraissent alors chez lui avec un éclat inattendu. Telle fut la métamorphose dont notre camarade donna un remarquable exemple. Consciencieux et sincère, il l'avait toujours été ; il cessa de s'attacher aux petites choses et son goût de la contradiction disparut. Toujours prêt à donner un renseignement ou une directive, il fut le chef qui sait laisser aux exécutants la liberté nécessaire, tout en prenant la responsabilité de tout. Il fut patient, calme aux pires heures, prodigue de sa propre fatigue autant que ménager de celle des autres. Et si bon garçon avec cela ! J'avais fait la découverte d'un homme.

Dans aucun groupe humain, cependant, les individus ne sont tout. À plus forte raison, leurs particularités tendent-elles à s'estomper, dès lors qu'ils appartiennent à une communauté fortement constituée. Une formation première, conduite, pour chacun, sur des lignes à peu près semblables, l'exercice d'une même profession, la soumission à des règles de vie communes ne sont peut-être pas les ciments les plus forts. Il y faut encore, avec les traditions transmises d'ancien à jeune ou de chef à subordonné, le sentiment d'une sorte de prestige collectif. Tel est, éminemment, le cas de ce qu'on pourrait appeler les corporations militaires. Dans la nation, les milieux d'officiers de carrière forment déjà une petite société bien caractérisée : par maintes survivances, la plus propre, assurément, à restituer à notre civilisation, relativement nivelée, l'image de ce que fut, dans l'ancienne France, la notion moins de classe encore que d'« ordre ». Dans la noblesse d'autrefois, en dépit d'énormes différences de rang, régnait la conscience d'une véritable égalité de principe, si bien que le roi, en personne, n'était, au regard de ce code, rien de plus que « le premier gentilhomme de son royaume ». Aujourd'hui de même, un général, fût-il parmi les plus étoiles, s'il pénètre dans la pièce où travaille un modeste sous-lieutenant ne saurait, sans manquer à la plus élémentaire courtoisie, omettre de lui tendre la main. Mis en face d'un sous-officier – ne parlons pas d'un simple soldat – il faudra, pour l'engager à ce geste, les circonstances les plus exceptionnelles. À l'intérieur de l'armée, le monde des officiers d'état-major fait figure, à son tour, d'une collectivité remarquablement homogène.

Parmi ses traits généraux les plus incontestables, un de ceux qui lui font le plus d'honneur est certainement le respect du devoir professionnel. Ce penchant lui est d'ailleurs commun, je crois, avec la plupart des officiers de tout rang. Je suppose que, chez les brevetés de l'École de Guerre, comme partout, il existe des paresseux, sans conscience. À une exception près peut-être – encore s'agissait-il d'un personnage évidemment jaugé déjà par ses pairs, et relégué dans un état-major sans importance – je n'en ai jamais rencontré. C'est là une grande vertu et que bien peu d'autres corps de fonctionnaires possèdent, aujourd'hui, j'en ai peur, à ce degré.

On a souvent parlé du dédain de l'officier d'état-major pour l'officier de troupe. Je ne nierai certes point, chez quelques vaniteux à tout prendre assez rares, les manifestations d'une irritante morgue d'École de Guerre. Il n'est que juste, cependant, de le dire : presque tous les brevetés que j'ai connus faisaient sonner très haut leur désir de reprendre leur place dans la troupe. Peut-être y avait-il là une part de mode. J'en sais qui, mis au pied du mur, perdirent visiblement beaucoup de leur enthousiasme. Mais il m'a semblé que, du moins chez les jeunes, ces propos, dans l'immense majorité des cas, répondaient à un sentiment parfaitement sincère. Aussi bien est-il déjà caractéristique que le bon ton ait exigé l'expression d'une pareille estime pour les services du rang.

Quant aux malentendus qui, dans tant d'armées, de toute nation, s'élèvent, par moments, entre les exécutants et le personnel dirigeant, ce dernier n'en est assurément pas seul responsable. Car les difficultés n'apparaissent pas, aux divers échelons, sous le même angle et se mettre par la pensée à la place d'autrui fut toujours, au bas comme au sommet de la hiérarchie, une gymnastique mentale singulièrement difficile. On ne saurait contester, pourtant, que les états-majors n'aient, sur ce point, beaucoup péché. Mais ce fut bien moins, je crois, par mépris que par pauvreté d'imagination et manque de sens concret.

Au temps où l'on ne se battait pas encore, nous étions fréquemment occupés à mouvoir les unités, sur la carte :

combien d'entre nous se représentaient, avec une vivacité suffisante la somme de gênes matérielles et, sur le plan moral, de découragement, qu'entraîne dans la troupe, l'abandon en plein hiver d'un cantonnement où, déjà, le soldat a adroitement fait son nid, pour un nouveau gîte qui ne lui offre bien souvent que des installations médiocres et mal adaptées ? Mais il y a pis. Durant la précédente guerre, j'ai, à plusieurs reprises, constaté l'incapacité du commandement à calculer avec exactitude le temps qu'un ordre, lancé depuis un quartier général, met à atteindre, d'étape en étape, le point où il pourra être mis à exécution : à qui font défaut les yeux de l'esprit, les meilleurs mémentos n'apprendront jamais à mesurer le cheminement, voire les erreurs d'un agent de liaison sur des pistes boueuses. Le 22 juillet 1918, me trouvant à l'armée Mangin – dont les méthodes, à cet égard, étaient particulièrement fâcheuses – j'eus l'angoisse de recevoir ainsi, moi-même, en dépôt, un ordre d'attaque, bien avant qu'il ne fût possible de le transmettre aux intéressés, alors en cours de mouvement. Il arriva finalement si tard à son but que le bataillon, chargé de l'opération, n'eut pas le loisir de reconnaître le terrain avant l'aube, partit à l'assaut tout de travers et se fit, presque en entier, inutilement massacrer. Je ne suis pas sûr que la conduite de cette guerre-ci ait été, à son tour, complètement exempte de pareils errements. À ce sujet, c'est toute une formation intellectuelle qui doit être incriminée. Nous aurons à y revenir.

Un remède existe, il est vrai, simple et bien connu. Il suffit d'établir, par fractions, un va-et-vient entre les deux groupes d'officiers. Mais les grands chefs n'aiment guère changer de collaborateurs. On se souvient qu'en 1915 et 1916, leurs répugnances à s'y résigner avaient abouti à un véritable divorce entre le champ de vision des combattants et celui des états-majors. Lorsque la relève s'imposa enfin, on dut, pour l'avoir trop longtemps différée, la faire beaucoup trop massive ; et la troupe décimée avait cessé de pouvoir fournir, en nombre nécessaire, les éléments appropriés : car tout bon commandant de compagnie ou de bataillon ne sera pas forcément un bon officier d'état-major. Je n'avais pas vu sans inquiétude, pendant l'hiver 1939-1940, se renouveler cette cristallisation des cadres ; j'ai cherché alors à en signaler les dangers en haut lieu. La crise des mois de mai et juin fut trop brusque pour qu'ils aient eu le temps de se manifester.

Honnêtes, éminemment désireux de bien faire, profondément patriotes, plus déliés aussi d'esprit, pour la plupart, que la masse polytechnicienne ou saint-cyrienne, dont ils sont issus, parfois même véritablement brillants, les officiers d'état-major constituent donc, dans leur ensemble, un corps digne d'estime. Il est pourtant indiscutable que, par eux-mêmes ou par les chefs sortis d'eux, ils nous ont conduits à la défaite. Pourquoi ? Avant de chercher à l'expliquer, mieux vaudra, sans doute, tâcher de décrire comment.

Je ne prétends nullement écrire ici une histoire critique de la guerre, ni même de la campagne du Nord. Les documents, pour cela, me manquent ; et aussi, la compétence technique. Mais il est, dès maintenant, des constatations trop claires pour qu'on hésite à les formuler, sans plus attendre.

Beaucoup d'erreurs diverses, dont les effets s'accumulèrent, ont mené nos armées au désastre. Une grande carence, cependant, les domine toutes. Nos chefs ou ceux qui agissaient en leur nom n'ont pas su penser cette guerre. En d'autres termes, le triomphe des Allemands fut, essentiellement, une victoire intellectuelle et c'est peut-être là ce qu'il y a eu en lui de plus grave.

On peut, je crois, préciser encore davantage. Un trait, entre tous décisif, oppose la civilisation contemporaine à celles qui l'ont précédée : depuis le début du XXe siècle, la notion de distance a radicalement changé de valeur. La métamorphose s'est produite, à peu près, dans l'espace d'une génération et, si rapide qu'elle ait été, elle s'est trop bien inscrite, progressivement, dans nos mœurs, pour que l'habitude n'ait pas réussi à en masquer, quelque peu, le caractère révolutionnaire. Mais l'heure présente se charge de nous ouvrir les yeux. Car les privations, issues de la guerre ou de la défaite, ont agi sur l'Europe comme une machine à remonter le temps et c'est aux genres de vie d'un passé, hier encore considéré comme à jamais disparu, qu'elles nous ont brusquement ramenés. J'écris ceci de ma maison de campagne. L'an dernier, quand mes fournisseurs et moi disposions d'essence, le chef-lieu de canton, qui est notre petit centre économique, semblait à notre porte. Cette année, où il nous faut, pour les personnes les plus ingambes, nous contenter de bicyclettes et, pour les matières pondéreuses, de la voiture à âne, chaque départ vers le bourg prend les allures d'une expédition. Comme il y a trente ou quarante ans ! Les Allemands ont fait une guerre d'aujourd'hui, sous le signe de la vitesse. Nous n'avons pas seulement tenté de faire, pour notre part, une guerre de la veille ou de l'avant-veille. Au moment même où nous voyions les Allemands mener la leur, nous n'avons pas su ou pas voulu en comprendre le rythme, accordé aux vibrations accélérées d'une ère nouvelle. Si bien, qu'au vrai, ce furent deux adversaires appartenant chacun à un âge différent de l'humanité qui se heurtèrent sur nos champs de bataille. Nous avons en somme renouvelé les combats, familiers à notre histoire coloniale, de la sagaie contre le fusil. Mais c'est nous, cette fois, qui jouions les primitifs[3].

Relisez la liste des P. C. de la 1re armée, durant la campagne du Nord : Valenciennes, Douai, Lens, Estaires, Attiches, Steenwerk. À chaque nouvelle pression de l'ennemi, un recul a répondu. Rien de plus naturel. Mais, de combien, les bonds ? Entre 20 et 35 kilomètres, chaque fois. Pas davantage. En d'autres termes – car, ainsi que nous l'enseignait déjà Vidal de La Blache, c'est en distances horaires qu'il convient aujourd'hui de penser – au grand maximum, une demi-heure d'auto. Naturellement, les déplacements de la ligne de résistance étaient en proportion. Du moins, tels que le commandement s'imaginait pouvoir en imposer le tracé à l'ennemi. De notre école de Lens, nous entendîmes distinctement le combat à la mitrailleuse. Si suggestif qu'ait pu paraître, à de vieux soldats de 1914, ce rappel de sonorités un peu oubliées, je ne crois pas que la volonté de nos chefs eût été d'en procurer le plaisir à leur état-major. Les Allemands, tout simplement, avaient avancé plus vite qu'il ne semblait conforme à la bonne règle. Il en fut ainsi, à peu près constamment. « Stratégie à la petite semaine », disait, de nos méthodes, un de mes camarades : un de ces jeunes qui, du moins, savaient être de leur temps et souffraient de voir leurs supérieurs lui tourner, si résolument, le dos. Il n'eût pourtant

---

3 Sur l'accélération du rythme que les métamorphoses du présent imposent à la pensée, on trouvera d'intelligentes observations dans un petit livre où on ne songerait sans doute guère à les chercher : celui de Charlesworth sur *Les Routes et le Trafic commercial dans l'Empire romain.* Voir le développement de la page 225. Notamment : « Les hommes doivent aujourd'hui prendre leurs résolutions avec une promptitude qui eût stupéfié nos aïeux. » [Juillet 1942.]

pas été nécessaire d'avoir usé ses fonds de culottes sur les bancs de l'École de Guerre ou du « C. H. E. M. » (le Centre des Hautes Études Militaires) pour comprendre une situation trop claire. De toute évidence, une fois enfoncée l'armée de la Meuse, cependant que, sur notre propre front, l'ennemi se faisait chaque jour plus insistant, une seule chance de salut subsistait : après s'être « décrochés », rétablir une nouvelle ligne de défense, assez loin à l'arrière, pour ne pas être balayée avant même d'être garnie. Au lieu de cela, on se borna à précipiter dans la brèche, tour à tour, de petites unités, vouées à un écrasement immédiat, tandis qu'on s'obstinait, d'autre part, à vouloir tenir en pointe vers Valenciennes et Denain ; jusqu'au moment où, la retraite vers le littoral enfin décidée, les divisions, qui avaient été laissées là-bas, se trouvèrent incapables de rejoindre, à temps. Si Joffre, après Charleroi et Morhange, avait procédé de la sorte, il n'aurait pas gagné la bataille, sur la Marne ; il l'aurait perdue, vers Guise. Et cependant, de son temps, les troupes adverses ne marchaient qu'à pied.

Dans ces erreurs, j'ignore quelle fut, au juste, la part des divers échelons du commandement : 1re armée, Grand Quartier et, au degré intermédiaire, 1er groupe d'armées. Ce dernier eut à sa tête d'abord le général Billotte, puis, à partir du 25 mai, le général Blanchard. Mortellement blessé, le 21, dans un accident d'auto, Billotte n'est plus là pour se défendre. Cette disparition opportune le désignait tout naturellement pour le rôle de bouc émissaire. Si j'en juge par certaines conversations, surprises dans notre triste petite salle à manger de Malo-les-Bains, on ne se privera pas de le lui faire jouer.

Non, sans doute, tout à fait à tort. En cas d'invasion de la Belgique par les Allemands, quelle forme devait prendre la riposte des armées franco-britanniques ? Ce problème avait, tout l'hiver durant, agité les bureaux « opérations » des états-majors. Deux solutions se partageaient les préférences. Les uns proposaient d'attendre l'ennemi, de pied ferme, sur une position jalonnée, en Belgique, par l'Escaut, puis, vers l'Est, par la ligne, malheureusement assez incomplète, de blockhaus et de fossés antichars qui suivait, à peu près, notre frontière, quitte, cela va de soi, à lancer en avant quelques éléments de reconnaissance et de retardement. D'autres, au contraire, voulaient immédiatement la guerre tout entière en dehors de notre territoire national ; ils nous invitaient, pour cela, à occuper, d'un bond, la rive gauche de la Dyle, celle de la Meuse belge et, dans l'intervalle entre les deux cours d'eau, une diagonale tirée, de Wavre à Namur, à travers les hautes plaines de la Hesbaye, presque complètement dépourvues d'obstacles naturels. Chacun sait que la seconde solution finalement l'emporta. Il semble bien que, dans cette décision, l'influence du général Billotte ait été prépondérante.

Le choix était peut-être, en lui-même, imprudent. Il le devint, incontestablement, aussitôt que la résistance belge, autour de Liège, eut commencé de faiblir. On avait compté qu'elle nous donnerait le répit de quelques jours, nécessaire pour garnir et organiser notre nouveau front. Or, les ponts entre Liège et Maestricht n'ayant pu être coupés tous au moment voulu, la place se trouva tournée presque dès le début de l'offensive allemande, et les témoignages de nos agents de liaison ne permettaient pas de douter qu'elle ne dût, elle-même, rapidement succomber. En même temps, les premières rencontres avaient révélé d'autres surprises. Les chars ennemis n'étaient pas seulement beaucoup plus nombreux que nos services de renseignements ne l'avaient jamais supposé ; certains d'entre eux possédaient en outre une puissance inattendue. L'aviation allemande surclassait affreusement la nôtre. La mission d'établir le contact, en avant de la Dyle et de la position Wavre-Namur, avait été confiée au corps de cavalerie, entièrement motorisé, malgré son nom traditionnel :

« la seule formation à laquelle je n'ai jamais affaire », me disait un jour, le vétérinaire de l'armée. Le général Prioux, qui commandait alors cette grande unité, proposa, dès le 11, de renoncer à la manœuvre prévue. Notre ligne de défense aurait été reportée, incontinent, sur l'Escaut et la frontière. Ici encore, Billotte se mit à la traverse. Lorsqu'un chef d'un rang si élevé prend la peine d'exercer lui-même une pression personnelle, elle demeure rarement tout à fait inefficace. J'ai des raisons de croire qu'après un entretien avec le commandant du groupe d'armées, Prioux se laissa aller à édulcorer, du moins, son rapport. De celui-ci, en tout cas, il est sûr qu'on ne tint aucun compte.

Quel aurait été, cependant, le sort de la Ire armée et des forces britanniques et françaises placées à sa gauche, si, vers sa droite, ne s'était ouverte, inopinément, la plaie béante de la Meuse ? Je ne me sens certes pas la compétence nécessaire pour prophétiser là-dessus, après coup. Le 14 mai, un segment du front, qui nous avait été assigné, fut enfoncé ; il était tenu par une de ces divisions marocaines dont les éléments indigènes semblent avoir, au début du moins, particulièrement mal supporté les bombardements aériens et les attaques par chars. Mais le rétablissement s'opéra, assez vite.

Incontestablement, ce fut la débâcle des armées de la Meuse et de Sedan qui, en découvrant brusquement les arrières des troupes engagées en Belgique, voua leur manœuvre à un irrémédiable échec. Comment expliquer que l'abrupte vallée d'un large fleuve, qu'on eût imaginée si facile à défendre, ait été si mal défendue ? Sur ce fait, un des plus considérables de la guerre et peut-être le plus surprenant, je n'ai pu jusqu'ici recueillir que des on-dit sans consistance. Ce que je sais trop bien, c'est qu'on tarda beaucoup à en tirer les conséquences nécessaires.

Le 13 mai, nous apprîmes la rupture de la ligne de la Meuse ; le même jour, un ordre, signé Gamelin, prescrivait encore de résister sur la ligne Wavre-Namur. La retraite ne fut décidée que le 15 et j'ai déjà eu l'occasion de rappeler qu'elle s'opéra au compte-gouttes. À ces méthodes, rien ne parut avoir été changé ni par la substitution de Weygand à Gamelin (qui eut lieu le 20) ni par la visite que, le lendemain, le nouveau généralissime fit à lord Gort et au général Billotte[4] : voyage dramatique qu'il fallut accomplir en avion, les communications terrestres étant déjà coupées jusqu'à la mer. Ce fut au retour de cette entrevue que le commandant du groupe d'armées qui, disait-on, se faisait toujours conduire à tombeau ouvert, eut sa voiture écrasée contre un camion. Dans les événements qui s'étaient succédé depuis le 13, quel avait été son rôle personnel ? Je ne dispose, à ce sujet, d'aucune lumière particulière. Une chose est certaine : les erreurs alors commises furent, par leurs effets, beaucoup plus décisives ; elles semblent en elles-mêmes beaucoup moins pardonnables que, si téméraire qu'elle ait pu être, la conception première du plan d'opérations. Après tout, se tromper au départ, il est peu de grands capitaines qui ne s'y soient laissé quelquefois entraîner ; la tragédie commence quand les chefs ne savent pas réparer. Billotte une fois disparu de la scène, personne n'eut d'ailleurs l'impression qu'un esprit nouveau soufflait sur le commandement. Probablement ses fautes, qu'on ne saurait guère nier, lui étaient communes avec toute une école. La campagne du Nord, avec ses dures leçons, réussit-elle du moins à convaincre nos maîtres que le rythme de la guerre

---

4 Je donne ici le récit, tel qu'il m'a été fait, sur le moment. Si je comprends bien son rapport du 22 mai, au Comité de guerre franco-britannique *(Les Documents secrets de l'État-Major français,* p. 130), Weygand n'aurait pourtant pas réussi à joindre lord Gort. [Juillet 1942.]

avait changé ? La réponse sera donnée par l'histoire des dernières convulsions dans lesquelles devaient se débattre les morceaux d'armées échappés au désastre des Flandres. Les vaisseaux qui nous avaient permis de fuir la captivité avaient jeté sur les côtes françaises des éléments disjoints par la retraite, par l'embarquement même, quelquefois par les naufrages, et totalement désarmés ; il fallait recoller les unités, les réencadrer, les équiper à nouveau, de pied en cap. Or, pour cette reconstitution, délicate et nécessairement assez lente, le haut commandement fit choix d'une zone qui s'étendait à peu près d'Évreux à Caen. Le front, dès lors mouvant, de la Somme, courait à moins de 150 kilomètres de là, en moyenne. C'eût été beaucoup sous Napoléon, suffisant, sans doute, en 1915. En l'an de grâce 1940, autant dire rien. Les Allemands nous le firent bien voir. Force fut, bientôt, de se rabattre vers le Sud, d'abord, selon l'usage, d'une faible longueur, puis beaucoup plus loin. Mais, déjà, la grande débâcle avait commencé. En vérité, c'est sur la Charente, sinon sur la Garonne, qu'il eût convenu de nous rassembler : bien placés pour nous porter, de là, dans n'importe quelle direction, nous aurions peut-être eu le temps de nous rendre utiles. La rage me mord encore le cœur, quand j'y pense, comme naguère dans nos châteaux normands. De cette étonnante imperméabilité aux plus clairs enseignements de l'expérience, nous ne devions, d'ailleurs, pas être les seules victimes, ni, vraisemblablement, les plus déplorables. À l'avance allemande, vers la plaine de la Saône, le Jura et le Rhin, tout le loisir ne fut-il pas laissé de cerner les armées françaises de l'Est et, presque, celle des Alpes ? D'un bout à l'autre de la guerre, le métronome des états-majors ne cessa pas de battre plusieurs mesures en retard[5].

---

5 « M. Daladier a dit à la Chambre, le 2 février 1937, qu'il regrettait de n'avoir trouvé, en revenant rue Saint-

Un épisode, en lui-même sans portée pratique, mais significatif, acheva, sur le moment, de me prouver que cette curieuse forme de sclérose mentale ne se limitait pas aux autorités supérieures, coupables de nous avoir assigné pour lieu d'asile les proches arrières du front. Depuis que le général commandant le XVIe corps s'était vu confier, après mille péripéties, la charge de diriger le travail de regroupement, l'état-major de la Ire armée, oisif et mal en cour, avait été relégué dans deux manoirs écartés, au sud de Caen. Le 15 juin, nous reçûmes enfin l'ordre de nous rendre à Rennes. Le déplacement devait se faire, partie par voie ferrée, partie par la route. Comme nous ne disposions que d'un petit nombre d'autos, elles furent d'abord employées à assurer le transport, jusqu'à la gare, du détachement désigné pour prendre le train. Quand ce va-et-vient fut terminé, vers le soir, nous allâmes, un de mes camarades et moi, trouver le lieutenant-colonel qui était, parmi nous, le personnage le plus élevé en grade. Nous avions convenu de lui proposer de partir, sans plus tarder. Chacun savait, en effet, que les colonnes motorisées allemandes s'infiltraient en Normandie, menaçant, en particulier, nos communications vers le Sud. Dans un tête-à-tête inopiné avec des automitrailleuses, une caravane d'officiers, munis, pour toute arme, de quelques revolvers, aurait fait piètre figure. Nous risquions de nous laisser stupidement capturer, au vol, et cette perspective nous déplaisait à l'extrême. Le lieutenant-colonel, à son habitude, commença par tergiverser. Mais il jugeait incommode d'arriver, à Rennes, dans la nuit et ce souci de confort le décida, finalement, à attendre, pour lever le camp, les premières lueurs du jour. La vérité m'oblige à dire que nous ne fîmes pas de mauvaises rencontres. L'imprudence n'était pas, pour cela,

---

Dominique, qu'une seule division légère mécanique, celle qu'il avait formée près de quatre ans auparavant. »

moins grave. Elle m'inclina à ne pas tenir pour purement légendaire la mésaventure de ce chef, d'un rang beaucoup plus considérable, qui, dit-on, avait vu, sur l'Oise, sa salle à manger brusquement cernée par un parti de *feldgrau*.

Aussi bien, avons-nous jamais, durant toute la campagne, su où était l'ennemi ? Que nos chefs aient toujours imparfaitement connu ses véritables intentions et, pis encore peut-être, ses possibilités matérielles, la mauvaise organisation de nos services de renseignements suffit à l'expliquer. Mais l'ignorance où, sur le moment même, nous avons perpétuellement été de ses mouvements, eut pour cause, avant tout, un constant décalage dans l'appréciation des distances. Notre propre marche était trop lente, notre esprit, également, trop dépourvu de promptitude, pour nous permettre d'accepter que l'adversaire pût aller si vite. Au départ de Lens, le 22 mai, il avait été décidé que le Quartier Général se diviserait en deux groupes : le P. C. actif, à Estaires ; la fraction « lourde », plus loin du combat, croyait-on, à Merville. La surprise fut grande de devoir constater, à l'expérience, que l'échelon dit « arrière » se trouvait plus près de la vraie ligne de feu que l'échelon qualifié « avant ». Déjà, lorsque s'ouvrit la brèche de la Meuse, il avait fallu s'efforcer de modifier hâtivement, en cours de route, les points de débarquement d'une division, que, sous prétexte de colmater la poche, on s'apprêtait à jeter dans la gueule du loup.

Une fois dans les Flandres, les faux calculs de ce genre se multiplièrent. Il arriva qu'un général de division, s'approchant du point qui lui avait été désigné pour P. C., s'aperçut que l'ennemi l'avait devancé. J'ai encore froid dans le dos au souvenir de la tragédie dont je faillis, un jour, devenir l'auteur, l'innocent auteur, oserais-je dire, car je n'avais pas les moyens de m'informer mieux et ce n'était certes pas ma faute si l'on ne me communiquait même pas toujours, en temps voulu, les renseignements dont les autres bureaux de l'état-major pouvaient disposer. À une des compagnies de camions-réservoirs, j'avais fait prescrire un changement de cantonnement : par mesure de sécurité, l'emplacement précédent ayant été jugé trop proche du front oriental de l'armée. Une fois l'ordre expédié, j'appris que, venant par le sud-ouest, les Allemands occupaient déjà le village choisi. Par miracle, la compagnie, qu'un embouteillage arrêta, n'arriva jamais à destination. Une fraction d'un groupe de transport automobile fut moins heureuse : aux abords du lieu de stationnement que l'armée lui avait fixé, elle fut accueillie à coups de mitrailleuses et tout entière massacrée ou prise.

Pourrais-je oublier, enfin, comment nous sûmes que la route de la mer, en territoire français, allait nous être coupée ? Depuis plusieurs jours déjà, nous avions, Lachamp et moi, renvoyé dans un cantonnement voisin de la côte la plus grande partie du Parc d'Essence. Comme nos dépôts fixes s'étaient progressivement réduits à ceux de Lille et, que si par hasard, nous découvrions sur les voies quelques wagons chargés de bidons, le plus simple était de laisser les unités y puiser à peu près à leur gré, le personnel d'exploitation, presque tout entier, était devenu inutile. Nous avions gardé près de nous seulement, avec un petit détachement d'hommes de troupe, plusieurs officiers, occupés, en majorité, à assurer nos liaisons avec les corps d'armée. Cependant, l'armée refoulée de toutes parts se ramassait dans un espace de plus en plus étroit : si bien que les P. C. de ses différents corps se trouvèrent, finalement, assez proches les uns des autres pour pouvoir être aisément visités tous en une ou deux tournées. Il nous parut alors médiocrement sage de continuer à exposer aux dangers d'une captivité menaçante plus d'officiers que nous n'en avions réellement besoin. Nous décidâmes, le 26 mai au soir, de prescrire à l'un d'eux de regagner, le lendemain, le gros du Parc. Or le 28, dans la matinée, je le vis revenir à Steenwerck.

Sur l'itinéraire qui lui avait été indiqué, entre Steenwerck et Cassel, il s'était heurté à des chars allemands. La nouvelle était grave. Je me préoccupai immédiatement d'en avertir nos chefs. « Êtes-vous bien sûr que ce ne soit pas des chars français ? » demanda le premier camarade du 3ᵉ bureau, à qui nous eûmes affaire. F... répliqua qu'il avait toutes les raisons du monde de penser le contraire, ne fût-ce que les coups de feu échangés, sous ses yeux, entre ces engins et nos troupes. Le général Prioux, à qui nous le menâmes ensuite, fut moins incrédule ; il encaissa le coup, sans broncher. Mais je me demande encore combien de temps le renseignement se serait fait attendre, si notre brave lieutenant ne s'était, par hasard, trouvé à passer par là.

Il serait certainement peu équitable de borner aux échelons supérieurs les observations qui précèdent. Les exécutants n'ont pas, à l'ordinaire, beaucoup mieux réussi à accorder leurs prévisions ni leurs gestes à la vitesse allemande. Les deux carences étaient, d'ailleurs, étroitement liées. Non seulement la transmission des renseignements s'opérait fort mal, tant de bas en haut que de haut en bas ; les officiers de troupe avec, pour la plupart, moins de subtilité de doctrine, avaient été formés à la même école, en somme, que leurs camarades des états-majors. Tout le long de la campagne, les Allemands conservèrent la fâcheuse habitude d'apparaître là où ils n'auraient pas dû être. Ils ne jouaient pas le jeu. Nous avions entrepris, à Landrecies, vers les débuts du printemps, l'établissement d'un dépôt d'essence « semi-fixe » : grande pensée du G. Q. G., conçue à l'échelle d'un type de guerre qui ne se réalisa jamais que sur le papier. Un beau jour du mois de mai, l'officier, qui avait la charge de l'installation, rencontra dans la rue un détachement de chars. Il les jugea d'une couleur singulière. Mais quoi ! connaissait-il tous les modèles en usage dans l'armée française ? Surtout, la colonne lui parut bizarrement engagée : elle filait vers Cambrai, alors que la direction du « front » était, de toute évidence, à l'opposé. Dans une petite ville, aux voies un peu tournantes, n'arrive-t-il pas que les guides s'orientent de travers ? Notre homme s'apprêtait à courir après le chef du convoi, pour le remettre dans le droit chemin, quand un quidam, mieux avisé, le héla : « Attention ! ce sont les Allemands. »

Cette guerre a donc été faite de perpétuelles surprises. Il en résulta, sur le plan moral, des conséquences qui semblent avoir été fort graves. Je vais toucher, ici, à un sujet délicat et sur lequel, on le sait, je n'ai le droit que d'avoir des impressions un peu lointaines. Mais il importe que certaines choses soient dites, brutalement, s'il le faut. L'homme est ainsi bâti qu'il se bande à affronter un danger prévu, au lieu où il l'a prévu, beaucoup plus aisément qu'il ne supportera jamais le brusque surgissement d'une menace de mort, au détour d'un chemin prétendument paisible. J'ai vu naguère, après la Marne, une troupe qui, la veille, était montée bravement en ligne, sous un affreux bombardement, succomber à la panique, parce que trois obus étaient tombés, sans blesser personne, le long d'une route, au bord de laquelle on venait de former les faisceaux, pendant la corvée d'eau. « Nous sommes partis parce que les Allemands étaient là » : j'ai entendu plusieurs fois ces mots, en mai et juin derniers. Traduisez : là où nous ne les attendions point, où rien ne nous avait permis de supposer que nous devions les attendre. En sorte que certaines défaillances, qui, je le crains, ne sont guère niables, ont eu leur principale origine dans le battement trop lent auquel on avait dressé les cerveaux. Nos soldats ont été vaincus, ils se sont, en quelque mesure, beaucoup trop facilement laissé vaincre, avant tout parce que nous pensions en retard.

Les rencontres avec l'ennemi n'ont pas seulement été trop souvent, par le lieu et l'heure, inattendues. Elles se produisaient aussi, pour la plupart, et se produisirent surtout, avec une fréquence croissante, d'une façon à laquelle ni les chefs ni, par suite, les troupes ne s'étaient préparés. On aurait bien admis de se canarder, à longueur de journée, de tranchée à tranchée – fût-ce, comme nous le faisions jadis, dans l'Argonne, à quelques mètres de distance. On eût jugé naturel de se chiper, de temps à autre, un petit poste. On se serait senti fort capable de repousser, de pied ferme, un assaut, derrière des barbelés, même plus ou moins démolis sous les « minen » ; ou de partir soi-même à l'attaque, héroïquement, vers des positions déjà pilonnées – bien qu'imparfaitement peut-être – par l'artillerie. Le tout, réglé par les états-majors, sur de belles idées de manœuvres, longuement, savamment mûries, de part et d'autre. Il paraissait beaucoup plus effrayant de se heurter, soudain, à quelques chars, en rase campagne. Les Allemands, eux, couraient un peu partout, à travers les chemins. Tâtant le terrain, ils s'arrêtaient là où la résistance s'avérait trop forte. S'ils tapaient « dans du mou », ils fonçaient au contraire, exploitant, après coup, leurs gains pour monter une manœuvre appropriée, ou plutôt, selon toute apparence, choisissant alors dans la multitude des plans que, conformément au méthodique opportunisme, si caractéristique de l'esprit hitlérien, ils avaient, d'avance, tenus en réserve. Ils croyaient à l'action et à l'imprévu. Nous avions donné notre foi à l'immobilité et au déjà fait.

Rien de plus significatif, à cet égard, que les derniers épisodes de la campagne auxquels il m'ait été donné d'assister : à l'époque, précisément, où il eût pu sembler que les leçons de l'expérience auraient enfin fait entendre leur voix. On avait décidé de défendre la Bretagne, en y recueillant les forces en retraite depuis la Normandie et que l'avance ennemie, à l'ouest de Paris, déjà coupait des armées repliées sur la Loire. Qu'imagina-t-on ? On dépêcha, incontinent, un honorable général du génie, pour reconnaître une « position », d'une mer à l'autre. Car, pas moyen de tenir, n'est-ce pas, si l'on n'a, préalablement, tracé sur la carte, puis piqueté sur le sol, une belle « position » continue, avec bretelles, ligne avancée, ligne de résistance, et ainsi de suite. Il est vrai que nous n'avions ni le temps nécessaire à l'organisation du terrain, ni les canons pour garnir en nombre suffisant les futurs ouvrages, ni les munitions pour tous ces canons, à supposer qu'on les eût pu trouver. Le résultat fut qu'après quelques rafales de mitrailleuses, échangées, m'a-t-on dit, à Fougères, les Allemands entrèrent, sans combat, à Rennes (que la « position » eût dû mettre à l'abri), se répandirent dans toute la péninsule et y firent des foules de prisonniers.

Est-ce à dire qu'à ce moment même – celui, exactement, où Pétain annonça qu'il demandait l'armistice – toute défense fût devenue impossible ? Plus d'un officier pensait le contraire. Parmi les jeunes, surtout : car, depuis que les événements s'étaient précipités, une frontière de plus en plus tranchée tendait à séparer les générations. Mais les chefs n'appartenaient malheureusement pas à celle qui jouissait des artères cérébrales les plus souples. Je pense encore aujourd'hui que nos « jusqu'au-boutistes », comme on disait en 1918, n'avaient pas tort. Ils rêvaient d'une guerre modernisée, d'une chouannerie contre chars et détachements motorisés. Quelques-uns même, si je ne me trompe, en avaient dressé les plans, qui doivent dormir maintenant dans leurs dossiers. La motocyclette, dont l'ennemi faisait un si grand et bon usage, ne circule vite et sans trop d'accidents que sur d'honnêtes chaussées ; même le véhicule à chenillettes se déplace sur le macadam moins lentement qu'en pleins champs ; le canon ou le tracteur du type normal n'admet pas d'autres voies.

Fidèles à leur programme de rapidité, les Allemands, de plus en plus, lançaient leurs éléments de contact à peu près exclusivement sur routes. Il n'était donc nul besoin de se garder par des positions allongées sur plusieurs centaines de kilomètres, presque impossibles à garnir et terriblement faciles à repérer. Quel mal, au contraire, n'auraient pas fait aux envahisseurs quelques îlots de résistance, bien placés auprès des itinéraires routiers, bien camouflés, suffisamment mobiles et pourvus de quelques mitrailleuses et de quelques canons antitanks, voire de modestes 75 ! Quand j'aperçus, dans Rennes, la colonne allemande, qui, composée, pour une très large part, de motocyclistes, défilait paisiblement sur le boulevard Sévigné, je sentis se réveiller en moi de vieux réflexes de fantassin : bien inutilement, car nous n'avions sous la main que nos secrétaires ou les hommes du Parc d'Essence, les uns comme les autres, dès le début de la campagne, absurdement démunis d'armes. Il eût été pourtant bien tentant de l'attendre, la maudite colonne, au coin de quelques boqueteaux, dans ce pays breton, si favorable aux embûches ; fût-ce seulement avec le modeste matériel d'une compagnie d'engins. Puis, une fois le premier effet de désarroi obtenu, on aurait vite regagné le « bled », pour recommencer plus loin. Je suis bien sûr que les trois quarts de nos soldats se seraient promptement passionnés au jeu. Hélas ! les règlements n'avaient rien prévu de pareil.

Cette guerre accélérée, il lui fallait, naturellement, son matériel. Les Allemands se l'étaient donné. La France non, ou, du moins, pas en suffisance. On l'a dit et redit : nous n'avons pas eu assez de chars, pas assez d'avions, pas assez de camions, de motos ou de tracteurs et, par là, nous avons été empêchés, dès le principe, de mener les opérations comme il eût convenu de le faire. Cela est vrai, incontestablement et il n'est pas moins certain que de cette lamentable et fatale pénurie, les causes ne furent pas toutes d'ordre spécifiquement militaire[6]. Nous saurons, là-dessus aussi, le moment venu, ne rien taire. Les fautes des uns, cependant, n'excusent point celles des autres et le haut commandement aurait mauvais gré, pour sa part, à plaider l'innocence.

Passons, si l'on veut, condamnation sur le crime stratégique, qui voua les troupes du Nord à abandonner, soit directement aux mains de l'ennemi, soit sur les plages des Flandres, l'équipement de trois divisions motorisées, de trois divisions légères mécaniques, de plusieurs régiments d'artillerie tractée et de tous les bataillons de chars d'une armée. Qu'il eût été utile pourtant, sur les champs de bataille de la Somme ou de l'Aisne, ce beau matériel, le meilleur assurément dont disposât la nation en armes ! Mais il ne s'agit ici que de la préparation de la guerre. Si nous n'avons pas eu assez de chars, d'avions ou de tracteurs, ce fut, avant tout, parce qu'on engloutit, dans le béton, des disponibilités d'argent et de main-d'œuvre qui n'étaient assurément pas infinies, sans pourtant avoir la sagesse de bétonner suffisamment notre frontière du Nord, aussi exposée que celle de l'Est ; parce qu'on nous apprit à faire

---

[6] Je me rends mieux compte aujourd'hui que ce matériel, certainement insuffisant, ne manquait cependant point autant qu'on l'a dit. Il manquait sur le front. Mais nous avions, à l'arrière, des chars immobilisés dans les magasins et des avions qui ne volèrent jamais. Les uns comme les autres, parfois, en pièces détachées. Que se passa-t-il à Villacoublay, lors de l'avance de l'armée allemande sur Paris ? Est-il exact que, comme on me l'a dit, il fallut détruire sur le terrain un grand nombre d'avions, faute d'aviateurs capables de leur faire prendre l'air ? Ce dernier trait ne me paraît point invraisemblable. Je connais un aviateur civil, dûment mobilisé, qui, durant toute la guerre, n'a jamais été autorisé à monter un avion militaire.

reposer toute notre confiance sur la ligne Maginot, construite à grands frais et à grand renfort de publicité, pour, l'ayant arrêtée trop court sur sa gauche, la laisser finalement, tourner, voire, sur le Rhin, entamer (mais de cet étonnant épisode du passage du Rhin, je sais seulement ce qu'en raconta la presse : autant dire zéro) ; parce qu'en dernière minute, on préféra se hâter encore de couler en ciment, dans le Nord, des blockhaus, qui, pourvus de défenses efficaces seulement vers l'avant, furent pris par-derrière et que nos troupes durent employer tous leurs efforts, à creuser, afin de couvrir Cambrai et Saint-Quentin, un splendide fossé antichars, que les Allemands atteignirent, un beau jour, en partant de Cambrai et de Saint-Quentin ; parce qu'une doctrine, couramment répandue parmi les doctrinaires, nous affirmait arrivés à un de ces moments de l'histoire stratégique où la cuirasse dépasse en puissance le canon – entendez : où la position fortifiée est pratiquement inexpugnable – sans d'ailleurs que le commandement ait eu même le courage, au moment décisif, de demeurer strictement fidèle à une théorie, par où, du moins, l'aventure de Belgique eût dû se trouver, d'avance, condamnée ; parce que beaucoup de savants professeurs de tactique se méfiaient des unités motorisées[7], jugées trop lourdes à mouvoir (les calculs leur attribuaient, en effet, des déplacements très lents ; car on les imaginait, par sécurité, ne bougeant que de nuit ; la guerre de vitesse eut lieu, presque uniformément, en plein jour) ; parce qu'il fut enseigné, au cours de cavalerie de l'École de Guerre, que les chars, passables pour la défensive, étaient de valeur offensive à peu près nulle ; parce que les techniciens ou soi-disant tels estimaient le bombardement par artillerie beaucoup plus efficace que le bombardement par avions, sans réfléchir

---

[7] « Par sa nature même l'institution militaire, fortement hiérarchisée, se nourrit de conformisme. » (Paul Reynaud, *Le Problème militaire français*, 1937.)

que les canons ont besoin de faire venir de fort loin leurs munitions, au lieu que les avions vont eux-mêmes, à tire-d'aile, se recharger des leurs ; en un mot, parce que nos chefs, au milieu de beaucoup de contradictions, ont prétendu, avant tout, renouveler, en 1940, la guerre de 1915-1918. Les Allemands faisaient celle de 1940[8].

On a raconté que Hitler, avant d'établir ses plans de combat, s'était entouré d'experts en psychologie. J'ignore si le trait est authentique. Il ne paraît pas incroyable. Certainement, l'attaque aérienne, telle que les Allemands la pratiquèrent avec tant de brio, attestait une connaissance très poussée de la sensibilité nerveuse et des moyens de l'ébranler. Qui, l'ayant une fois entendu, oubliera jamais le sifflement des avions « piquant » vers le sol, qu'ils s'apprêtaient à couvrir de bombes ? Ce long cri strident n'effrayait pas seulement par son association avec des images de mort et de ruines. En lui-même, par ses qualités, si j'ose dire, proprement acoustiques, il

---

[8] La machine, c'est le neuf. Voilà pourquoi, sans doute, les professeurs de stratégie ne l'ont jamais beaucoup aimée. Au moins chez nous J. de Pierrefeu *(Plutarque a menti,* p. 300) écrivait naguère : « Robert de Beauplan, qui fut un des délégués du *Matin* lors du fameux *Circuit de l'Est* au cours duquel la France comprit le miracle de son aviation, m'a raconté une étonnante conversation qu'il eut à l'issue de la triomphale épreuve avec le général Foch, commandant le Xe corps. Sur le plateau de Malzéville, comme le cortège regagnait les voitures, Foch le prit familièrement par le bras et lui dit : « Tout ça, voyez-vous, c'est du sport : mais pour l'Armée, l'avion, c'est zéro. » On comparera, avec ce propos, une célèbre préface du maréchal Pétain sur les dangers de la motorisation. Seulement, de 1914 à 1918, même les stratèges avaient eu le temps de comprendre. [Juillet 1942.]

crispait l'être tout entier et le préparait à la panique. Or, il semble bien avoir été volontairement rendu plus intense à l'aide d'appareils vibrants appropriés. C'est que le bombardement par avions n'avait pas été conçu, par les Allemands, uniquement comme un procédé de destruction et de massacre. Si serrés qu'on en imagine les points de chute, des projectiles ne réussissent jamais à atteindre qu'un nombre d'hommes relativement faible. Un choc des nerfs, au contraire, peut se propager fort loin et anémier la capacité de résistance des troupes, sur de vastes espaces. Tel était, sans nul doute, un des principaux objets que se proposait le commandement ennemi, en lançant sur nous, vague après vague, son aviation. Le résultat ne répondit que trop bien à ses espérances.

Une fois de plus, je me vois contraint d'aborder un sujet que j'ai scrupule à devoir même effleurer, du moins, en ce qui regarde cette guerre-ci. Seuls les vrais combattants ont le droit de parler de danger, de courage et des hésitations du courage. Je relaterai, néanmoins, en toute franchise, une brève expérience. Mon baptême du feu de 1940 (celui de 1914 datait de la Marne), je l'ai reçu le 22 mai, sur une route de Flandre : car je ne compte pas les bombardements, relativement lointains, de Douai ou des environs de Lens. Ce jour-là, au matin, le convoi, où ma voiture s'était insérée, fut successivement mitraillé, par avions, puis, par d'autres, bombardé. La mitraille, qui tua un homme, non loin de moi, ne me fit pas grande impression. Il n'est, assurément, jamais agréable de frôler la mort et, lorsque les rafales eurent cessé, j'en éprouvai une satisfaction bien naturelle. Mais mon inquiétude était demeurée, d'un bout à l'autre, beaucoup plus raisonnée qu'instinctive. C'était une crainte à froid : rien qui ressemblât le moins du monde à de la vraie peur. Le bombardement aérien, à ma connaissance, fut sans victimes, au moins dans mon voisinage. Il ne m'en laissa pas moins tout pantois et quand je me relevai du fossé où je m'étais accroupi durant l'orage, je dus m'avouer que j'y avais assez vilainement frissonné. Vers la fin de la campagne, j'ai subi quelques bombardements par artillerie, dont je serais bien le dernier, en ayant connu jadis de tout autres, à exagérer l'ampleur, mais qui ne manquèrent pas cependant d'être assez sérieux. Je les ai supportés, sans aucune peine, ni rien perdre, je crois, de ma sérénité. Jamais les bombes d'avions ne m'ont permis de conserver, sinon au prix d'un rude effort, une pareille égalité d'humeur.

Sans doute, y avait-il, dans mon cas, une part de réflexe acquis. Depuis l'Argonne de 1914, le chant d'abeilles des balles s'est inscrit dans mes circonvolutions cérébrales comme, dans la cire d'un disque, un refrain prêt à jouer dès le premier tour de manivelle et je n'ai pas l'oreille si mal bâtie que d'avoir, en vingt et un ans, oublié l'art d'apprécier au son la trajectoire d'un obus et le point de chute probable. J'avais été beaucoup plus rarement bombardé du haut des airs, et je me trouvai, devant ce danger-là, presque aussi béjaune que mes conscrits. Pourtant, la différence de température, entre les trois types d'émotions que je viens de décrire, a été un trait si général que force est de lui reconnaître des raisons moins personnelles et plus profondes. Même l'absence, presque constante, de nos chasseurs, dans le ciel hostile, et la déplorable impunité ainsi procurée aux bombardiers ennemis ont beau avoir été pour beaucoup dans le découragement des troupes, elles ne suffisent pas à tout expliquer.

Le bombardement aérien n'est probablement pas, en soi, plus réellement dangereux que tant d'autres menaces auxquelles le soldat est exposé. Du moins, en plein air. À l'intérieur des maisons, l'effondrement des murs et l'ébranlement de l'atmosphère, répercutant ses ondes dans un espace trop confiné, aboutirent toujours à de véritables massacres. À découvert, par contre, un tir d'artillerie, tant soit peu dense, fait, je crois, pour le moins autant de victimes ; et la rafale de mitrailleuse est seule à n'épargner littéralement personne. Nous avons, dès les premiers jours de la campagne, été frappés par le nombre relativement faible des pertes attribuables aux avions ennemis, dont les rapports, venus du front, dépeignaient l'activité sous de si vives couleurs. Mais il possède, ce bombardement descendu des cieux, une capacité d'épouvante, qui n'appartient véritablement qu'à lui.

Les projectiles tombent de très haut et semblent, à tort, en tomber tout droit. Le jeu combiné du poids et de l'altitude leur imprime un élan visiblement formidable, auquel les obstacles les plus solides paraissent incapables de résister. Il y a, dans une pareille direction d'attaque, doublée d'une pareille force, quelque chose d'inhumain. Comme devant un cataclysme de la nature, le troupier courbe la tête sous ce déchaînement, incline à se croire absolument sans défense. (En réalité, un fossé, même un « plat ventre », exécuté à temps, protègent fort bien des éclats, généralement moins nombreux que ceux d'un bon obus. Toute réserve faite, bien entendu, des coups directs de la bombe. Mais, qu'il s'agisse d'aviation ou d'artillerie, il y a, comme disent les vieux soldats, « beaucoup de place à côté ».) Les bruits sont odieux, sauvages, énervants à l'extrême : tant le sifflement, intentionnellement accru, dont je parlais à l'instant, que la détonation par où tout le corps est secoué dans ses moelles. Cette déflagration même, brassant l'air ambiant avec une violence inouïe, impose à l'esprit une image de déchirement, que confirme trop bien le spectacle des cadavres abominablement déchiquetés et enlaidis, jusqu'à l'horreur, par les traces des gaz échappés à l'explosion. Or, l'homme, qui redoute toujours de mourir, ne supporte jamais plus mal l'idée de sa fin que s'il s'y ajoute la menace d'un écharpement total de son être physique ; l'instinct de conservation n'a peut-être pas de forme plus illogique que celle-là ; mais aucune, non plus, qui soit plus profondément enracinée. Probablement, si la guerre véritable avait duré davantage, nos armées auraient-elles fini par acquérir, vis-à-vis des affres du bombardement par avions, un peu de cette accoutumance qui est un des éléments presque indispensables de toute résistance au péril. Le raisonnement eût montré que, terribles assurément, les effets matériels n'en sont pourtant pas sans égal. Dans une guerre de vitesse, les calculs de la psychologie allemande devaient nécessairement toucher juste. Quelles gorges chaudes cependant, dans nos états-majors, si on avait seulement émis l'hypothèse qu'on pût tirer de leur laboratoire, pour les consulter sur la stratégie, quelques savants bizarrement occupés à mesurer des sensations !

Dans quelle mesure est-il loisible de parler du désordre des états-majors ? Outre que les habitudes variaient, naturellement, beaucoup selon les groupes ou les chefs, le terme même est d'emploi délicat. Car il y a plus d'une espèce d'ordre et, par suite, de désordre. Tous les états-majors que j'ai connus avaient, parfois jusqu'à une agaçante minutie, le culte du beau « papier ». Il faut que les écritures soient disposées avec beaucoup de netteté. Les formules de style obéissent aux lois d'une tradition rigoureuse. Dans les tableaux, les chiffres s'alignent par colonnes, comme à la parade. Les dossiers sont soigneusement classés ; les pièces, au départ, comme à l'arrivée, dûment enregistrées. C'est là, en somme, ce qu'on pourrait appeler la forme bureaucratique de l'ordre. Rien de plus naturel que de la voir fleurir chez des hommes dressés, en temps de paix, à un genre de vie lui-même éminemment bureaucratique. Je suis très loin de la mépriser : elle force les esprits à la clarté ; elle épargne les pertes de temps. Il est dommage seulement que cet estimable souci de la propreté, dans les écrits, ne s'étende pas toujours aux locaux. Je n'ai jamais rien vu de plus sale ni de plus fétide que la demeure où travaillait un certain état-major de secteur fortifié ; et l'adjudant de compagnie, qui aurait laissé s'accumuler, dans ses chambrées, la moitié de la poussière qui couvrait, à Bohain, nos tables et nos armoires, n'aurait pas fait long feu dans son grade. Il est vrai que je sais telles antichambres de ministères, très civils, qui ne présentent pas un aspect plus attrayant. Mais ce n'est pas une excuse. M'accusera-t-on de m'attacher à des vétilles ? Je n'apprécie guère, je l'avoue, le négligé dans les choses ; il passe aisément à l'intelligence. Voilà une utile réforme à proposer au « redressement » français.

Telle qu'elle était pratiquée, l'estimable régularité administrative des notes ou tableaux d'états-majors avait d'ailleurs son revers. Elle gaspillait des forces humaines, qui auraient pu être mieux employées. J'ai rencontré, parmi mes camarades de la réserve, de hauts fonctionnaires, des chefs de grandes entreprises privées. Tous, comme moi, s'effaraient d'être contraints à des besognes paperassières que, dans le civil, ils auraient abandonnées aux plus modestes de leurs sous-ordres. Chargé du ravitaillement en essence d'une armée, j'ai, durant plusieurs mois, tous les soirs, additionné moi-même les chiffres de ma situation journalière. Je n'y passais pas, à vrai dire, beaucoup de temps et je m'y suis perfectionné dans une gymnastique arithmétique qui m'avait d'abord, je l'avoue, trouvé un peu rouillé. Mais, une fois établis les principes de la comptabilité, n'importe quel scribe s'en serait tiré au moins aussi bien que moi. Mon cas n'avait rien d'exceptionnel. Qu'on veuille bien ne pas invoquer le principe du « secret ». Car mon brouillon était ensuite copié par un simple soldat. Aussi bien, un tour de quelques minutes à travers notre bureau, que tapissaient les cartes des dépôts de munitions de l'armée, de ses dépôts d'essence et de ses gares de ravitaillement, aurait suffi à mettre aux mains d'un mouchard, s'il s'en était trouvé dans notre personnel, des renseignements autrement précieux. La vérité est que les états-majors ressemblaient à une maison d'affaires qui, pourvue au sommet de chefs de service – représentés, ici, par les officiers –

, à la base de dactylos, eût été, par contre, au niveau intermédiaire totalement démunie d'employés proprement dits. Combien il aurait été cependant aisé de recruter, parmi nos sous-officiers de réserve, d'excellents collaborateurs de ce type ! Or, il n'est jamais bon que des hommes, chargés de responsabilités assez lourdes, et qui doivent conserver un sens aigu de l'initiative, aient l'esprit constamment tiré en arrière par des tâches presque purement mécaniques. D'autre part, si les états-majors avaient été mieux dotés en sous-officiers, il aurait probablement été possible, du moins là où les soucis du champ de bataille n'étaient pas trop proches, de les alléger d'un certain nombre d'officiers, qui eussent tout naturellement trouvé leur place ailleurs.

Comment se fait-il, cependant, qu'à beaucoup d'entre nous, et, si j'en juge par certaines confidences, avant tout aux exécutants, le commandement, une fois les opérations entamées, ait donné, fréquemment, une incontestable impression de désordre ? C'est que, je crois, l'ordre statique du bureau est, à bien des égards, l'antithèse de l'ordre, actif et perpétuellement inventif, qu'exige le mouvement. L'un est affaire de routine et de dressage ; l'autre, d'imagination concrète, de souplesse dans l'intelligence et, peut-être surtout, de caractère. Ils ne s'excluent certes pas l'un l'autre ; mais le premier ne commande pas le second et, parfois, si l'on n'y fait attention, risque d'y mal préparer. Durant la longue période d'attente qui vit se prolonger, au plus grand dam de l'armée française, les habitudes du temps de paix, le bon ordre dont nous étions si fiers n'était acquis qu'au prix d'une grande lenteur. Quand il fallut aller vite, nos chefs, trop souvent, confondirent la fièvre avec la promptitude.

Aussi bien, établir au jour le jour des papiers de bonne apparence n'exige pas un effort très considérable. Une tout autre maîtrise de soi est nécessaire pour s'imposer, longtemps à l'avance, la peine de dresser, avec soin et souplesse à la fois, les plans d'action qui attendront leur application jusqu'à une date incertaine et devront alors pouvoir s'adapter aux nécessités nouvelles d'une époque troublée. Ce que j'ai vu, pour la première fois, en 1939, de la mobilisation, m'avait beaucoup effrayé. Je ne discuterai pas ici le système des centres mobilisateurs, substitué, après la précédente guerre, à la mise sur pied directe par les corps d'origine. Je sais que leur institution avait rencontré plus d'un adversaire, jusque dans le haut commandement. Elle m'a paru de nature à entraîner, inévitablement, beaucoup de retards et de difficultés. La plupart des vêtements et équipements continuant d'être fournis par les corps, force était, pour les amener aux centres, d'organiser tout un jeu de transports, incommodes et forcément assez lents. Par surcroît, on ne semblait pas s'être avisé qu'à prétendre habiller des réservistes d'une quarantaine d'années avec les tenues de jeunes conscrits ou à vouloir harnacher de lourdes montures de réquisition au moyen des laissés pour compte abandonnés par des chevaux de hussards, on aboutissait à proposer aux malheureux centres, « principaux » ou « secondaires », des problèmes proprement insolubles. Ajoutez qu'en raison même de ce que le travail y avait de tristement minutieux, leurs commandants n'étaient pas toujours trop bien choisis. J'en ai connu de parfaitement compétents ; mais d'autres aussi qui, recrutés parmi des capitaines ou chefs de bataillon au terme de leur carrière, avaient tous les défauts communément prêtés aux vieux adjudants. Du moment que le système était admis, il eût convenu, du moins, d'en confier le fonctionnement, qui ne pouvait manquer de se montrer fort délicat, à des officiers, triés sur le volet, et auxquels les années passées là auraient servi de titres exceptionnels à l'avancement. L'armée s'est toujours difficilement résignée à l'idée que l'importance ni le mérite d'une tâche ne se mesurent à ce qu'elle peut avoir, extérieurement, de brillant.

Mais, bon ou mauvais – et j'imagine qu'il avait, tout de même, ses avantages – le régime des centres n'excuse pas des fautes qui n'avaient rien à voir avec le principe. Quel officier, ayant servi dans une région ou un groupe de subdivisions, peut se remémorer, sans un triste sourire, l'invraisemblable maquis des « mesures » prévues, numéro après numéro, pour la période dite « de tension », qui devait précéder la mobilisation générale ? Tiré en pleine nuit, d'un demi-sommeil, par le télégramme qui prescrivait, par exemple, « Appliquez la mesure 81 », on se reportait au « tableau », sans cesse tenu à portée de la main. C'était pour y apprendre que la mesure 81 faisait jouer toutes les dispositions de la mesure 49, à l'exception des décisions d'ores et déjà entrées en vigueur par application de la mesure 93, si celle-ci, d'aventure, avait devancé, dans l'ordre des temps, la place qu'eût semblé lui assigner son numéro, cela toutefois en ajoutant les deux premiers articles de la mesure 57. Je donne ces chiffres un peu au hasard. Ma mémoire ne me permet pas une exactitude littérale. Tous mes camarades reconnaîtront que, pour le fond, je simplifie plutôt. Allez vous étonner, dans ces conditions, que des erreurs aient été commises. Ce fut pour avoir lu un peu vite notre commun guide-âne qu'en septembre 1939, la gendarmerie d'Alsace-Lorraine procéda au massacre prématuré de tous les pigeons voyageurs de trois départements. Assurément, les officiers qui, là-bas, dans un bureau mal aéré de la rue Saint-Dominique, avaient, ajoutant les chiffres aux chiffres, perpétré ce casse-tête chinois, ne manquaient pas, à leur façon, d'imagination : ce n'était pas celle qui permet de se représenter, à l'avance, l'exécution des ordres.

Il y eut plus grave. Nos fameux centres, j'en sais un qui, logé à Strasbourg, dans un quartier assez voisin du Rhin, était à portée de l'artillerie légère de l'ennemi, voire de ses mitrailleuses. Un autre s'abritait dans un fort des environs, encore proche du fleuve. On y accédait par un seul pont, jeté sur les fossés : une bombe ou un obus bien placés en auraient fait une vraie souricière. Rien de tel ne se passa, dira-t-on peut-être. D'accord. Mais qui prévoyait que les Allemands ne tireraient pas sur Strasbourg ? La vérité est que ce dispositif n'avait guère eu d'inconvénients, tant que la tête de pont de Kiel resta démilitarisée ; par la suite, le haut commandement oublia de le modifier ou ne le modifia qu'insuffisamment.

Comment taire enfin l'abominable désordre de la seule mobilisation qu'il m'ait été donné de suivre de tout près : celle des éléments territoriaux, qui dépendaient directement du groupe de subdivisions ? Quand notre général prit son commandement, nous découvrîmes avec stupeur que nous ne disposions d'aucune liste des unités qui passaient sous ses ordres. Il fallut improviser le tableau, tant bien que mal et plutôt mal que bien, à coups de fouilles à travers des archives affreusement embrouillées. Et quel chaos dans ces unités ! Que de chevauchements, sur le terrain, de l'une à l'autre ! Ici, nous avions, dans notre zone, deux sections dont le commandant de compagnie appartenait à un autre groupe. Là, quelques compagnies, mais point de colonel. Nos braves gardes-voies étaient des hommes d'âge ; leur bonne volonté égalait leur esprit de débrouillage. Si peu d'entre eux réussirent à être convenablement chaussés, aucun, par miracle, ne mourut de faim. Mais je ne saurai jamais comment vécut une section, que je cherchai, en vain, tout un jour durant, le long de la ligne de Saint-Dié. Sans doute, il serait injuste de conclure du particulier à l'ensemble. J'ai des raisons de penser que, dans notre coin, la mobilisation n'avait pas été très heureusement préparée. Dirigée, en principe, par un officier supérieur qui, de son éducation d'état-major, avait retenu surtout certaines manières un peu désinvoltes, la tâche avait été largement abandonnée, en fait, à des subalternes. L'exemple, malgré tout, ne manquait pas d'être inquiétant. En 1940, nous pûmes constater que diverses erreurs avaient été réparées. Toutes, non pas. Les centres, notamment, n'avaient pas bougé ; et les gardes-voies continuèrent longtemps à fouler le ballast en sandales ou en petits souliers, s'ils n'avaient pas eux-mêmes apporté de plus fortes chaussures.

À la 1re armée, dès avant le mois de mai, il n'était nul besoin d'un esprit d'observation extraordinairement aiguisé pour percevoir et redouter certaines fissures qui, alors à peu près inoffensives, menaçaient de se transformer, dans la tempête, en véritables voies d'eau. Telle la mauvaise organisation des liaisons.

À ce sujet, je n'ai personnellement pas à me plaindre. Durant toute la campagne, j'ai pu communiquer, sans peine, avec les divers détachements du Parc d'Essence ; sans difficultés sérieuses, avec les unités qu'il fallait ravitailler. L'intelligente abnégation de Lachamp nous y a beaucoup aidés. Je prenais soin, naturellement, toutes les fois que cela m'était possible, de ne pas empiéter sur ses prérogatives de chef ; il les exerçait avec trop d'autorité et de compétence pour qu'on éprouvât la moindre tentation de manquer à les respecter. Mais il était entendu, entre nous, que, plus près que lui de la source des renseignements et moins nomade, je pouvais toujours, en cas de véritable urgence, passer directement les instructions de l'armée à ses subordonnés. À sauter ainsi un échelon, nous avons, parfois, gagné bien du temps[9]. L'expérience d'une autre

---

[9] En vérité, nous en sautions plus d'un. Régulièrement, le Parc d'Essence ne dépendait du commandant de l'armée que par l'intermédiaire du général commandant l'artillerie de l'armée, représenté lui-même, au degré inférieur, par le chef d'escadron directeur du service des Munitions et

guerre nous avait d'ailleurs inspiré, à tous les deux, jusqu'à la hantise, une saine terreur de l'affreux jeu de colin-maillard auquel conduisent forcément des liaisons mal préparées. Malgré les fréquents va-et-vient du P. C. de l'armée et du parc, nous n'avons jamais cessé de savoir exactement où nous joindre ; et, en dehors de tout règlement, nous réussîmes à monter privément tout un système de transmissions à l'intérieur de notre service.

J'avais, constamment, à mon bureau, deux motocyclistes fournis, chacun, par une des deux compagnies de camions-réservoirs. L'un et l'autre devaient avoir reconnu, à l'avance, au moins l'emplacement de leur propre compagnie et celui du commandement du parc. En outre, Lachamp détachait, en permanence, auprès de moi, un de ses officiers. Quatre autres officiers du parc faisaient la liaison avec les corps d'armée. Chacun d'eux, tous les jours et, parfois, à plusieurs reprises dans la même journée se rendait successivement au P. C. de l'armée, puis au corps qui lui était assigné. Ces braves gens, dont beaucoup n'étaient plus de première jeunesse, ont souvent rudement trotté, sur des routes qui n'étaient pas des plus sûres. J'en sais un qui, lors de notre premier repli, après l'offensive sur la Belgique, chercha son corps pendant plus de vingt-quatre heures. Ils finissaient toujours par arriver et ils

---

Essence. La voie hiérarchique eût donc exigé que tout ordre, de l'armée au parc, passât, avant d'atteindre son but, par ces deux autorités superposées. Tel était bien le chemin que suivaient invariablement, à Bohain, les papiers officiels ; et la lenteur du détour n'avait pas laissé de nous préoccuper beaucoup, Lachamp et moi, quand nous évoquions les nécessités d'une époque plus active. Heureusement nous pûmes, le moment venu, court-circuiter la ligne. Sans étincelles, grâces en soient rendues à l'obligeante bonne volonté des officiers intéressés.

nous ont été singulièrement utiles. Du 11 au 31 mai, pas une fois, pour envoyer un ordre ou recevoir une demande de ravitaillement, je n'ai eu besoin de recourir au bureau du « Courrier » chargé, en principe, des communications entre l'état-major et les unités subordonnées. Qu'ordres ou demandes parvinssent à destination, l'événement ne me permet guère d'en douter. Car jamais, je crois, les troupes, au combat, n'ont manqué de l'essence que, jusqu'à quelques centaines de mètres, parfois, de la ligne de feu, leur portaient bravement les « Mickeys » (ainsi avait-on surnommé, dans l'armée, les voitures du parc, dont un agile petit « Mickey » était l'insigne). Jamais, non plus, nous n'avons abandonné à l'ennemi des dépôts où il pût encore s'approvisionner. Allumant tout le long de notre retraite, de Mons jusqu'à Lille, plus d'incendies que n'en fit flamber Attila, Lachamp et ses officiers ont vidé, par le feu, jusqu'à la dernière goutte, bac après bac. Il me faut cependant faire une réserve sur ceux de Saint-Quentin, j'ignore encore aujourd'hui quelle fut leur destinée, nous en avons été si vite et si complètement coupés. Nos chefs ayant reconnu, à l'expérience, que tout marchait bien, nous avaient, de bonne heure, laissé, à peu près complètement, la bride sur le cou. De cela, du moins, je leur garde beaucoup de reconnaissance.

Je crains bien, par contre, que là où cette autonomie ou cette entente n'avaient pu être réalisées, les contacts entre les divers échelons du commandement, ou, à niveau égal, entre les unités de même rang, n'aient pas toujours fonctionné de façon bien satisfaisante. J'ai plusieurs fois entendu des officiers de troupe se plaindre d'être demeurés trop longtemps sans ordres ; et, certainement, j'en ai donné plus haut des exemples, les états-majors ne connaissaient qu'imparfaitement et beaucoup trop tard ce qui se passait sur le front. Sur des routes encombrées, comme les nôtres le furent de bonne heure, en particulier par les réfugiés, il n'est guère qu'un moyen de transport capable de se faufiler partout : la motocyclette. Le courrier de l'armée n'en possédait, si je ne me trompe, aucune. Le nombre même de nos autos était insuffisant, et on les répartissait mal. Nous étions plusieurs à nous être inquiétés, dès l'hiver, de cet état de choses, né avant tout d'un défaut d'organisation et de surveillance. Personne n'y porta remède. Les effets ne s'en firent que trop sentir, durant la campagne.

Dès le début des opérations actives, le P. C de l'armée avait été transféré, on s'en souvient, de Bohain à Valenciennes : dans le dessein, évidemment, de diminuer la distance avec la Belgique, où pénétraient nos troupes. Quand j'arrivai à Valenciennes, le 11, dans les premières heures de l'après-midi, je me préoccupai aussitôt de me rendre à Mons, pour régler, avec l'état-major belge de la place, la réquisition des dépôts de carburants. La mission, chacun en convenait, était urgente. Or, je découvris que, toutes nos voitures se trouvant soi-disant employées à nous déménager, par va-et-vient entre l'ancien et le nouvel emplacement du P. C., il m'était absolument impossible de bouger. À quoi bon avoir quitté Bohain, si c'était pour se voir ainsi fermées les routes de l'avant ? Par bonheur, je reçus dans la journée la visite de l'aimable notaire lillois, qui exerçait les fonctions d'adjoint au commandant d'un groupe de transport. Il venait me demander de l'essence. Cyniquement, je lui répondis : « Donnant, donnant. Pas d'essence, si vous ne me fournissez une auto. » Le marché fut conclu ; et je partis, enfin, pour Mons. La leçon me servit et j'établis ensuite mes liaisons, pour mon propre compte, comme je l'ai raconté il y a un instant.

Aussi bien, par quel miracle les ordres seraient-ils parvenus à temps alors que l'armée, trop souvent, ne savait où toucher ses divers corps ? Un jour que le Corps de Cavalerie avait fait mouvement, l'officier de liaison du Parc d'Essence alla, comme à l'ordinaire, prendre contact avec ces bons clients. À son retour chez nous, je le menai au 3ᵉ bureau. Il me paraissait sage de m'assurer si nos grands tacticiens connaissaient, bien exactement, le site du nouveau P. C. Vérification faite, il fallut constater un décalage d'une trentaine de kilomètres entre l'emplacement réel et le point qu'ils avaient déjà marqué au fusain sur la carte. J'entends encore le « merci », jeté du bout des lèvres, qui récompensa notre intervention. Mêmes incertitudes, dans les liaisons latérales. J'eus, un peu plus tard, besoin de dépêcher Lachamp à l'état-major des forces britanniques. L'affaire était d'importance : il ne s'agissait de rien moins que de la destruction des dépôts de Lille. Où trouver le Quartier Général de lord Gort ? Franchissant, une fois de plus, la porte redoutable du 3ᵉ bureau, j'allai le demander. B… me répondit, sans sourciller, qu'on n'en savait rien. Heureusement, je réussis à mettre la main sur un bout de papier qui traînait dans les environs et, entre autres indications de nature analogue, portait celle-là. Nos camarades étaient moins mal informés qu'ils ne le supposaient eux-mêmes. Mais, qu'un officier, chargé des opérations, ait pu supporter une minute l'idée d'être, faute d'une indication topographique élémentaire, privé de tout moyen de communiquer avec le commandement des troupes alliées, appelées à combattre immédiatement à notre gauche, et qu'il n'ait pas craint d'avouer froidement cette ignorance même prétendue, le trait en dit long sur les conditions de travail qui nous étaient imposées.

« Les Anglais », d'ailleurs, avons-nous su jamais organiser notre coopération avec eux ? Nulle part, la fatale insuffisance de nos liaisons, au sens plein du mot, n'apparut sous un jour plus cruel.

Mais le problème de l'alliance ratée est trop complexe, il a prêté aussi à de trop ardentes et trop vilaines polémiques pour souffrir de n'être abordé que de biais. Il faut, une bonne fois, avoir le courage de le prendre corps à corps. Du moins, à la mesure de mon expérience.

J'ai, en Grande-Bretagne, de chers amis. Ils m'ont facilité l'accès de leur civilisation, qui me fut hospitalière et pour laquelle j'éprouve, de longue date, un goût très vif. Ils sont, aujourd'hui plus que jamais, proches de mon cœur, depuis que je les vois, avec leurs compatriotes, seuls à défendre, au péril de leur vie, la cause pour laquelle j'aurais volontiers accepté de mourir. J'ignore si, quelque jour, les lignes qui vont suivre leur tomberont sous les yeux. S'ils les lisent, elles les choqueront, peut-être. Mais ils sont sincères et sauront, je l'espère, me pardonner ma franchise.

L'anglophobie de beaucoup de milieux français fait aujourd'hui l'objet d'une misérable exploitation. En elle-même, elle n'est pas niable. Elle a des origines diverses. Les unes remontent à des réminiscences historiques, plus tenaces qu'on ne l'imagine parfois : ni l'ombre de la Pucelle ni celle même des fantômes hargneux de Pitt et de Palmerston n'ont tout à fait cessé de se profiler à l'arrière-plan d'une opinion collective douée de mémoire. Peut-être serait-ce un bienfait, pour un vieux peuple, de savoir plus facilement oublier : car le souvenir brouille parfois l'image du présent et l'homme, avant tout, a besoin de s'adapter au neuf. D'autres sources sont plus factices et beaucoup plus impures. Les lecteurs d'un certain hebdomadaire, fort répandu dans l'armée, ont appris naguère, au temps de la campagne italienne contre l'Éthiopie, que notre devoir nous appelait à la « destruction » de l'Angleterre. L'article était signé. Portait-il la signature de ses véritables inspirateurs ? Chacun sait qu'ils n'étaient pas de chez nous. Mais il y a plus. On doit sans doute tenir pour inévitable que deux nations, très différentes, en dépit des idéaux communs qui les animent, aient peine à se connaître, à se comprendre, par suite, à s'aimer. Cela est vrai, d'une égale vérité, sur les deux rives de la Manche ; et je ne pense pas que chez l'Anglais moyen, dans la petite bourgeoisie en particulier, les préjugés classiques contre le vis-à-vis « gaulois » aient, non plus, perdu toute leur antique verdeur. Mais, incontestablement, au cours de notre récente et trop courte confraternité d'armes, certains épisodes n'ont pas contribué à dissiper le malentendu.

Dans les forces britanniques, qui furent, durant de longs mois d'expectative, nos voisines sur la terre de Flandre, qui occupaient nos villages et réglaient la police de nos routes, l'armée nationale de la conscription comptait encore pour peu de chose. La troupe, au moins, était, quasiment tout entière, composée de professionnels. Elle avait toutes les qualités, sans doute, d'une armée de métier. Quelques-uns de ses défauts, aussi. Le soldat à la Kipling obéit bien, et se bat bien : il devait le prouver, une fois de plus, de son sang, sur les champs de bataille de la Belgique. Mais il est pillard et paillard. Ce sont deux vices que notre paysan, quand ils s'exercent aux dépens de sa basse-cour ou de sa famille, pardonne difficilement. D'ailleurs l'Anglais, sur le continent, se montre rarement à son avantage. Du moins, s'il n'appartient pas à des milieux particulièrement raffinés. Chez lui, il est, presque invariablement, d'une parfaite obligeance. Une fois passé le détroit, il incline toujours un peu à confondre l'hôte européen avec le « native » – entendez l'indigène des colonies, homme, par définition, de rang inférieur – et ce qu'il y a en lui de timidité naturelle ne fait que le confirmer dans sa raideur. Bien petites choses, assurément, que tout cela, au regard des sentiments profonds et des grands intérêts nationaux. Qui niera, cependant, leur poids sur une opinion villageoise, comme la nôtre, volontiers méfiante de l'étranger et un peu repliée sur elle-même ?

Vinrent, après d'âpres semaines, les jours de l'embarquement. Que les Britanniques aient nettement marqué leur volonté de passer d'abord, sans permettre à aucun de nous, à bien peu d'exceptions près, de mettre le pied sur un pont de navire avant que leurs propres troupes, au complet, n'eussent quitté la côte, je ne me rangerai point parmi ceux qui le leur reprochent. À la réserve de celles de nos forces qui défendaient le front de mer, leur armée avait été la plus proche du littoral. Par ailleurs, ils refusaient, assez naturellement, de se laisser englober, corps et biens, dans un désastre dont ils ne se jugeaient pas responsables. Lorsque les marins de l'Union Jack eurent fini d'assurer le salut de leurs compatriotes, ils s'employèrent au nôtre. Leur abnégation, devant le danger, leur cordiale sollicitude aussi, demeurèrent alors, envers nous, égales à ce qu'elles avaient été pour leurs premiers passagers.

Cependant, ici encore, tâchons de comprendre les inévitables réactions du sentiment. Nos soldats qui, privés par leurs chefs mêmes de toute capacité de combattre, attendaient désespérément, sur la longue plage de Flandre ou parmi les dunes, le moment d'échapper aux prisons du IIIe Reich, qui, sentant l'ennemi chaque jour plus près, exposés eux-mêmes à des bombardements chaque jour plus violents, savaient bien qu'ils ne pourraient pas tous partir et, en effet, ne partirent pas tous, quels cœurs surhumainement charitables ne leur aurait-il pas fallu pour contempler, sans amertume, les vaisseaux l'un après l'autre emportant, vers la liberté, leurs camarades d'une nation étrangère ? Héros tant qu'on voudra, ils n'étaient pas des saints. Ajoutez, par endroits, l'aiguillon d'incidents, peut-être difficiles à prévenir dans une pareille fièvre, mais fort propres à irriter une sensibilité déjà à vif. Telle histoire – parfaitement authentique, je m'en porte garant – de cet agent de liaison français auprès d'un régiment britannique qui, après plusieurs mois de camaraderie au cantonnement et dans le combat, se vit abandonné sur le sable, toute barrière close, en face du paquebot dont ses amis de la veille franchissaient les passerelles. Les touchantes attentions, dont un grand nombre de nos hommes se trouvèrent entourés, une fois sur le sol anglais, firent beaucoup pour panser ces plaies. Il arriva pourtant que, parfois, ce baume même vint à manquer. L'accueil des populations fut invariablement affectueux. Celui des autorités, par contre, ne sut pas toujours se dégager d'une raideur un peu trop soupçonneuse. Le camp, çà et là, prit des allures de pénitencier. Des troupes harassées sont toujours incommodes à manier. On ne saurait s'étonner qu'une administration, chargée d'une tâche délicate et soucieuse avant tout de bon ordre, ait commis quelques fautes de doigté ; il n'est pas moins naturel que ces erreurs, là où elles se sont produites, aient laissé, dans les mémoires, leurs sillons.

On a beaucoup dit que les Britanniques nous avaient insuffisamment aidés. Comme on le disait afin d'excuser nos propres défaillances, on est allé jusqu'à user de chiffres mensongers. J'ai les meilleures raisons de savoir que leurs divisions, en Flandre, étaient beaucoup plus que trois. Mais cette pernicieuse propagande n'a pas eu à inventer tous ses aliments.

Aux yeux de qui connaît un peu des traditions politiques et sociales fort éloignées des nôtres, l'établissement de la conscription passera toujours pour un grand acte de courage. Il est difficile de nier que ce courage n'ait été un peu tardif et nul ne s'étonnera si, présent sur la ligne de feu, le Français de trente à quarante ans se demandait parfois pourquoi l'Anglais de son âge demeurait au foyer. La Grande-Bretagne, depuis, n'a que trop bien rattrapé son retard, dans le sacrifice. Qui prévoyait alors l'avenir ?

Il n'est pas moins certain que, lorsque, à la Ire armée, il fut question de tenter une percée du nord au sud, vers Arras, en la conjuguant avec le mouvement entrepris, en sens inverse, par les troupes françaises de la Somme, le commandement britannique retira, presque au dernier moment, le secours qu'il avait d'abord promis. Le geste laissa, naturellement, de longues rancunes. Il eut aussi ses profiteurs : tout comme, un peu plus tard, cette capitulation belge, dont un sceptique, dans notre 3e bureau même, devait dire, dès qu'il l'apprit : « Voilà une grande chance pour le général Blanchard. » Notre encerclement était acquis bien avant la défection de Léopold III ; plus qu'à moitié accompli déjà, quand les Britanniques firent faux bond à l'offensive projetée. À nos erreurs, est-il plus commode paravent que les fautes d'autrui ? Il fallut, au bout du compte, renoncer, du côté du nord, à tout effort sérieux pour crever la « poche allemande ». Le refus anglais avait certainement contribué à ruiner, d'avance, l'entreprise. Il ne fut, je le crains, pas très élégant, dans la forme. Au pis-aller, si, en raison du changement de la situation stratégique, il paraissait désormais impossible de donner suite aux engagements pris, l'état-major du corps expéditionnaire eût été mieux inspiré de ne pas laisser aussi longtemps que, semble-t-il, il le fit, le commandement français dans l'illusion ou l'incertitude. (Mais, là-dessus, je n'ai, naturellement, entendu qu'un son de cloche : le nôtre.) Pour le fond, la décision de lord Gort n'était probablement pas sans justification[10]. L'historien, en tout cas, qui cherche beaucoup moins à juger qu'à comprendre, n'aura pas de peine à l'expliquer. C'est ici qu'il faut commencer à regarder de l'autre côté de la toile.

---

10 Je suis de plus en plus persuadé qu'elle était la seule sage. Qu'eût été l'avenir de la guerre, si toute l'armée britannique en mai-juin 1940 s'était usée sur le continent ? Dure sagesse, cependant, à laquelle un exécutant français, alors, pouvait difficilement s'élever. [Juillet 1942.]

Notre propre offensive, vers le sud, se montait avec lenteur. Les reconnaissances, la mise en place, la préparation d'artillerie, toutes ces opérations préliminaires, en un mot, que la doctrine estimait indispensables, exigeaient beaucoup de temps. Elles avaient forcé, une première fois, à retarder le déclenchement de l'action. C'était, en projet, toute une bataille de la Malmaison au petit pied. J'ignore si l'on eût pu faire plus vite. Peut-être le dispositif de l'armée, étirée jusqu'à l'Escaut, ne le permettait-il déjà plus. Ce que je sais bien, c'est qu'à aller de ce train, on risquait de se laisser devancer par l'ennemi. Ne lui accordait-on pas ainsi tout le loisir nécessaire pour renforcer, dans l'intervalle entre notre armée et celle du Sud, ses troupes, d'abord de simple avant-garde, tout en accentuant sa pression sur nos autres fronts ? Vraisemblablement nos alliés, qui, entre-temps, avaient été eux-mêmes assez violemment attaqués, sentirent le péril. Ils se dégagèrent, pour ne pas être entraînés dans l'échec, qu'ils prévoyaient.

Ils y mirent d'autant moins de scrupules qu'ils avaient, dès ce moment, commencé de juger sans indulgence nos méthodes. Ce retrait de confiance fut je crois, le grand ressort psychologique de leur conduite, durant les deux dernières semaines de la campagne des Flandres. En quelques jours, nous pûmes voir le thermomètre de l'alliance baisser de plusieurs dizaines de degrés. Les Britanniques, on le sait, avaient, dès le début de la guerre, accepté le commandement unique. Sous une forme, à vrai dire, quelque peu incomplète et dont l'application entraînait de bizarres effets. Le G. Q. G. britannique était aux ordres de notre généralissime. Mais sans intermédiaire. De sorte que le chef de notre 1er groupe d'armées, qui dirigeait les opérations françaises, depuis les Ardennes jusqu'à la mer, voyait s'insérer, en plein milieu des troupes dont il avait la responsabilité, tout un très important détachement, qu'il ne pouvait manœuvrer directement. Telle quelle, la concession que nous avait consentie le gouvernement de Londres avait certainement coûté fort cher à un orgueil national très chatouilleux et, chez les militaires, à un orgueil professionnel plus prompt encore à se cabrer. Elle se justifiait, sans doute, par la prépondérance numérique de nos forces terrestres, qui était écrasante. Mais aussi par l'estime qu'inspirait notre dressage stratégique. Foch, après Doullens, avait mené les armées alliées à la victoire. On s'en remettait à son successeur pour l'imiter. De cette supériorité prétendue de notre science d'état-major, nos officiers, en tout cas, étaient profondément persuadés. J'imagine qu'ils le montrèrent parfois un peu trop [11]. Or, il arriva qu'en peu de jours l'invraisemblable effondrement de nos armées, sur la Meuse, vint brusquement menacer d'encerclement tout ce qui combattait plus au nord. Dans ce désastre, dont pouvait sortir la perte de leur corps expéditionnaire entier, les Britanniques avaient le sentiment de n'être pour rien. Leur foi en fut déjà ébranlée. La lenteur et la gaucherie de notre parade firent le reste. Notre prestige avait vécu et on ne nous le cacha guère. Était-ce la faute de nos Alliés ?

Après que l'action commune, projetée sur Arras, eut avorté, il semble que, des deux parts, sous l'empire d'une sorte de désillusion mutuelle, les états-majors aient presque totalement renoncé à collaborer. Que de ponts les Britanniques n'ont-ils pas alors fait sauter, pour couvrir leur retraite, sans se

---

11 Dans le procès-verbal du comité de guerre du 26 avril 1940 (*Les Documents secrets de l'État-Major général français,* p. 98), je relève une phrase qui en dit long sur l'insupportable vanité de nos états-majors. La parole est au général Gamelin : « C'est aux Anglais à fournir l'effort principal [en Norvège]... *Au surplus, il faut les soutenir moralement, les aider à organiser le commandement, leur donner la méthode et le cran.* » Hélas ! [Juillet 1942.]

préoccuper de savoir s'ils ne coupaient pas la nôtre ! On les vit, de même, malgré les protestations de l'ingénieur, détruire prématurément le central téléphonique interurbain de Lille, retirant ainsi à la Ire armée à peu près tous ses moyens de transmission. Nous les jugions sans gêne, et je crois bien, en effet, que leur déception, sans doute légitime, devant les insuffisances de notre commandement, porta certains d'entre eux à oublier parfois les égards dus aux exécutants, dont la bravoure n'était pas en cause.

Une meilleure définition des zones, assignées à chaque armée, aurait probablement évité de fâcheux incidents. Aucun pouvoir n'existait plus, qui eût le droit d'imposer ces limites. Le soin en avait appartenu naguère au G. Q. G. français, qui était la seule source d'autorité commune. Or, depuis notre encerclement, il avait cessé de nous gouverner. Un accord amiable, pourtant, était-il impossible ? J'ignore si on le tenta. Ce fut, en ce cas, sans succès. À Lille, en particulier, qui commandait ? Personne ne l'a jamais su. La ville, avant le 10 mai, avait certainement fait partie de la zone britannique. Mais c'était autour d'elle que la 1re armée s'était finalement concentrée. Là, notamment, nous puisâmes, pendant quelques jours, le plus clair de nos ressources en essence. Quand il s'agit de préparer la mise hors d'état des dépôts, nous résolûmes de ne pas en abandonner la charge à nos Alliés. Leurs procédés de destruction – par mélange de goudron ou de sucre à l'essence – nous semblaient insuffisants, au regard du nôtre, qui était le feu. Le général Prioux, quand la question lui eut été exposée, fit établir une lettre et un ordre. Par la lettre, qui s'adressait à lord Gort, il paraissait laisser à celui-ci, courtoisement, la décision. Par l'ordre, qui était à notre usage, il se la réservait tout entière. Diplomatie subtile, qui mettait au jour, assez crûment, l'incertitude où l'on était des droits de chacun. La confusion dura, d'ailleurs, jusqu'au bout. Un seul dépôt ne fut pas incendié. Il était situé au-delà d'un canal, dont les Britanniques avaient déjà rompu les ponts et que, j'ignore pourquoi, ils interdirent à nos hommes de passer en barque. Qui était responsable d'un pareil chaos ? Les Britanniques y avaient probablement leur part. Nous nous en accommodions, cependant, avec trop de facilité pour en être tout à fait innocents.

Mais sans doute la rupture morale eût-elle été moins profonde et ses conséquences moins graves si nos liaisons, avec nos Alliés, avaient été, par avance, plus solidement établies. La situation, il faut l'avouer, n'était pas sans complexité. L'état-major de lord Gort fonctionnait à la fois comme G. Q. G. des forces britanniques et comme G. Q. d'armée. Au premier titre, il communiquait directement avec notre G. Q. G. ; et la Mission française, que commandait le général Voruz, représentait auprès de lui le général Gamelin. Au second, il était ou aurait dû être en relations constantes avec les deux armées de chez nous, qui tenaient, l'une, la VIIe, limitrophe de la côte, sa gauche, l'autre, la Ire, sa droite. Ici, la Mission n'avait plus grand-chose à voir. Il appartenait aux armées elles-mêmes d'organiser, à leur échelon, le contact. À vrai dire, ces rapports mitoyens se réduisaient, le plus souvent, durant la période d'attente, à d'assez minces questions de bornage. Pouvait-on douter, cependant, qu'une fois les opérations actives déclenchées, de tout autres problèmes viendraient à se poser ? et que leur heureuse solution dépendrait alors, pour une large part, de ce qui aurait été fait, auparavant, pour préparer l'entente, en même temps que pour se renseigner mutuellement ? L'événement, là-dessus, devait d'ailleurs dépasser toutes les prévisions : puisque le G. Q. G., par suite de la percée allemande, ayant disparu de notre horizon, il n'y eut bientôt plus, en pratique, entre les Britanniques et nous, de trait d'union possible qu'au niveau des armées.

J'avais été, on s'en souvient, désigné, en principe, comme officier de liaison auprès des forces britanniques. Pendant mes premières semaines de Bohain, je m'employai de mon mieux à ces fonctions. On me laissait faire, sans beaucoup pousser à la roue. Une fois chargé du service de l'essence, je n'interrompis pas pour autant mes efforts. Au Quartier Général britannique, alors dispersé, pour des raisons de sécurité, dans quelques misérables villages des environs d'Arras, je visitai, plus particulièrement, le « Q »[12] (prononcez *Kiou),* qui est à peu près l'équivalent de notre 4e bureau. J'allai trouver un état-major de corps d'armée, à Douai. Je pris langue avec la Mission française. Bien vite, je me rendis compte que ces voyages intermittents, s'ils pouvaient servir à régler, au fur et à mesure des besoins, quelques menues difficultés de détail, se manifestaient impuissants à créer un véritable contact.

Il n'est pas, sur le plan de l'action, de liens efficaces sans un peu de camaraderie, point de camaraderie sans un peu de vie commune. Cela est vrai, sans doute, de tous les hommes. Cela l'est au plus haut degré des Britanniques, affables et confiants, quelquefois jusqu'à la candeur, aussitôt qu'ils vous ont accepté dans leur familiarité ; volontiers distants, par contre, malgré leur parfaite politesse, envers l'hôte de passage. Se présentait-on à leurs bureaux ? Ils vous donnaient correctement le renseignement demandé. Juste celui-là ; et nous n'en aurions, sans doute, pas fait davantage. Était-ce assez ? Le but aurait dû être d'apprendre à manier les ressorts d'une machine de guerre assez différente de la nôtre et qui, pourtant, était appelée à s'harmoniser avec elle ; d'en pénétrer les faiblesses, si elle en avait (et quelle armée n'en a ?) ; de comprendre, pour pouvoir ensuite les faire comprendre, des points de vue qui, fatalement, ne coïncidaient pas toujours avec ceux de notre

---

12 Abréviation de « Quarter-Master General's Branch ».

commandement ; de nouer, surtout, ces relations directement humaines qui seules permettent, des deux parts, les suggestions fécondes, sans blessures d'amour-propre, et évitent, au jour du danger, la funeste tentation du chacun pour soi. Quelques visites d'occasion n'y pouvaient suffire. Il y eût fallu le thé de cinq heures, le whisky *and* soda, l'atmosphère de club qui se prolonge, devant la table de travail, en amicale coopération. Il eût fallu, en un mot, de toute évidence, maintenir en permanence, auprès du Quartier Général allié, un officier de la Ire armée. Tel était, comme le mien, le sentiment du chef d'état-major de la Mission française ; telle aussi, la pratique de la VIIe armée, dont, malheureusement, les soins, à cet égard, étaient destinés, par la faute des événements, à demeurer à peu près sans effets. Car, à l'exception du XVIe corps, réservé à la défense de Dunkerque, elle devait être, dès le 15 ou le 16 mai, je crois, retirée presque tout entière du front d'Anvers, pour se voir jeter dans la brèche de la Meuse et de l'Oise, et s'y faire, presque tout entière, pulvériser.

À la 1re armée, nous nous contentions d'accueillir, à notre 3e bureau, un représentant du Quartier Général britannique. Le premier que j'ai connu était un ancien officier de carrière, devenu banquier dans la cité. Ses manières, à la fois prévenantes et brusques, ses allures de bon vivant, son humour, plus original sans doute, chez nous, qu'il n'eût paru chez lui, l'avaient rendu populaire. Très dévoué à son métier, on le disait assez jaloux de l'autorité qu'il tenait de sa mission. Peut-être, de notre côté, le zèle un peu intempérant de quelques-uns de nos camarades ne lui avait-il pas suffisamment épargné la menace d'empiétements, qu'il était bien décidé à ne pas souffrir. Je n'ai jamais, pour ma part, entretenu avec lui que les meilleurs rapports. Mais il préférait, certainement, garder entre ses mains tous les fils de liaison. Je crains que son influence, auprès de nos chefs, n'ait pas toujours été, de ce point de vue, sans dangers. Il était, par-dessus tout, suprêmement adroit. En outre, profondément imbu des partis pris sociaux, dont la grande bourgeoisie anglaise est rarement exempte, il n'échappait pas non plus, j'imagine, bien qu'il eût trop de tact pour les étaler, aux préjugés nationaux inhérents, de même, à la vieille tradition « tory ».

Bien naïf, qui eût compté sur lui pour nous renseigner sur les insuffisances éventuelles de l'équipement ou des méthodes britanniques. Il nous quitta, peu avant le 10 mai, pour un poste dans le ministère du Blocus, à Londres : trop tôt pour les services que, dans une période plus active, il n'eût pas, j'en suis persuadé, manqué de nous rendre. J'ai beaucoup moins fréquenté son successeur qui, avec autant de courtoisie, avait moins d'entregent. Professionnellement, je n'ai guère eu affaire à lui qu'une fois, à Lens ; il me parut, alors, soucieux surtout de se garer de toute responsabilité. Cependant, quelles que fussent les idiosyncrasies personnelles de ces délégués de l'armée alliée, les meilleurs d'entre eux ne nous donnaient, à bien réfléchir, qu'une moitié de représentation diplomatique. Pour maintenir les liens avec un pays ami, savoir ce qui s'y passe et établir l'amitié même sur la base solide d'une mutuelle compréhension, quel gouvernement se satisfait d'accorder l'hospitalité à l'ambassadeur de la nation étrangère ? et, sous prétexte qu'il n'a qu'à se louer de ce plénipotentiaire, renonce à dépêcher lui-même, là-bas, son propre agent ?

Un jour, donc, prenant mon courage à deux mains, je demandai audience à notre sous-chef d'état-major qui, alors, tenait les fonctions de chef. Je lui exposai de mon mieux les arguments que je viens de développer. Je n'omis point de lui faire entendre que je ne postulais nullement, pour moi, les fonctions d'officier détaché auprès du Quartier Général de lord Gort ; elles me semblaient revenir à des camarades plus rompus à l'art militaire. Mais je fus maladroit. Craignant que mon avis personnel ne parût de peu de poids, je crus bon de l'appuyer sur l'opinion plus autorisée du chef d'état-major de la Mission française. Hélas ! le lieutenant-colonel auquel s'adressait mon plaidoyer était l'intime ennemi de l'autre lieutenant-colonel que j'allais ainsi chercher comme garant. Je n'avais certes point, par là, avancé mon affaire. Les chemins de l'École de Guerre sont semés d'embûches sous les pas de qui n'a point été nourri dans le sérail ! Mon interlocuteur me laissa parler, fort courtoisement. Puis il manifesta que je ne l'avais en aucune façon convaincu : à son gré, la présence, chez nous, d'un officier britannique suffisait à tout. Plus tard, je tentai de faire saisir de la question le G. Q. G. Ce fut, de nouveau, sans profit. Et, sans que personne y trouvât à redire, renonçant à m'imposer, pour quelques minutes de vagues et oiseuses conversations, mes va-et-vient d'antan, sur la route d'Arras, je me consacrai désormais, de plus en plus exclusivement, au service de l'essence.

Pendant la campagne, un officier supérieur de notre état-major qui avait déjà eu auparavant quelques contacts avec les Britanniques, fut notre agent ordinaire auprès de leur Q. G. Intelligent et d'esprit beaucoup plus large que la plupart de ses pairs, il fit, j'en suis persuadé, non seulement de son mieux, mais mieux qu'aucun autre n'aurait pu faire. Mais il n'avait jamais vécu dans l'intimité de nos Alliés ; au moment même, il n'y vivait point, passant le plus clair de son temps à courir de P. C. en P. C. Surtout, les circonstances étaient plus que jamais défavorables à l'établissement d'une confiance qui eût pu résister aux événements seulement si elle avait eu pour elle un long enracinement. Une alliance véritable est une création continue ; elle ne s'écrit pas sur le papier ; elle ne subsiste que par une multiplicité de petits rapports humains, dont le total fait un lien solide. Nous l'avions, à la Ire armée, beaucoup trop oublié. Nous souffrîmes durement de notre négligence[13].

J'avais, je l'ai dit, passé, lors de mon arrivée à l'armée, quelques jours à son 2e bureau, qui est celui des renseignements. Par la suite, mes efforts pour nous procurer une liste, précise et à jour, des dépôts d'essence belges me mirent en rapport aussi avec les 2es bureaux du groupe d'armées et du G. Q. G. J'aurais d'ailleurs été un piètre historien si je n'avais toujours porté un intérêt particulièrement vif à ces questions d'information et de témoignage. Mais, précisément parce que j'étais un historien, les méthodes en usage autour de moi ne tardèrent pas à m'inspirer de cruelles inquiétudes.

Qu'on veuille bien me comprendre. Je ne prétends nullement englober ici, dans une condamnation *a priori,* tout un groupe d'hommes parmi lesquels, qu'il s'agît d'active ou de réserve, il se rencontrait certainement beaucoup de travailleurs dévoués et compétents. Dans le cours de mon enquête, j'ai trouvé au 2e bureau du G. Q. G., sinon un secours bien efficace, du moins un accueil toujours aimable ; au groupe d'armées, une compréhension et une aide véritablement précieuses. À l'armée, nous étions peu favorisés et, à l'état-major, quand se déliaient les langues, on n'en faisait guère mystère. L'officier, d'allures avantageuses, qui commandait notre 2e bureau, eût certainement figuré avec honneur, un jour de revue, en tête d'un bataillon bien astiqué. Je n'ai aucune raison de douter

---

[13] Sur ces insuffisances de liaison, entre nos forces et le Corps Expéditionnaire, voir l'intervention de Churchill au comité de guerre franco-britannique du 22 mai et son télégramme du 24. *(Les Documents secrets de l'État-Major général français,* p. 57 et 132, juillet 1942.)

qu'il ne se fût aussi fort estimablement comporté sur le champ de bataille. Mais la tâche qui lui avait été assignée le dépassait, évidemment, de beaucoup. Là encore, cependant, quelle que fût l'insuffisance de la direction, il n'y avait pas que des ombres. J'ai eu d'excellents camarades, presque des amis, au 2e bureau, notamment dans la section des interprètes, que gouvernait, avec une savoureuse et diserte autorité, un industriel lyonnais Ces gens-là besognaient de leur mieux, avec beaucoup d'abnégation, et dans leur sphère, nécessairement un peu limitée, une incontestable intelligence.

Il faut bien le dire, cependant : que nous fûmes donc mal informés ! J'ai pu suivre de près une partie du travail de renseignements sur la Belgique. J'ai déjà raconté que, sur les emplacements, la capacité et la contenance des dépôts d'essence, le G. Q. G., dès le principe, ne nous avait fourni que des indications vagues et souvent erronées. Pis encore, il ne se préoccupait nullement de nous en procurer de meilleures. Dans l'armée belge, elle-même, comment était organisé le service du ravitaillement en carburants, avec lequel, en cas d'alliance contre un agresseur commun, nous étions nécessairement appelés à collaborer ? Je cherchai à le savoir. Le général Blanchard voulut bien signer, en personne, la lettre qui demandait, là-dessus, quelques précisions. Elle n'obtint jamais de réponse. J'ai de fortes raisons de penser que ces ignorances n'étaient pas particulières à mon service. Elles tenaient à des raisons diverses.

Tout d'abord, à la pléthore des organes d'information et à l'esprit de rivalité qui, conformément à un fâcheux penchant, sur lequel nous aurons à revenir, s'établissait presque fatalement entre eux. Les attachés militaires dépendaient non du G. Q. G., mais du ministère, éminemment jaloux de ses prérogatives. Sous couvert d'un fallacieux respect de la neutralité, ministère et G. Q. G. s'accordaient, à leur tour, pour interdire aux états-majors subordonnés toute prospection directe, en Belgique. À la vérité, ni le groupe d'armées ni les armées ne se faisaient pourtant faute de travailler indépendamment. Plus d'une indication utile nous est arrivée par cette voie plus ou moins subreptice. N'eût-il pas mieux valu organiser la convergence des efforts ?

Il eût convenu aussi de les mieux diriger, avec un sens plus aigu du concret. Un 2e bureau devrait être conçu comme une sorte d'agence qui, pour clients, aurait les multiples organes du commandement. Elle répondrait à leurs demandes : celles de l'artillerie, de l'aviation, des chars, des services appelés à régler la circulation par voie ferrée ou par route, aussi bien que des bureaux d'études stratégiques, qui coiffent le tout ; car chacun de ces organes du commandement a ses questions particulières à poser, que les non-spécialistes risquent toujours de négliger. Elle chercherait à prévoir et satisfaire d'avance leurs besoins. Elle diffuserait à chacun, aussitôt reçues, les données de nature à leur servir.

Au lieu de cela, la recherche du renseignement n'a presque jamais cessé de se mouvoir dans le même cercle, étroitement borné par des traditions qui ne tenaient à peu près aucun, compte de la guerre de matériel. Avant tout, on s'attachait à reconstituer, hypothétiquement, « l'ordre de bataille ennemi » – c'est-à-dire le dispositif de ses unités – qui est censé avertir de ses intentions, mais, le plus souvent, en raison de la rapidité actuelle des mouvements, demeure chaque fois susceptible de trois ou quatre interprétations opposées. Il s'y ajoutait, accessoirement, certaines enquêtes, d'ordre moral ou politique, où s'étalait ordinairement une candide ignorance de l'analyse sociale véritable. Je me souviens d'une brochure sur la Belgique qui croyait en dire bien long, sur les ressorts internes du pays, en nous apprenant, dans le meilleur style de l'*Almanach de Gotha,* que le royaume était une « monarchie constitutionnelle ». On l'a bien vu, à l'expérience !

Quant à la diffusion des informations, c'est une vieille plaisanterie, dans les états-majors, de raconter comment un 2ᵉ bureau, aussitôt qu'il sait quelque chose, s'empresse d'en faire un papier, d'écrire sur celui-ci, à l'encre rouge, « très secret », puis de l'enfermer, loin des yeux de tous ceux qu'il pourrait intéresser, dans une armoire à triple serrure. J'eus un jour la preuve que le trait n'était pas purement légendaire. J'avais obtenu de notre 2ᵉ bureau qu'il communiquât aux corps d'armée la liste commentée des dépôts d'essence belges, telle que nous étions finalement parvenus à l'établir. Quelque temps après, nous eûmes l'occasion d'adresser aux grandes unités une instruction générale relative à leur alimentation en carburants, dans le cas de pénétration en Belgique.

Elle traitait essentiellement des réquisitions, ensuite de l'installation, par l'armée, de ses propres dépôts, et, sur la géographie des ressources locales, se bornait à se référer au tableau précédemment expédié. Dans chaque état-major, elle fut, comme de juste, remise au 4ᵉ bureau, chargé de tous les ravitaillements. Le jour même, je reçus un coup de téléphone un peu acerbe du camarade qui, dans un des corps, dirigeait le service parallèle au mien : « Vous nous parlez d'un tableau. Nous ne l'avons jamais vu. » On s'informa. L'envoi avait parfaitement eu lieu ; mais, ce qui vient d'un bureau déterminé allant, par une pente irrésistible, rejoindre, à l'échelon inférieur, le bureau de même signe, c'était le 2ᵉ bureau du corps qui en avait été le destinataire. Là, le papier avait été, incontinent, muré dans le fameux coffre-fort aux secrets, sans que personne se préoccupât une minute d'en donner connaissance au seul officier capable de l'utiliser. Autour de moi, on haussa les épaules : « Ils n'en font jamais d'autres ! » Quant à infliger un blâme ou prendre les mesures nécessaires pour que pareil errement ne se renouvelât point, nul n'y songea. Tant la routine semblait indéracinable.

Notre 2ᵉ bureau, nous le savions bien, n'était pas un modèle. Les documents que nous le vîmes établir, durant la période d'attente et, théoriquement, d'études, qui précéda l'offensive allemande, ne laissaient pas, néanmoins, d'étonner parfois les plus endurcis. Une certaine carte des chemins de fer fut célèbre ; un malencontreux tracé de la frontière semblait, d'Aix-la-Chapelle, faire une ville belge, et la voie ferrée Hambourg-Berlin était classée parmi les lignes de faible débit. Mais, après tout, on ne pouvait guère s'y tromper. Le « bulletin de renseignements », qui paraissait à courts intervalles, attestait des erreurs de conception plus subtiles et, par suite, plus graves. Imaginez un chercheur occupé à dresser, de temps à autre, le bilan de son enquête, un archéologue, par exemple, qui publie les procès-verbaux successifs de ses fouilles, un médecin livrant à ses élèves les feuilles d'observation d'une maladie, ou encore le fameux carnet d'expériences de Pasteur. Qu'attendrons-nous de ces sincères états ? Qu'ils nous disent, à chaque stade : voici un témoignage qui, incertain la dernière fois, se trouve aujourd'hui confirmé ; une interprétation, au contraire, naguère considérée comme presque indiscutable et que maintenant les progrès de notre information forcent de tenir pour ruinée ; ailleurs – s'il s'agit non de choses passées, mais de phénomènes étudiés dans leurs cours – voilà un fait nouveau, indice, peut-être, d'une transformation capitale. En d'autres termes, toute connaissance étant, par elle-même, mouvement progressif de l'esprit et la connaissance d'événements par nature changeants ne pouvant, en outre, résulter que de l'examen de leur courbe, un compte rendu de recherches, pris isolément, sera toujours de peu de poids, s'il ne se raccorde aux comptes rendus précédents. Or, nos divers « bulletins » se suivaient, sans que, jamais ou presque jamais, leur lien fût apparent. À les confronter avec soin, on observait, assez souvent, qu'ils se contredisaient, ou bien qu'ayant attiré l'attention, une première fois, sur un groupe de données, apparemment riches de possibilités, ils abandonnaient, ensuite, sans crier gare, cette ligne. Mais, était-ce que le second renseignement rendait caduc le premier ? qu'on avait volontairement omis de se répéter ? que la situation s'était réellement modifiée ? Bien fin qui eût pu le dire. Je crains un peu, en avouant toute ma pensée, de verser dans le péché de la calomnie. Je me suis, cependant, plus d'une fois demandé quelle était, dans cette incohérence, la part de la maladresse et celle de l'astuce ? Tout chef de 2ᵉ bureau vit dans la terreur qu'au jour du « coup dur », les faits viennent démentir les prétendues certitudes dont il a armé le commandement. Offrir à celui-ci un grand choix d'indications contradictoires n'est-ce pas se réserver le moyen de dire triomphalement, quoi qu'il arrive : « Si vous m'aviez cru[14] » ?

Une fois les opérations actives commencées, de quel profit les services du 2ᵉ bureau furent-ils, jour par jour, aux stratèges de l'état-major ? Là-dessus, je serais fort en peine de me prononcer. Car, de ce qu'il put faire ou dire, à peu près rien n'a transpiré jusqu'à moi. Une chose est sûre : les fameux « bulletins », gardant désormais un silence total autant que

---

14 Sur les mauvaises habitudes des 2ᵉˢ bureaux, bien avant la guerre, voici le témoignage écrasant de B. de Jouvenel, *La Décomposition de l'Europe libérale,* p. 212 : « Notre état-major apporte une vanité puérile à étaler dans les pages de *L'Annuaire (L'Annuaire militaire de la S. D. N.)* des forces que nous n'avons pas, des militaires de carrière dont on n'a point reçu les engagements et des réservistes qu'on ne convoque pas. Il renforce ainsi la thèse allemande. » Pour 1914, cf. les *Mémoires* de Joffre, p. 249 (faux renseignement sur les corps de réserve allemands). [Juillet 1942.]

prudent, les officiers pourvus de fonctions du même type que les miennes ne surent jamais sur l'ennemi que le peu qu'ils arrivaient à attraper, par raccroc et au hasard des conversations ou des rencontres. Autant dire, presque zéro. J'entends : par rapport, non seulement à l'étendue de leurs curiosités, peut-être oiseuses, mais surtout à ce qu'il leur était indispensable de connaître pour le bon exercice de leur métier propre. Quand, par aventure, on se trouvait recueillir soi-même une indication de quelque importance, il arrivait (j'en ai donné un exemple) que, faute d'avoir à sa portée un centre de renseignements à qui la transmettre, on dût se résoudre, en désespoir de cause, à précipiter l'informateur chez le commandant de l'armée en personne. Comme si, à un chef accablé de tant de responsabilités, les données de cet ordre n'auraient pas dû arriver seulement déjà rassemblées et filtrées ! D'ailleurs, ces centres, ces « agences », pour reprendre la comparaison que j'ai déjà employée, chargées à la fois de renseigner et de recevoir les renseignements, ce n'est pas uniquement dans l'état-major, en son ensemble, qu'il eût convenu d'en prévoir le fonctionnement sous la forme du 2e bureau. À l'intérieur de chaque bureau, il aurait été au moins aussi nécessaire, à mon sens, de spécialiser un officier dans ce rôle, qui eût largement suffi à l'occuper. Croira-t-on qu'il fut aisé de ravitailler des unités en munitions, vivres, matériel du génie ou essence et de fixer l'emplacement de dépôts de munitions, de gares de ravitaillement en vivres, de parcs du génie ou de camions-réservoirs, sans savoir, les trois quarts du temps, où se trouvaient ces unités ni où se trouvait l'ennemi[15] ?

---

15 Vieille tare de nos états-majors, d'ailleurs, que cette incapacité de renseigner. Dans ses *Mémoires,* le duc de Fezensac rapporte qu'ayant reçu, un jour, de Ney la mission de porter un ordre à un des généraux subordonnés du maréchal, il voulut demander où il devait aller : « Point

Les erreurs de méthode de notre 2ᵉ bureau et de bien d'autres services, dans l'ensemble des armées, n'étaient certainement pas, pour la plupart, passées inaperçues de nos chefs, et je suis persuadé que, parmi ceux-ci ou dans leur entourage immédiat, il se trouvait plus d'un esprit trop juste pour ne pas les condamner, dans son for intérieur, avec sévérité. Comment se fait-il, cependant, qu'elles n'aient presque jamais provoqué une sanction, voire un simple déplacement ? « On ne sait plus punir dans l'armée française », disaient, parfois, mes jeunes camarades de l'active. Formule, sans doute, un peu brutale. Mais la crise d'autorité qu'elle exprimait n'est pas contestable. Elle demande, seulement, à être analysée de plus près.

J'ai beaucoup fréquenté, autrefois, les officiers de troupe. Je ne doute pas qu'il ne se soit rencontré parmi eux, cette fois-ci comme naguère, un grand nombre d'hommes capables de diriger leur unité avec une équitable et souple fermeté, aussi éloignée du désordre – dont, personnellement, j'abhorre l'image – que des absurdes brimades du légendaire « chien du quartier ». C'est un beau métier que celui de commandant de compagnie, de bataillon ou de régiment, quand il est noblement exercé, à la française ; et j'ai souvent observé qu'il développe, chez les esprits bien nés, des vertus d'humanité, pour lesquelles je professe la plus vive admiration. J'ai eu

---

d'observations, me répondit le maréchal. Je ne les aime point », et Fezensac d'ajouter : « On ne nous parlait jamais de la situation des troupes. Aucun ordre de mouvement, aucun rapport ne nous était communiqué. Il fallait s'informer comme on pouvait ou plutôt deviner. » (Cité par M. Leroy, *La Pensée de Sainte-Beuve,* p. 56.) Voilà une observation que nous aurions pu contresigner : n'est-ce pas, ô Lachamp ! [Juillet 1942.]

plaisir à les retrouver près de moi, dans le brillant officier d'état-major qui, avant de partir pour de plus hautes destinées, fut quelque temps notre sous-chef de bureau. « Depuis qu'il n'est plus là, personne ne s'occupe plus de nous », disaient mélancoliquement nos secrétaires. Il n'y a que les maladroits pour redouter que la sympathie se puisse confondre avec la familiarité.

Que, malheureusement, le gouvernement des hommes n'ait pas été pratiqué, partout, avec autant de mesure et d'humaine intelligence, certains rapports, dignes de foi, m'en donnent l'assurance. Il y a deux mots que je voudrais voir rayés du vocabulaire militaire : ceux de « dressage » et de « mise au pas ». Bons, peut-être, pour l'armée du Roi Sergent, ils n'ont rien à faire dans une armée nationale. Non que je nie, le moins du monde, que là comme ailleurs, peut-être plus qu'ailleurs, une discipline ne soit nécessaire et, par suite, l'apprentissage de cette discipline. Mais elle ne saurait être que la prolongation des vertus civiles et, selon le beau mot que Pierre Hamp appliquait au vrai courage, « une forme de la conscience professionnelle ». Un officier s'étonnait un jour devant moi que les dames téléphonistes, employées au Central de l'armée, fissent si bien leur service : « aussi bien vraiment que des soldats », disait-il, d'un ton inimitable, où le scandale l'emportait encore sur la surprise. Un pareil orgueil de caste le rendait-il fort capable de commander des troupes levées, dans le peuple entier, pour la défense du pays, et dont la plus grande partie se composait d'hommes que la vie avait déjà habitués à l'indépendance du foyer ?

Pratiquement, la « mise au pas » se confond presque toujours avec le respect imposé de formes extérieures, dont la valeur n'est pas niable, quand elles servent d'expression à une discipline plus profonde, mais qui ne sauraient être exigées avec profit si, en même temps, un courant de confiance n'a su être créé, assez fort pour que, chez presque tous, l'observance de ces gestes de déférence n'en naisse spontanément. Je consens qu'on « dresse » l'homme ; mais ce ne saurait être sans se tourner vers l'homme tout entier, que les vrais chefs savent bien comment prendre. Était-ce un de ces chefs-là, le colonel qui – je suis sûr de l'anecdote – cassa de son grade un sous-officier parce qu'un jour de très grand froid, il l'avait rencontré les mains dans les poches de sa capote ? qui, à longueur de journée, faisait paraître des notes sur la tenue et, cependant, laissait sa troupe, en plein hiver, geler dans des cantonnements mal organisés ?

J'ai pu assister, moi-même, aux effets d'une pareille tentative de « redressement ». C'était en Normandie, lors de notre regroupement, après la campagne de Flandre. Que nos soldats avaient donc alors de bonne volonté et de gentillesse ! Il n'est aucun de nous, même parmi les vieux durs à cuire, qui n'en ait été ému. Ils débarquaient du train, éreintés par un long voyage, affamés souvent, quelquefois sans autres vêtements que les hardes hétéroclites que les Anglais leur avaient distribuées, après naufrage. Ils avaient perdu, en route, leurs unités, leurs chefs directs, leurs « copains ». Fréquemment, pour rejoindre enfin le stationnement où ils retrouveraient un peu de cette atmosphère d'entraide collective, si nécessaire à l'homme de troupe, il leur fallait encore parcourir, à pied, bien des kilomètres. Pas une plainte, pourtant ; un brave « merci » récompensant toute attention qu'on pouvait avoir pour eux ; le contentement, non seulement de se sentir, provisoirement du moins, à l'abri, mais aussi de revoir sain et sauf tel ou tel officier dont le sort les avait inquiétés. J'ai reçu là quelques poignées de main qui m'ont fait chaud au cœur. En vérité, le souvenir de ces journées m'empêchera toujours, si jamais j'en étais tenté, de désespérer du peuple français.

Vint, pour nous commander, un général animé certainement des meilleures intentions, parfaitement sincère dans sa foi militaire, dur à lui-même comme aux autres, mais chez qui le sens psychologique ne s'élevait pas à la hauteur des autres qualités. Il jugea que l'ambiance n'était pas tout à fait celle d'une caserne bien tenue et voulut y remédier. Les rondes d'officiers se multiplièrent et les observations sur les vareuses incorrectes plurent de toutes parts. Échappés à ce que les journaux appelaient déjà, pompeusement, mais non sans quelque justesse, l'enfer des Flandres, beaucoup d'entre nous avaient cru pouvoir faire venir leur femme, dans les villages où nous logions : les simples soldats au moins aussi souvent que les officiers, de sorte que l'égalité n'était nullement blessée. Le général sévit. Un guerrier peut, s'il lui plaît, aller au bordel ; les embrassements conjugaux, par contre, sont pour lui péché d'amollissement. Comme notre nouveau chef était, à sa façon, un juste, il commença, d'ailleurs, par infliger quinze jours d'arrêts de rigueur au vieux général du cadre de réserve, qui nous avait gouvernés avant lui ; ne l'avait-il pas rencontré, un soir, bras dessus bras dessous avec sa vénérable épouse ? On rit. L'homme du rang n'en fut point consolé. En quelques jours, la température morale avait changé. Symptôme significatif : le salut aux officiers, jusque-là offert avec un cordial empressement, ne le fut plus que d'une main parcimonieuse et, visiblement, par contrainte. Un pseudo-dressage avait ruiné, avec une merveilleuse promptitude, la bonne et saine humeur d'une troupe venue du feu et destinée, croyait-on, à y retourner.

Parmi les personnes qui avaient vécu en 1914-1918, sous l'occupation allemande et l'ont, de nouveau, subie, au cours de ces dernières semaines, plusieurs, sans s'être concertées, m'ont fait part d'une observation, dont j'ai été vivement frappé : comparée à l'armée du régime impérial, celle du régime nazi leur a paru de mœurs « plus démocratiques ». La distance entre l'officier et le soldat semble moins infranchissable (les officiers pourtant continuent à ne pas rendre bien exactement le salut ; j'en ai été moi-même le témoin). Du haut en bas, on sent plus nettement l'accord dans une commune bonne volonté. L'union des âmes qu'a su réaliser un mysticisme dont la grossièreté ne doit pas nous dissimuler la puissance, il serait désastreux que, chez nous, l'empire de vieilles traditions à la prussienne, profondément antinomiques à notre véritable esprit national et peut-être désuètes en Prusse même, puisse jamais la compromettre.

À droit ou à tort, l'armée française ne l'avait donc pas oublié, et peut-être pas assez, le vieil art de punir. Il est trop certain, par contre, que le commandement n'a pas su, comme il l'aurait pu et dû, mettre à profit les longs mois d'attente dont l'ennemi lui abandonna la libre disposition pour pratiquer, dans les cadres, les nettoyages nécessaires. Quelques limogeages retentissants marquèrent, à la Ire armée, la période des opérations. Mais fallait-il attendre jusque-là, c'est-à-dire trop tard ? Car on connaissait bien, dès auparavant, certaines insuffisances. En veut-on un exemple de plus ? Le commandement de notre Quartier Général d'armée était exercé par un vieil officier, dont la cordialité bon enfant ne masquait à personne la parfaite inaptitude. « Il y a trente-deux ans que je ne comprends pas », se plaisait-il à répéter. Je serais bien étonné si, de bouche en bouche, le candide aveu, dont nous fîmes tant de gorges chaudes, n'était pas parvenu jusqu'aux oreilles du plus élevé en dignité de nos chefs. À vrai dire, les attributions de cet honorable émule du capitaine Bravida n'étaient pas, tant que nous restâmes à Bohain, d'une importance capitale. Chacun savait, cependant, qu'en cas d'opérations actives, elles étaient appelées à devenir beaucoup plus lourdes. Elles comportaient, en particulier, d'après le règlement même, la direction de ce service automobile de l'état-major qui, avant comme, malheureusement, après le 10 mai, laissa toujours tant à désirer. D'autre part, le renvoi d'un officier de ce rang n'eût assurément pas souffert autant de difficultés que le déplacement d'un généralissime ou d'un commandant d'armée. Nous n'en conservâmes pas moins notre falot chef de bataillon durant l'hiver entier, puis tout le long de la campagne – pendant laquelle nous ne le vîmes, d'ailleurs, à peu près jamais – jusqu'au jour où, sur le point de s'embarquer, il disparut mystérieusement, à Dunkerque. Comment ? La légende s'empara de sa fin. Mieux vaut avouer que nous n'en sûmes jamais rien et supposer – comme cela est, après tout, fort possible – qu'il mourut simplement pour la France ou, par malencontre, fut fait prisonnier. Ce n'était certes pas sa faute si on l'avait maintenu dans un poste fort au-dessus de ses modestes capacités. Il ne fut pas le seul dans ce cas. La rude main du Joffre de 1914 nous avait manqué et nous aurions eu grand besoin de quelques-uns de ses jeunes Turcs. Certains vivaient bien encore. Mais vieillis, chargés d'honneurs, gâtés par une longue vie de bureaux et d'habileté.

Car la mollesse du commandement eut son origine avant tout, je crois, dans des habitudes contractées durant la paix. La manie paperassière y fut pour beaucoup. Ce chef de 2ᵉ bureau, qui omit de transmettre au seul officier intéressé un renseignement de première importance. Supposez-le, pour un instant, à la tête d'un grand service, dans une entreprise privée. Que se serait-il passé ? Le patron, j'imagine, l'aurait fait appeler, lui aurait dit, toutes portes closes, ses quatre vérités, enfin l'aurait réexpédié à son travail, avec un « ne recommencez pas » bien senti. Et il n'aurait probablement pas recommencé. Prenez maintenant le cas, tel que je l'ai vu en réalité ; si j'avais cru pouvoir obtenir d'abord de mon supérieur immédiat, puis du chef d'état-major, puis du général d'armée lui-même qu'une observation fût adressée à l'officier coupable, il m'aurait fallu leur soumettre une note écrite. Pis encore, cette note, selon les sacro-saintes règles hiérarchiques, n'aurait pu avoir d'autre destinataire que le commandant du corps d'armée lui-même : car, d'échelon en échelon, on ne correspond qu'entre chefs. L'affaire eût revêtu, dans ces conditions, une gravité telle que tout le monde me déconseillait de m'y lancer ; d'édulcoration en édulcoration, mon papier serait resté en panne, au bout du compte, si jamais il y avait abordé, sur une auguste table. Ajoutez la peur des « histoires », le souci de diplomatie qui, chez des hommes en mal d'avancement, devient une seconde nature, la peur de mécontenter un puissant d'aujourd'hui ou de demain. Il fut décidé un jour sur ma proposition que l'allocation en essence d'un corps d'armée serait diminuée, celle d'un autre augmentée d'autant. D'où deux notes de service parallèles. L'avis de retranchement, le sous-chef d'état-major qui remplaçait alors le chef, le fit signer par le général Blanchard ; il se réserva, par contre, la signature du papier, qui, au second corps d'armée, annonçait d'agréables facilités de consommation. Ainsi paraissait-il n'être pour rien dans la mauvaise nouvelle, pour tout dans la bonne. C'est de la sorte qu'on soigne sa carrière. On la compromet en grondant ou, du moins, quand on n'a pas le cœur bien trempé, on craint, à tort quelquefois, de la compromettre ainsi. La routine, enfin, est, par essence, accommodante. On s'était accoutumé, durant de longues années de bureaucratie, à beaucoup d'insuffisances, qui prenaient rarement un caractère tragique. Les temps changèrent. Non les mœurs. Pour faire court, ce serait sans doute assez de dire que les états-majors du temps de paix n'étaient pas une bonne école pour le caractère. On ne le vit que trop, de toutes façons[16].

---

16 Il y a, d'ailleurs là, un gros problème. Nul texte ne le pose avec plus d'éclat que le tome premier des *Mémoires* de Joffre. On n'y trouvera pas seulement l'étonnante liste des généraux qu'il fallut relever de leur poste dans les premiers

Un vieux dicton militaire décrit les sentiments mutuels de deux officiers gravissant ensemble les degrés de la hiérarchie : « Lieutenants, amis. Capitaines, camarades. Commandants, collègues. Colonels, rivaux. Généraux, ennemis. » Les discordes des grands chefs, dont on s'entretenait parfois, autour de moi, à mots couverts, le lecteur se doute bien que j'ai été mal placé pour en parler savamment. Attisées par les clientèles qui, fatalement, ourdissent autour de chaque « patron » tout un réseau de dévouements et d'intrigues, le déplorable foisonnement des organes du commandement ne leur avait que trop bien préparé le terrain. Avons-nous jamais compris, dans l'armée française, que plus l'ordre ou le renseignement ont à traverser de sédiments successifs, plus ils risquent de ne pas arriver à temps ; que, pis encore, là où le nombre de chefs superposés est trop grand, la responsabilité se dilue entre eux au point de cesser d'être vivement sentie par aucun ? Cette tare de notre bureaucratie militaire sévissait à tous les niveaux. J'ai déjà indiqué que si, dans le service de l'essence, nous avions observé, à la lettre, le règlement, un escalier à triple degré eût séparé, des exécutants, le représentant de l'armée. Entre le commandant d'un régiment d'infanterie et la division, l'état-major de l'infanterie

---

mois de la guerre (par exemple, de la mobilisation au 6 septembre 1914, la moitié au moins des commandants de divisions d'infanterie active, la moitié exactement des commandants de divisions de cavalerie). La remarque de Joffre à propos d'un général de corps d'armée : « Il avait fait preuve d'incapacité à passer de la mentalité du temps de paix à la mentalité du temps de guerre », elle vaut, évidemment, pour la plupart des chefs ainsi « limogés », pour près de la moitié, en somme, des chefs du temps de paix. Mais alors, qu'est-ce donc que l'éducation militaire, si elle prépare à tout, sauf à la guerre ? [Juillet 1942.]

divisionnaire fait écran : « organe de retardement », disions-nous, au temps où j'étais moi-même fantassin. Je serais étonné si le surnom avait, depuis, perdu sa raison d'être. Plus haut, il y avait l'armée ; le groupe d'armées, simple instrument de coordination stratégique, en principe, mais qui souvent tenta de sortir de ce rôle ; le Commandement du Théâtre d'Opérations du Nord-Est, chargé de la conduite de la guerre sur tout le front français, Alpes exceptées ; le Commandement en chef des Forces terrestres enfin. Lorsque s'opéra le partage des attributions entre les deux derniers échelons – ou, pour user de termes humains, entre l'état-major Georges et l'état-major Gamelin – j'entendis exposer la nouvelle organisation du G. Q. G. Le conférencier s'exprimait aussi clairement que possible. Je ne fus pourtant pas le seul à ne tirer de son discours qu'une conclusion un peu nette : on allait, inévitablement, au chaos et aux perpétuels chevauchements. Divers échos, venus, par la suite, à mes oreilles, m'ont montré que nous n'avions pas tort. Encore comptions-nous sans ce troisième embryon d'état-major, caché dans les plus intimes replis du temple : le cabinet militaire du généralissime !

Tout cela se passait loin de moi. J'ai eu, par contre, maintes occasions de mesurer exactement les rivalités des bureaux entre eux et, tout près des cimes, celles de l'État-Major général (*alias* le G. Q. G.) avec l'État-Major de l'Armée (c'est-à-dire le Ministère).

L'un des plus remarquables officiers qu'il m'ait été donné de rencontrer – le lieutenant-colonel, dont je rappelais plus haut la sollicitude envers nos secrétaires – m'a dit un jour : « Dans un état-major, il ne devrait pas exister de bureaux ». Par quoi il entendait que ce sectionnement, peut-être inévitable, est gros de dangers. Car chaque partie du tout risque, par un penchant presque fatal, de se prendre elle-même pour un tout et la petite société close se croit une patrie. Le 3ᵉ bureau, qui est l'asile des stratèges et que les mauvaises langues, chez nous, avaient surnommé le « trust des cerveaux », fait, ordinairement, figure de saint des saints. Fiers de leur rôle qui est, en effet, entre tous important et délicat, les officiers dont il se compose ne s'astreignent pas toujours à collaborer assez étroitement avec leurs camarades plus éloignés de la pure source de l'art militaire. Ils semblent, quelquefois, mépriser un peu trop des activités sans lesquelles cependant les plus belles flèches tracées sur la carte des opérations resteraient de vains signes. Il en va de même, pour d'autres raisons, du 2e bureau, hanté par le culte du secret. Quelques grinchus exceptés, l'urbanité des formes reste entière. Elle protège efficacement le quant-à-soi. Ces cloisons étanches sont de partout. Mais nulle part, mes expériences ne me les ont montrées plus redoutables qu'au sommet même du commandement, je veux dire, au G. Q. G.

Là, j'ai perdu, un jour de janvier, une après-midi entière à essayer d'obtenir des 2e et 4e bureaux une action commune, sans y réussir. La question, on le devine, avait trait à l'essence. On va pouvoir juger qu'elle n'était pas sans gravité. Mais comme elle mettait en jeu des tiers, qu'aujourd'hui encore je n'ai pas le droit de compromettre, force m'est d'user de quelques circonlocutions.

Il y avait, quelque part, dans un petit pays neutre, à peu près à égale distance de la frontière française et de la frontière allemande, un certain dépôt de carburants. Mon informateur ordinaire ne s'était pas contenté de me renseigner sur la capacité des bacs, qui était assez considérable. Il m'avait dit : « Je puis, selon vos préférences, les maintenir toujours à plein, de façon à faciliter votre ravitaillement, si vos forces se trouvaient amenées à pénétrer un jour sur ce territoire ; ou, au contraire, n'y laisser jamais que les quantités strictement nécessaires aux besoins du commerce, afin de ne pas risquer d'abandonner aux Allemands des ressources précieuses. Que l'État-Major français décide. Dès que je les connaîtrai, ses instructions, quelles qu'elles soient, seront exécutées. » Le problème revenait, en somme, à savoir qui notre commandement estimait devoir atteindre d'abord ce point, en cas de violation, par l'Allemagne, de la neutralité : les ennemis, ou nous. Il ne dépassait pas seulement, de beaucoup, ma compétence personnelle. L'armée qui bordait ce secteur de la frontière n'était pas la mienne. Bien plus : elle n'appartenait même pas à notre groupe d'armées. Point d'autre issue, par conséquent, que d'aller demander ses ordres au G. Q. G.

Je vis d'abord le 2e bureau, auquel j'avais d'autres informations à communiquer. Quand j'arrivai au sujet brûlant, ces messieurs me dirent, non sans raison : « Nous sommes là pour renseigner, non pour décider. Allez trouver le 4e. » Ils ne m'offrirent cependant pas de m'accompagner et sans doute savaient-ils bien pourquoi. Peut-être, d'ailleurs, eût-il été plus naturel de m'adresser directement à l'aide-major général chargé des opérations ou à ses représentants. Mais le non-initié frappe-t-il de sa propre main à la porte du sanctuaire ? Me voici donc en route, par la longue rue de La Ferté-sous-Jouarre, peuplée de gendarmes, vers le 4e bureau, dont les aîtres, cela va de soi, m'étaient déjà familiers. On m'y promena de chambre en chambre. Partout le refrain fut le même : « L'ennemi, connaissons pas. Nous mettons des ravitaillements, *français*, à votre disposition. Un point, c'est tout. Au reste, votre informateur, est-ce un homme bien sûr ? S'il nous tendait un piège ?

– Le 2e bureau se porte garant de la valeur des renseignements.

– Oh ! le 2e bureau ! Et puis, se mêle-t-il donc d'essence ? S'il a commencé à s'occuper de votre affaire, qu'il continue.

– Je veux bien ; mais, si tel est votre sentiment, j'aimerais que vous le lui téléphoniez. »

J'obtins, du moins, cette satisfaction. D'un bout à l'autre du fil, la conversation me parut un peu aigre. Chacun se renvoyait la balle. Après quelques minutes, le 2e bureau termina par un assez sec : « Cela ne me regarde pas. » Ainsi, des propriétaires se querellent à propos d'un mur mitoyen. Il n'y avait qu'un intérêt auquel personne ne semblait songer : celui de l'Armée française. Étant, par tempérament, têtu, je repris la conversation avec le 4e. D'échelon en échelon, on finit par me conduire à deux lieutenants-colonels. Je m'exprimais avec beaucoup de chaleur. Trop probablement, eu égard à la modestie de mon grade. Je m'aperçus, à temps, que je commençais à dépasser les bornes du respect hiérarchique et, comme un scandale n'eût évidemment abouti qu'à ruiner, sans appel, le succès de mon entreprise, je m'arrêtai net. Aussi bien, le découragement, malgré tout, me gagnait. Je ne remportai, pour tout butin, que quelques vagues promesses : on soumettrait la question, vraisemblablement, à l'aide-major général des services ; celui-ci, peut-être, jugerait utile d'en saisir son collègue des Opérations... Il faut bien, pour se débarrasser d'un fâcheux ou d'un fou, se donner l'air de céder un peu à son humeur. En fait, je n'entendis plus jamais parler de rien.

Cependant, je supportais difficilement l'idée de laisser sans réponse le « sympathisant » qui, de l'autre côté de la frontière, avec un total désintéressement et non sans quelques dangers pour sa personne, nous avait offert son aide. L'intérêt pratique de ces propositions, si évident fût-il, n'était pas seul en jeu. Notre silence eût dénoncé à un étranger les incertitudes du commandement français. C'était déjà trop que de les connaître nous-mêmes. D'accord avec l'ami français, qui m'avait servi d'intermédiaire et, lui, ne portait pas l'uniforme, je fis donc dire là-bas : « Ne remplissez pas vos cuves. » L'abus de pouvoir était affreux. Les événements devaient m'empêcher d'en avoir beaucoup de remords : comme nous l'avions prévu, les Allemands, quand l'orage éclata, arrivèrent bons premiers.

Ce furent également mes enquêtes sur les ressources en essence qui m'enseignèrent comment, en marge de la guerre que nous poursuivions ou préparions contre les Allemands, un autre grand combat se livrait dans nos murs mêmes. Il mettait aux prises le G. Q. G. avec l'E. M. A., La Ferté-sous-Jouarre avec Paris et la tradition en remontait, sans doute, aux jours lointains de Chantilly, de Joffre et de Gallieni. Un premier sondage n'avait donné sur les dépôts belges que des renseignements encore incomplets. Notre informateur ne demandait qu'à fournir davantage. Mais par quel canal lui faire connaître nos besoins ? Impossible de songer à l'appeler à Paris. Il ne tenait, d'autre part, à entrer en contact ni avec l'attaché militaire, dont la visite eût risqué de le compromettre, ni avec les agents du Service Secret, plus habitués à manier des indicateurs mercenaires qu'à s'entretenir avec de très honorables négociants et, d'ailleurs, assez peu compétents pour parler d'essence. Il me parut que le plus simple était de demander à notre intermédiaire français de se rendre lui-même à Bruxelles, sous le prétexte, tout naturel, d'un déplacement d'affaires. Tel fut aussi l'avis du 2e bureau du Groupe d'Armées, qui suivait de près la question. Restait à procurer à ce missionnaire bénévole les visas nécessaires et à les lui obtenir sans qu'à la perte du temps du voyage, acceptée avec beaucoup d'abnégation, s'ajoutât celle de longues stations dans les antichambres de la police ou des ambassades. La chose ne semblait guère devoir souffrir de difficultés ; je n'avais pas seulement les meilleures raisons du monde de pouvoir répondre d'un de mes proches ; lui-même était bien connu et estimé à Paris dans le monde du commerce et son activité professionnelle le mettait en rapports constants avec la

Défense nationale ; le Groupe d'Armées enfin et, de plus haut, le G. Q. G. se portaient caution. Cependant, il fallait passer par le 2ᵉ bureau du ministère. Malgré la recommandation expresse du Groupe d'Armées, parlant au nom du G. Q. G., comme au sien propre, ou peut-être à cause de cela même, nos gens ne voulurent rien entendre. « Nous ne connaissons pas ce monsieur ; nous ignorons ce qu'il compte faire. » (Inutile de dire qu'on les avait parfaitement mis au courant.) « (Nous nous refusons à prendre aucune responsabilité. Qu'il se débrouille. ») Il se débrouilla, en effet, au prix d'ennuyeuses démarches que, par bonheur, ses relations personnelles abrégèrent un peu. Et je me rendis compte, mieux qu'auparavant, qu'il n'y avait pas, au vrai, une Armée française, mais, dans l'Armée, plusieurs chasses gardées.

Je devais le voir, plus clairement encore et dans des circonstances beaucoup plus tragiques, quand il s'agit de reconstituer, en Normandie, avec les rescapés des Flandres, un semblant de forces armées. Nous n'avons pas seulement, à ce moment-là, passé incessamment, de général en général, qui parfois changeaient dans le cours de la même journée et dont chacun, aussitôt pris son commandement, s'empressait de défaire ce que son prédécesseur avait commencé. Par-dessus nos têtes et à nos dépens, ou plutôt aux dépens du pays, se poursuivait l'âpre querelle du G. Q. G. et du ministère. Nous dépendions, en principe, du second, du moins au début ; car la Normandie, censée province fort éloignée du front (qui pourtant, dès lors, était sur la Somme), n'appartenait pas à la zone des armées. Mais, c'était le G. Q. G. qui devait nous utiliser. Sans que j'aie besoin d'y insister, on devine bien que ce duel n'aida pas à hâter notre regroupement ni notre réarmement. L'ennemi était, littéralement, aux portes de la cité et déjà plus qu'à ses portes. Les partis n'avaient pas, pour autant, fait taire leurs discordes. Non point partis politiques, en l'espèce. Partis militaires et, par là même, plus coupables encore.

Le courage personnel est, chez qui choisit la carrière des armes, la plus obligatoire de toutes les vertus professionnelles : si indispensable, en vérité, à la bonne conscience du groupe, qu'il y est de règle de la tenir pour allant de soi. Je suis certain que la grande majorité des officiers de l'active a été fidèle à cette brave tradition. S'il y eut, çà et là, des exceptions – j'en ai connu une ou deux durant la dernière guerre ; j'ai cru en retrouver quelques-unes durant celle-ci – elles n'atteignent en rien l'honneur de la collectivité. Elles prouvent simplement que l'habit ne réussit pas toujours à faire le moine, et aussi qu'il est partout des êtres assez dépourvus d'imagination pour adopter un métier sans se représenter à quoi il engage : celui de soldat, par exemple, sans réaliser qu'un jour, peut-être, la vie de garnison devra céder le pas à la guerre. Ces faibles sont, au fond, avant tout, de pauvres gens qui se sont trompés. Reste qu'il est, dans le mépris du danger, bien des nuances et des degrés. Mais comment en parler un peu longuement, sans blesser, dans nos mémoires, de secrètes pudeurs ? Quiconque a vu le feu le sait bien : aux âmes les mieux trempées il arrive parfois de ne dompter qu'à grand-peine la peur : tandis qu'à d'autres moments, chez le même homme, l'indifférence semble s'établir sans le moindre effort, comme un produit spontané de l'action nécessaire, de l'habitude ou, simplement, du bon équilibre cérébral.

Aussi bien, le courage n'est-il pas affaire de carrière ou de caste. L'expérience de deux guerres – de la première surtout – m'incline à penser qu'il n'est guère, chez les hommes un peu sains, de disposition de l'âme plus couramment répandue. Du moins, dans notre peuple, où la plupart des cerveaux sont solides et les corps bien membrés. À tort, beaucoup d'officiers s'imaginent que les plus braves soldats se recrutent parmi les violents, les aventureux ou les apaches. J'ai toujours observé, au contraire, que ces brutaux résistent mal à tout danger un peu soutenu. Faire preuve de courage, c'est, pour le soldat, proprement faire son métier. Un honnête garçon a-t-il, dans la vie courante, coutume de remplir exactement sa tâche quotidienne : à l'établi, aux champs, derrière un comptoir et, oserai-je l'ajouter, à la table de travail de l'intellectuel ? Il continuera, tout naturellement, sous la bombe ou la mitraille, à s'acquitter, avec la même simplicité, du devoir du moment. Surtout, si, au besoin inné de la besogne consciencieusement accomplie, s'ajoute l'instinct collectif. Celui-ci revêt bien des nuances diverses, depuis l'élan, à demi irraisonné, qui porte l'homme à ne pas abandonner son camarade jusqu'au sacrifice consenti à la communauté nationale. Mais c'est presque insensiblement que les formes les plus élémentaires conduisent aux plus hautes. Je n'ai pas connu, en 1914-1918, de meilleurs guerriers que les mineurs du Nord ou du Pas-de-Calais. À une exception près. Elle m'étonna longtemps, jusqu'au jour où j'appris, par hasard, que ce trembleur était un « jaune » : entendez un ouvrier non syndiqué, employé comme briseur de grèves. Aucun parti pris politique n'est ici en cause. Simplement, là où manquait, en temps de paix, le sentiment de la solidarité de classe, toute capacité de s'élever au-dessus de l'intérêt égoïste immédiat fit de même défaut sur le champ de bataille. L'infanterie de Verdun et de la Somme était une armée de réservistes, dans ses rangs et, pour une large part, dans ses cadres. Réservistes aussi, en des jours moins éloignés de moi, mes sûrs amis du parc d'essence et des camions-réservoirs qui, sans souci d'inquiétantes flammes, mirent tant de fois le feu aux bacs dont le contenu ne devait pas être laissé à l'ennemi ; qui ravitaillèrent les chars à si peu de distance d'une ligne de feu très mobile qu'à plusieurs reprises, il leur fallut ramener leurs citernes sans prendre le temps d'en relever, flottant derrière les voitures comme une longue traîne, les tuyaux d'alimentation. Censés « service de l'arrière », ils n'avaient, pour la plupart, pas d'armes ! Il était, modestement, chauffeur de profession le troupier au grand cœur qui, blessé à mort au cours d'un de ces ravitaillements, refusa de permettre qu'on le relevât. « Je suis foutu. Partez. Je ne veux pas qu'un copain se fasse abîmer à cause de moi. » J'ai vu de près, durant les quatre ans de mon autre campagne – la vraie – plus d'un trait auquel celui-ci fait écho. Je m'arrête. Si je me laissai aller, je ne me tairais pas avant demain.

On a pourtant, cette fois-ci, beaucoup parlé des défaillances de la troupe. Notamment de ses officiers. On a raconté des histoires de fuite, où l'auto du chef aurait, de beaucoup, devancé la panique des piétons. On a cité des cas d'abandon de poste. On a évoqué des « sauve-qui-peut » venus d'en haut. Je n'y étais point. Mais il n'est pas nécessaire d'avoir assisté en personne aux événements pour faire la part, assurément grande, de la légende : tout peuple vaincu cherche son Ganelon, ou, au pis-aller, rejette sa défaite sur quelques maîtres lièvres. Admettons cependant, comme je le crains, que, dans ces bruits, tout ne soit pas faux ; que, dans l'armée combattante, il y ait eu vraiment, comme je l'ai parfois entendu dire par des camarades d'états-majors, « crise des cadres »[17].

---

17 Je pense aujourd'hui, d'après beaucoup de témoignages recueillis au cours de ces deux ans, que les défaillances dans le commandement des troupes ont été sensiblement moins rares que je ne voulais le croire, au sortir même de la défaite. Je laisse naturellement mon texte tel quel. Mais pour être scrupuleusement véridique, il faudrait, je le crains, l'accentuer. L'aveu est douloureux et je ne le fais pas sans peine. Sans doute une certaine crise de la moralité de groupes de classes (chez les officiers de réserve comme dans l'active) était-elle plus profonde qu'on n'osait

Là encore, la responsabilité du haut commandement a été lourde.

Les cadres subalternes ou moyens de la troupe étaient faits, pour une fraction considérable, de vieux officiers de garnisons. Or, quoi qu'on en pense dans certains milieux, l'illusion est grave d'imaginer que la routine des revues de détail, des exercices sur le champ de manœuvre et des menues histoires de discipline intérieure prépare efficacement au commandement direct des hommes, dans une vie d'aventures guerrières, brusquement privée de l'étai du règlement. Au développement des qualités qu'exigent des circonstances si nouvelles, beaucoup de professions civiles sont une bien meilleure école : pour peu, du moins, qu'elles comportent certains éléments de responsabilité humaine comme d'adaptation aux changeantes conditions de l'action. Ajoutez l'atmosphère débilitante d'une carrière de petits fonctionnaires, médiocrement occupés, car tel est bien, prestige à part, le train d'existence habituel de beaucoup de capitaines ou de chefs de bataillon, dans le temps de paix. Les âmes vraiment ardentes ou soutenues seulement par un vigoureux sentiment du devoir échappent à ces poisons. Toutes ne s'élèvent pas aussi haut. La période d'attente, jusqu'au 10 mai, aurait pu permettre d'opérer l'épuration nécessaire et, par suite, le rajeunissement, qui n'était pas moins

---

l'imaginer. Qu'elle n'eût pas tout contaminé, chacun le sait aussi. A côté de ces faiblesses, dans les mêmes milieux, que de beaux actes de courage. Ce sont ces contrastes qui rendent l'histoire si difficile à nuancer. Aussi bien, la crise de la moralité collective, dans certaines couches de la nation, et les réactions de ces mêmes éléments contre la crise, nous ne connaissons aujourd'hui tout cela que trop bien : la « collaboration » a été une sûre pierre de touche. [Juillet 1942.]

indispensable ; contre l'ankylose du caractère, il n'est pas de protection plus sûre qu'un cerveau encore souple, dans un corps encore irrigué par un sang généreux. Le capitaine Coignet ni ses émules des guerres napoléoniennes n'étaient assurément des génies, mais ils atteignaient à peine l'âge mûr. L'armée allemande, à son tour, même quand on n'a fait que l'entrevoir en passant, donne, par rapport à la nôtre, une incontestable impression de jeunesse. L'élagage, nous le savons déjà, n'eut pas lieu. Pas plus, d'ailleurs, qu'on ne se préoccupa suffisamment de pousser vers les postes de sous-lieutenants et de lieutenants, au prix, peut-être, d'un certain supplément de formation, ces sous-officiers de réserve, dont on ne pouvait pourtant point ignorer, après l'expérience de 1914, combien il y avait, dans leurs rangs, de ressources d'autorité, de compétence et de dévouement. J'en connais que leurs colonels empêchèrent de se rendre aux cours d'aspirants parce qu'ils estimaient avoir trop besoin d'eux, ou, hélas ! parce que le « piston » n'était pas suffisant. Comptait-on sur le tri, par le feu ? C'était oublier que la guerre pouvait ne pas durer quatre ans, ni même, en fait, aussi longtemps que des premiers combats d'août 1914 à la course à la mer.

J'ai déjà suffisamment insisté sur les effets de la surprise. Le mot ne doit pas être entendu que dans son sens purement stratégique. Les pires paralysies du caractère eurent leur origine dans l'état de stupéfaction et de scandale où un rythme de guerre inopiné jeta des hommes préparés, par leurs éducateurs, à une tout autre image du combat. Ce choc psychologique n'épargna pas les officiers de troupes. Mais nulle part les ravages n'en furent plus visibles que dans certains services de demi-arrière : étapes, places, états-majors territoriaux. Là, comme partout, quelques âmes vigoureuses se raidirent contre l'épreuve : je sais tel commandant d'étapes, mutilé de l'autre guerre, qui s'offrit comme volontaire pour chercher à dégager un détachement de chars. Ailleurs, malheureusement, le repli, sans doute inévitable, prit trop souvent des allures de fuite et, parfois, devança l'événement. Le G. Q. G. dut renvoyer à son poste le général commandant une région militaire ; ce chef avait abandonné sa ville, sans ordre, pour la belle raison qu'à son avis l'ennemi n'en était plus assez loin. De pareilles faiblesses, dont ce n'est pas le seul exemple, méritent assurément le blâme. Sans doute appellent-elles aussi quelque pitié. Dans une autre ambiance, les mêmes personnages se seraient peut-être très honorablement montrés. Là où le sort les avait placés, leur besogne quotidienne prolongeait celle du temps de paix et l'atmosphère mentale avait une odeur poussiéreuse de bureau ou de chefferie. Il était convenu, surtout, qu'on n'était pas sur le front. L'ennemi rompit le contrat. Que n'avait-on mieux expliqué, par avance, à ces honnêtes serviteurs, un peu trop vieillis, pour la plupart, sous le harnois, comment, dans une guerre de vivacité, l'arrière risque toujours de devenir l'avant ?

Le terrible fut que ce désarroi gagna des milieux beaucoup plus chargés de responsabilités. Nous sommes plusieurs à avoir pu en noter, avec horreur, les affreux progrès, presque au jour le jour, chez quelques-uns des officiers qui occupaient les charges les plus considérables de l'état-major ; chez ceux, notamment, à qui revenait, en propre, le gouvernement des opérations. Les premiers symptômes du mal étaient des signes encore tout extérieurs : yeux hagards, barbes mal rasées, nervosité qui, d'une agitation fébrile, pour de petites choses, passait brusquement aux feintes d'une impossible sérénité. Quand un chef commence à dire : « À quoi bon ? », gare aux exécutants ! Puis ce fut la marée montante d'un désespoir qui, au lieu d'aiguillonner à l'action, semblait chercher son refuge dans une sorte de paresse somnolente. Je n'ai guère connu de spectacle plus démoralisant que certains affalements dans les fauteuils du 3e bureau. Bien entendu, on se raccrochait, par moments, aux plus invraisemblables illusions, surtout quand l'initiative du salut paraissait devoir venir d'autres que nous. Toute une journée durant, à Attiches, on s'enivra ainsi de l'image d'une secourable armée qui, disait-on, avançait, « à marches forcées », sur Arras et Bapaume. On n'en retombait ensuite que plus bas dans l'atonie de la volonté. L'exemple de celle-ci venait de très haut. « Faites ce que vous voudrez, mon général. Mais, au moins, faites quelque chose. » Ainsi, un de mes camarades entendit un jour, à Lens, un des commandants de corps d'armée interpeller, en ces termes, le général Blanchard.

Je devais, pour ma part, entendre pire. Je fus indiscret, sans doute. Mais bien malgré moi. Tout le mal vint de mes habitudes nocturnes. Je n'ai jamais, durant la campagne entière, voulu coucher à la cave. Non, certes, par gloriole. Mon refus se fondait, beaucoup plus simplement, sur une application raisonnée, et, je crois, raisonnable, du calcul des probabilités. J'ai le malheur d'être fort rhumatisant. Les chances pour qu'une nuit à l'humidité me laissât tout perclus montaient, selon mon estimation, à quelque chose comme 90%. Que pesait, en regard, l'ordre de vraisemblance, presque infime, d'une bombe frappant juste le P. C. ? Cependant, il ne m'était pas toujours aisé de trouver un gîte à ma convenance. En guise de lits, nous usions, depuis Lens, de brancards. Au château d'Attiches, j'avais d'abord fait installer le mien dans notre bureau même, au rez-de-chaussée. Le choix, à l'expérience, se montra malheureux. Bien que je ne fusse pas de service, il arriva, deux nuits de suite, que des généraux, entrant dans la pièce et m'y trouvant à leur portée, me tirèrent de mon sommeil pour me demander un renseignement ou m'inviter à leur servir de guide dans les dédales de notre logis. Il m'eût été vraiment difficile de leur répondre, sans me lever : « Secouez donc le camarade d'à côté, ce n'est pas aujourd'hui mon tour de garde. »

Pour la troisième nuit, qui était celle du 25 au 26 mai, je résolus de chercher mieux. Il y avait au premier étage toute une suite de chambres réservées à de plus haut placés que moi. Entre elles, par contre, courait un long corridor, qui pouvait être considéré comme bien vacant. Je priai qu'on y montât ma couche, et ma tâche finie en bas, comme de coutume assez tard, j'allai prendre quelques heures de repos.

Je fus réveillé, au petit matin, par le bruit d'une porte qui se refermait, puis d'une conversation. Quelqu'un venait de pénétrer dans la pièce d'à côté et causait avec son occupant, sans qu'aucun des deux interlocuteurs se préoccupât, le moins du monde, d'étouffer les sons. Je n'ai jamais su qui était le visiteur : sans doute quelque personnage de haut grade. Mais sa voix ne m'était pas familière. Je ne reconnus, en revanche, que trop bien celle qui lui répondit. Elle appartenait, incontestablement, au général Blanchard. D'ailleurs, les termes mêmes de l'entretien eussent suffi à chasser toute hésitation. Dans l'innocence de mon âme, soucieux uniquement de choisir, dans le corridor, une place à l'abri des courants d'air, j'étais allé me nicher au seuil même de la chambre que j'aurais dû éviter comme le feu. Quand je me rendis compte de ce qui se passait, il était déjà trop tard pour manifester ma présence ; pouvais-je consentir à avouer que j'avais surpris une partie des propos échangés ? Quelque horreur que j'aie de tous les genres de mensonge, force fut de me résigner à feindre le sommeil. Personne du reste ne me découvrit. Cependant, le dialogue se poursuivait. Je n'en compris pas tout, ne tentant pour cela nul effort. De ce qui arriva jusqu'à mes oreilles, j'ai oublié une bonne part. Mais il est une chose dont je suis sûr, absolument sûr, d'une certitude supérieure à tout démenti : j'entendis le général Blanchard dire, avec plus de sang-froid que je ne l'eusse cru possible : « Je vois très bien une double capitulation. » Et nous n'étions que le 26 mai ! Et nous avions encore les moyens, sinon de nous sauver, du moins de nous battre longuement, héroïquement, désespérément, comme, en juillet 1918, les îlots de combat encerclés, sur la ligne avancée du front de Champagne, et de retenir ainsi devant nous, en les usant, un grand nombre de divisions allemandes. Ces mots, je les ai portés avec moi, pendant les jours qui suivirent, comme un lourd secret, d'autant plus pesant que je ne voulais le partager avec personne. Ils m'ont donné le frisson. Ils me le donnent encore.

Reconnaissons-le bien, en effet, dans cette expression pour une fois sans détour, le spectre qui a jeté son ombre affreuse sur l'agonie de nos armées de Flandre. Pis encore : sur l'agonie de toutes les armées françaises. « Capitulation » : le mot est de ceux qu'un vrai chef ne prononce jamais, fût-ce en confidence ; qu'il ne pense même jamais. Pas plus qu'il n'annonce à ses troupes, comme devait le faire, le 17 juin, un maréchal jusque-là chargé de tant de gloire, son dessein de solliciter « la cessation des hostilités », avant, bien avant, d'être, à quelques conditions que ce fût, assuré de l'obtenir. Quand un camarade, dont la bravoure était, entre toutes, éclatante, eut écouté, comme moi, ce discours tristement fameux, il me dit : « Nous sommes l'un et l'autre, sans doute, assez sûrs de nous-mêmes. Nous le sentons pourtant bien qu'un rude effort nous sera maintenant nécessaire pour ne pas céder à l'instinct qui nous portera à éviter, beaucoup plus que par le passé, de nous exposer. Car, est-il idée plus agaçante que de mourir au dernier matin d'une guerre ! De quel cœur le soldat moyen, désormais, va-t-il pouvoir se battre ? » Être un vrai chef, c'est, avant tout peut-être, savoir serrer les dents ; c'est insuffler aux autres cette confiance que nul ne peut donner s'il ne la possède lui-même ; c'est refuser, jusqu'au bout, de désespérer de son propre génie ; c'est accepter, enfin, pour ceux que l'on commande en même temps que pour soi, plutôt que l'inutile honte, le sacrifice fécond. Jadis, des hommes qui n'étaient ni des sots, ni, devant le péril personnel, des lâches, avaient eux aussi trop promptement succombé devant l'infortune. À leur mémoire, l'histoire militaire ne réserve que mépris. « Depuis que j'ai regardé autour de moi, je comprends l'état d'âme de Dupont à Baylen. » C'est de la bouche d'un jeune officier d'active que, vers la fin de mai, j'ai recueilli ces mots terribles. Mais sans doute était-ce, plutôt, Bazaine qu'il eût fallu dire ; s'il est vrai, comme l'événement a semblé le prouver, que, dans cet ultime renoncement à tout effort, le découragement eut pour alliés l'esprit de parti et les basses ambitions politiques. En 1940, Bazaine a réussi.

Pour que le chef puisse se roidir contre l'épreuve, il lui faut, avant toute chose, dans un corps non surmené, un cerveau sain. Bazaine n'était pas seulement un politicien. C'était, aussi, un homme usé. Dans le rapide effondrement des ressorts moraux, dans notre commandement, une mauvaise hygiène de travail fut pour beaucoup. Dès les premiers jours de Valenciennes, alors que la situation, sérieuse sans doute, n'avait encore rien qui justifiât le moindre affolement, nous avons vu, non sans effroi, plusieurs officiers, que leurs fonctions appelaient aux décisions les plus graves, passer des nuits blanches, manger à la hâte, sans heures fixes, et, dans le courant du jour, errant de bureau en bureau ou papillonnant d'affaire en affaire, manquer à se réserver les moments de réflexion posée dont eût pu naître le salut. Probablement, en martyrisant leur guenille, croyaient-ils faire preuve de stoïcisme, de même qu'en courant de droite et de gauche, ils se donnaient l'illusion de l'activité. C'était oublier que la guenille se venge toujours et que, sans un emploi du temps bien réglé, il n'est pas d'activité vraiment féconde. On a toujours, dès les périodes les plus calmes, accepté trop aisément, dans les états-majors, une atmosphère de perpétuel dérangement. Il eût fallu, au contraire, s'y dresser, par avance, à l'organisation des heures, qui, dans la bataille, ne saurait assurément être bien rigoureuse, mais n'en doit pas moins demeurer l'idéal. Nous avons souvent entendu vanter, dans les milieux militaires, le légendaire sommeil du père Joffre. Que ne l'a-t-on mieux imité ?

Cependant, les défaillances du caractère eurent, je crois, leur principale origine dans l'intelligence et sa formation.

Par deux fois, dans deux campagnes différentes, à plus de vingt ans d'intervalle, j'ai entendu des officiers brevetés dire de l'enseignement qu'ils avaient reçu : « L'École de Guerre nous a trompés. » Ce n'est pourtant point qu'aux deux dates elle ait enseigné les mêmes choses. Rien, certainement, n'était, en 1939, plus étranger à l'esprit de nos chefs que les doctrines de Grandmaison – ce « criminel », s'écriait l'un d'eux – si chères aux stratèges de 1914 ; rien de plus opposé à leur vision de la guerre que le mépris de l'artillerie lourde, l'éloge de l'assaut à la baïonnette lancé contre des positions fortifiées, le dogme de l'offensive à tout prix. Mais, plus importantes que la matière même des leçons, les méthodes n'avaient pas assez changé.

Le capitaine T..., tempérament critique, s'il en fut, mais aussi vrai tempérament de chef, avait coutume de vitupérer drôlement contre les « idées générales » dont ses maîtres de l'École de Guerre s'étaient efforcés de lui inspirer le respect. « Les idées générales, ça n'existe pas. » Je ne prendrai pas cette condamnation à mon compte. Ce qui est vrai – et ce que T..., au fond, voulait dire – c'est qu'une idée, dans le domaine des sciences positives ou des techniques, n'a de valeur que comme image ou raccourci de faits concrets. Faute de quoi, elle se réduit à son étiquette, qui ne recouvre plus qu'un peu de vide. Or, tout professeur le sait bien, et un historien, peut-être, mieux que personne, il n'est pas, pour une pédagogie, de pire danger que d'enseigner des mots au lieu de choses. Piège d'autant plus mortel, en vérité, que les jeunes cerveaux sont, à l'ordinaire, déjà trop enclins à se griser de mots et à les prendre pour des choses. Précisément parce que les brevetés sont les intellectuels de l'armée et tirent, de la conscience de ce rôle, le sentiment de leur supériorité, je les ai toujours trouvés, pour la plupart, étonnamment sensibles aux formules. « Quelle tristesse de combattre sur son propre sol », nous disait un jour, en 1916, notre colonel, brillant sujet de l'École de Guerre, alors que nous montions vers les tranchées de départ de la Somme, dont il ne devait pas revenir. Mais, bien vite, il se reprit : « Qu'importe ! La stratégie nous apprend que le seul objet qui compte est de vaincre l'armée ennemie, où qu'elle soit. » Nos moissons ravagées, nos usines prisonnières, notre minerai de fer employé à forger les canons allemands : tout cela ne pesait plus rien, du moment que l'esprit pouvait chercher refuge dans une phrase de manuel. Dans quelques pages, qui demeurent parmi les plus solides d'une œuvre terriblement mêlée, Taine a expliqué comment le trait le plus caractéristique, sans doute, du génie napoléonien fut le pouvoir de découvrir, invariablement, derrière les signes, les réalités. Je crains que les modernes successeurs de Napoléon n'aient laissé perdre beaucoup de cet art souverain. À Rennes, le 17 juin, ne persistait-on pas à s'enivrer encore beaucoup, comme d'un philtre, du beau mot de « position » ?

Un enseignement qui n'a été que passivement reçu risque toujours de laisser seulement des traces un peu fugaces. Celui que l'on donne soi-même marque bien davantage l'esprit. Or, il n'était guère, parmi nos chefs ou nos camarades, d'ancien élève qui ne fût, à son tour, peu ou prou, monté en chaire. De tous les sports que pratique l'armée, le sport pédagogique compte, en effet, parmi les plus en vogue et, depuis les théories aux élèves caporaux jusqu'aux leçons savantes du C. H. E. M., elle présente l'image d'une immense ruche scolaire.

Appartenant moi-même à la corporation des faiseurs de cours et n'y figurant point, hélas ! parmi les plus jeunes, je puis bien le dire : il faut toujours se méfier un peu des vieux pédagogues. Ils se sont constitué forcément, au cours de leur vie professionnelle, tout un arsenal de schémas verbaux auxquels leur intelligence finit par s'accrocher, comme à autant de clous, parfois passablement rouillés. En outre, étant hommes de foi et de doctrine, ils inclinent, le plus souvent sans s'en douter, à favoriser, parmi leurs disciples, les dociles plutôt que les contredisants. Rares, du moins, sont ceux qui conservent jusqu'au bout un cerveau assez souple, et, vis-à-vis de leurs propres partis pris, un sens critique assez délié pour échapper à ces péchés de métier. Combien le danger n'est-il pas encore plus grand quand, les auditeurs étant aussi des subordonnés, la contradiction prend nécessairement allure d'indiscipline ! Les hauts rangs des états-majors étaient peuplés de professeurs déjà mûrs et les 3mes bureaux, à l'ordinaire, de leurs meilleurs élèves sélectionnés comme tels. Ce n'étaient peut-être pas, pour l'adaptation au neuf, d'excellentes conditions.

Je n'ignore pas qu'aux élèves de l'École de Guerre on s'efforçait d'enseigner des choses, beaucoup de choses. J'ai eu entre les mains plusieurs de leurs mémentos, bourrés de chiffres, de calculs horaires, de données sur les portées de tir et les consommations en munitions ou essence. Tout cela, sans conteste, fort utile et généralement fort bien su. Mais il y avait, à côté de cela, le Kriegsspiel, l'indispensable et périlleux Kriegsspiel. Voyez les maîtres et disciples, qui manient les unités sur la carte, à grand renfort de flèches multicolores. Quel don d'imagination ne leur faudrait-il pas, à l'un comme à l'autre, pour garder sans cesse présentes à l'esprit les réalités sous-jacentes à ces signes : le pénible cheminement des colonnes, les multiples incidents de la route, les bombardements, les inévitables retards, la soupe cuite après l'heure fixée, l'agent de liaison qui s'égare ou le chef qui perd la tête ? Quelle gymnastique d'assouplissement cérébral, surtout, ne serait pas nécessaire pour faire, assez large, la part de l'imprévu, c'est-à-dire, avant tout, de l'ennemi ?

Certes, cet ennemi, vrai trouble-fête de la stratégie, il n'était personne qui n'eût cherché, d'avance, à deviner ce qu'il ferait, afin de préparer, en conséquence, la riposte. Par malheur, dans cette guerre, comme, d'ailleurs, en août 1914 ou au printemps de 1917, avant l'offensive Nivelle, le malappris ne fit jamais ce qu'on attendait de lui. Je ne crois pas que la faute en ait été, au propre, de ne pas assez prévoir. Les prévisions n'avaient été établies, au contraire, qu'avec trop de détail. Mais elles s'appliquaient, chaque fois, seulement à un petit nombre d'éventualités. Dieu sait que nous l'avions assez fignolée, notre « manœuvre Dyle » ! Pour ma modeste part, je pourrais encore dire, si je n'avais brûlé mes archives, comment mes ravitaillements devaient être organisés, en Belgique, au jour J 9. Hélas ! à J 9, je n'avais plus – et pour cause – de dépôts en Belgique et presque plus de dépôts à l'arrière. Surtout, on s'était habitué, dans les écoles du temps de paix, à accorder une foi excessive au thème de manœuvre, aux théories tactiques, au papier, en un mot, et à se persuader, inconsciemment, que tout se passerait comme il était écrit. Quand les Allemands eurent refusé de jouer leur jeu, selon les règles de l'École de Guerre, on se trouva aussi désemparé que le mauvais orateur devant l'interpellation à laquelle son rôle ne lui fournit pas de réplique. On crut tout perdu et, par suite, on laissa tout perdre, parce que, pour guider l'action, trop tenue en lisière jusque-là par le dogme ou le verbe, il n'eût plus été de ressources que dans un esprit de réalisme, de décision et d'improvisation, auquel un enseignement trop formaliste n'avait pas dressé les cerveaux.

C'est à l'histoire que la stratégie, telle qu'elle s'étudie ordinairement en tous pays, demande cette substance concrète, dont elle éprouve le besoin, sans parvenir toujours à se la donner. Comment en serait-il autrement ? L'art militaire appartient à ce genre de techniques auxquelles l'expérimentation directe est interdite. Un constructeur d'auto, s'il conçoit l'idée d'une nouvelle voiture, n'a, pour en apprécier le fonctionnement, qu'à construire un modèle. Un maître es sciences du combat, par contre, veut-il examiner le comportement vraisemblable de deux armées, d'un type donné, sur le champ de bataille ? On le voit mal appeler sous les armes des dizaines de milliers d'hommes, puis, les ayant organisés à sa guise, les forcer à s'entre-tuer. Il y a bien les grandes manœuvres. Mais, précisément parce qu'on ne s'y tue point, ces « petites guerres », comme on les nommait autrefois, ne fournissent, on le sait, de la vraie guerre, qu'une image étrangement déformée, parfois, dans ses prétentions à la ressemblance, jusqu'au grotesque. Force est, dans ces conditions, de se rejeter sur les exemples du passé qui nous sont autant d'expériences naturelles.

Des faiblesses de notre préparation stratégique, accuserons-nous donc la part qu'y tenait l'histoire ? D'aucuns l'ont pensé : « Faut-il croire que l'histoire nous ait trompés ? » Ce doute, dans les dernières heures de notre séjour en Normandie, déjà assombries par la défaite, je l'ai surpris sur les lèvres d'un jeune officier à peine sorti de l'École. S'il entendait, par là, jeter le soupçon sur l'enseignement soi-disant historique qu'il avait reçu, d'accord. Mais cet enseignement n'était pas l'histoire. Il se plaçait, en vérité, aux antipodes de la science qu'il croyait représenter.

Car l'histoire est, par essence, science du changement. Elle sait et elle enseigne que deux événements ne se reproduisent jamais tout à fait semblables, parce que jamais les conditions ne coïncident exactement. Sans doute, reconnaît-elle, dans l'évolution humaine, des éléments sinon permanents du moins durables. C'est pour avouer, en même temps, la variété, presque infinie, de leurs combinaisons. Sans doute, admet-elle, d'une civilisation à l'autre, certaines répétitions, sinon trait pour trait, du moins dans les grandes lignes du développement. Elle constate alors que, des deux parts, les conditions majeures ont été semblables. Elle peut s'essayer à pénétrer l'avenir ; elle n'est pas, je crois, incapable d'y parvenir. Mais ses leçons ne sont point que le passé recommence, que ce qui a été hier sera demain. Examinant comment hier a différé d'avant-hier et pourquoi, elle trouve, dans ce rapprochement, le moyen de prévoir en quel sens demain, à son tour, s'opposera à hier. Sur ses feuilles de recherche, les lignes, dont les faits écoulés lui dictent le tracé, ne sont jamais des droites ; elle n'y voit inscrites que des courbes, et ce sont des courbes encore que, par extrapolation, elle s'efforce de prolonger vers l'incertain des temps. Peu importe que la nature propre de son objet l'empêche de modifier à son gré les éléments du réel, comme le peuvent les disciplines d'expérimentation. Pour déceler les rapports qui, aux variations spontanées des facteurs, lient celles des phénomènes, l'observation et l'analyse lui sont des instruments suffisants. Par là, elle atteint les raisons des choses et de leurs mutations. Elle est, en un mot, authentiquement une science d'expérience puisque, par l'étude des réalités, qu'un effort d'intelligence et de comparaison lui permet de décomposer, elle réussit, de mieux en mieux, à découvrir les va-et-vient parallèles de la cause et de l'effet. Le physicien ne dit pas : « L'oxygène est un gaz, car, autour de nous, nous ne l'avons jamais vu que tel. » Il dit : « L'oxygène, dans certaines circonstances de température et de pression, qui sont, autour de nous, les plus fréquentes, se présente à l'état gazeux. »

L'historien, pareillement, sait bien que deux guerres qui se suivent, si, dans l'intervalle, la structure sociale, les techniques, la mentalité se sont métamorphosées, ne seront jamais la même guerre.

Or, contre l'enseignement historique, tel qu'il s'est presque invariablement pratiqué dans les écoles militaires, il n'est pas d'acte d'accusation plus terrible que cette simple et irréfutable constatation : aux chefs de 1914, il a persuadé que la guerre de 1914 serait celle de Napoléon ; aux chefs de 1939, que la guerre de 1939 serait celle de 1914. J'ai feuilleté jadis les conférences célèbres de Foch, professées, si mes souvenirs sont exacts, aux environs de 1910. Rarement lecture m'a procuré un pareil effarement. Certes, la bataille napoléonienne y est admirablement démontée. Mais elle est aussi donnée en exemple, sans souci du changement des temps. Non, j'imagine, que, çà et là, il ne soit possible de découvrir quelques remarques, jetées en passant, sur les différences de l'armement ou de l'équipement du terrain. Était-ce suffisant ? Il eût fallu avant toute description donner le holà au lecteur, lui dire : « Attention, les combats qui vont être racontés se déroulaient dans des pays où les routes étaient infiniment plus espacées qu'aujourd'hui, où les transports affectaient encore une lenteur quasi médiévale. Ils se sont livrés entre des armées dont la puissance de feu était, par rapport à la nôtre, infime et qui pouvaient tenir la baïonnette pour reine, parce que la mitrailleuse ni le barbelé n'étaient inventés. Si, de leur histoire, tu as, malgré tout, quelques leçons à tirer, ce sera à condition de te rappeler toujours que, partout où ces facteurs nouveaux sont appelés à jouer, l'expérience ancienne, qui ne les comportait point, perd toute valeur. » Avec les ouvrages ou les cours des modernes successeurs de Foch, je n'ai eu, je l'avoue, qu'un contact plus lointain. Le résultat m'assure que l'esprit n'avait pas évolué.

Cependant, le commandement de 1914 devint celui de 1918. Malgré bien des erreurs sanglantes, il sut modifier ses procédés et les adapta. Au début de 1918, le général Gouraud, qui était un pédagogue zélé et ingénieux, présenta un jour à divers officiers, parmi lesquels je me trouvais, deux compagnies d'infanterie : l'une armée à la façon de 1914 et manœuvrant comme telle ; l'autre, du type nouveau, dans sa composition, son armement et l'articulation de sa manœuvre. Le contraste était saisissant. Mais ce n'était qu'un exemple pris à la base même. La métamorphose avait atteint la conduite de la guerre presque tout entière. Comment se fait-il que nos chefs de 1940 aient été incapables de la même docilité à la leçon des choses ?

Sans doute, convient-il de tenir compte, très largement, d'une formidable différence de durée. Comment une guerre de rapidité laisserait-elle le temps de réparer les erreurs de son début ? Là où les états-majors de 1914-1918 avaient eu quatre années, nous n'eûmes que quelques semaines. Un singulier génie aurait été nécessaire pour opérer le retournement, en pleine bataille, et, sans doute, l'état du matériel ne l'eût qu'incomplètement permis. C'était avant l'événement qu'il aurait fallu savoir analyser les nouvelles données du problème stratégique. Or, s'adapter, par avance, à une réalité simplement prévue et analysée par les seules forces de l'esprit, c'est là probablement ! pour la plupart des hommes, un exercice mental singulièrement plus difficile que de modeler leur action, au fur et à mesure, sur des faits directement observés.

Ces remarques pourtant n'expliquent pas tout et l'excuse n'est pas suffisante. Car, en somme, il n'est pas possible que nous ayons tout ignoré, durant la paix, des méthodes de l'armée allemande et de ses doctrines. Car, surtout, nous avions sous les yeux, depuis l'été, l'exemple de la campagne de Pologne, dont les leçons étaient assez claires et que les Allemands, pour l'essentiel, devaient, dans l'Ouest, se borner à recommencer.

Ils nous firent le cadeau de huit mois d'attente, qui auraient pu être aussi de réflexion et de réforme. Nous n'en avons pas profité. Pourquoi ? Il faut introduire ici un facteur humain et psychologique dont l'importance fut considérable.

Qu'étaient nos chefs de 1940 ? Des généraux de corps d'armée ou d'armée, qui avaient fait la dernière guerre comme chefs de bataillon ou colonels. Leurs principaux adjoints ? Des commandants de compagnie de 1918. Tous, à des degrés divers, ils restaient dominés par leurs souvenirs de la campagne de la veille. Qui s'en étonnera ? Ces glorieuses expériences, ils ne les avaient pas seulement cent fois ressassées, par la parole ou l'écrit ; ils n'en avaient pas seulement tiré une matière pédagogique. Elles adhéraient à leur conscience, avec toute la ténacité d'images de jeunesse. Elles avaient l'éclat de choses vues, dont les résonances vibraient au plus intime de la mémoire affective. Tel épisode, où d'autres n'auraient aperçu que le froid exemple d'un cours de stratégie, c'était, pour eux, comme pour nous tous, anciens combattants, les inoubliables évocations du danger personnellement bravé, du camarade tué à côté de soi, de la rage devant un ordre mal donné, de l'enivrement au spectacle de l'ennemi en fuite. Beaucoup d'entre eux avaient dû, en 1915 ou 1917, partir, en tête de leurs unités, à l'assaut de tranchées encore intactes ; fermant les yeux, ils revoyaient les corps de leurs hommes, moissonnés par les mitrailleuses, dans les barbelés. Puis, dans les états-majors, ils avaient aidé à monter les opérations savantes et lentes, dont devait un jour sortir la victoire : la conquête du plateau de la Malmaison, qui fut comme l'essai d'une tactique encore fraîche ; la résistance, en profondeur, de l'armée Gouraud, le 15 juillet 1918. Mal préparés, par l'enseignement qu'ils avaient reçu ou qu'ils donnaient eux-mêmes, à comprendre, d'instinct, l'irrésistible loi du changement, quelle rare malléabilité d'intelligence ne leur aurait-il pas fallu pour se dépêtrer des liens du déjà vu et du déjà fait ? Tout les portait, au contraire, à imaginer que pour gagner la nouvelle guerre, il suffisait d'éviter les fautes qui avaient failli faire perdre la précédente, de répéter les méthodes qui avaient, une première fois, assuré le succès. J'écrivais à un ami, vers le mois de février : « Une chose est sûre : si notre commandement fait des bêtises, ce ne seront pas celles des attaques de Champagne ou de l'offensive Nivelle. » Hélas ! le champ des erreurs n'a pas de limites et ce qui fut hier sagesse peut devenir, demain, folie.

Sans doute, l'envoûtement du passé eût-il été moins fort sur des cerveaux moins sclérosés par l'âge. J'ai pu observer, avec une clarté croissante au fur et à mesure du déroulement de la campagne, que les jeunes officiers d'état-major, dont la plupart n'avaient pas pris part à la dernière guerre, voyaient ordinairement plus juste que leurs chefs. Les trop bons élèves, à vrai dire, restaient obstinément fidèles aux doctrines apprises. Ils tenaient malheureusement les postes les plus influents. Beaucoup d'autres, en revanche, après avoir plus ou moins juré sur la parole du maître, commençaient à secouer les entraves intellectuelles d'une formation qu'ils inclinaient à juger sévèrement. Même parmi les officiers plus mûrs, anciens combattants de 1914 ou de 1918 encore loin, cependant, de la vieillesse, beaucoup n'étaient pas incapables de renouvellement. Mais quoi ! Notre commandement était un commandement de vieillards.

Les règles de l'avancement, en temps de paix, qui font des chefs de bataillon de quarante ans, nous ont donné des généraux de soixante. Et, comme il arrive communément, ces personnages chenus, chargés d'honneurs et, pour quelques-uns, d'une ancienne gloire, ayant complètement oublié qu'eux-mêmes, aux jours de leurs exploits passés, avaient été jeunes, ne nourrissaient pas de plus cher souci que de barrer la route à leurs cadets. On n'a pas accordé assez d'attention, dans le public, à la loi qui, peu avant la guerre, dota la hiérarchie militaire de deux nouveaux échelons. Longtemps, il n'y avait pas eu, dans l'armée, de grade supérieur à celui de général de division. Une lettre de service, octroyée au gré du gouvernement ou du G. Q. G., suffisait à fixer les attributions des officiers généraux de ce rang : elle pouvait les habiliter aussi bien au commandement d'une armée, voire de toutes les armées, qu'à celui d'un corps d'armée ou, tout bonnement, d'une division. Est-il cependant, de vrai paradis, sans un grand nombre de marches étagées autour du céleste trône ? Un beau jour, il fut décidé que, jusque-là simples fonctions, les postes de généraux d'armée et de corps d'armée deviendraient des grades. Inoffensive satisfaction d'amour-propre, dira-t-on peut-être, consentie à quelques hommes un peu puérilement assoiffés de distinction. Oh que non ! Car là où les grades diffèrent, la discipline veut, irrévocablement, que le plus élevé entraîne l'exercice du droit au commandement. Impossible, dorénavant, à un jeune divisionnaire de prendre, par exemple, une armée, s'il n'a été, d'abord, pour le moins, promu, en forme, général de corps d'armée : puisqu'une fois à la tête de sa nouvelle unité, il aura, par définition, sous ses ordres des subordonnés de ce grade. Or, le passage d'un grade à l'autre est, naturellement, soumis à des règlements ou à des usages qui le rendent beaucoup plus lent et difficile qu'un pur changement d'emploi. Les membres du Conseil supérieur de la Guerre, haussés, tous, de par la réforme qu'ils avaient sans doute inspirée, à la nouvelle dignité de généraux d'armée, avaient désormais l'espoir de se perpétuer, quoi qu'il arrivât, dans la direction de la nation en armes. En vérité, si ce système avait existé dans la dernière guerre, je doute qu'on eût pu voir jamais un lieutenant-colonel de 1914 – il s'appelait Debeney – conduire la première armée, en 1918, aux victoires de Montdidier et de Saint-Quentin, ni le colonel Pétain – le Pétain de notre jeunesse – gravir, brûlant les étapes, assez de glorieux degrés, pour défiler enfin, en un clair matin d'été, sous l'Arc de Triomphe, au premier rang de toutes les troupes françaises.

Aussi bien, quand on se fut avisé, dès les premiers échecs, que peut-être notre haut commandement n'était pas sans reproches, à quel sang jeune et frais demanda-t-on les moyens de lui rendre quelque force ? À la tête des armées, on plaça le chef d'état-major d'un des généralissimes de l'ancienne guerre ; comme conseiller technique du gouvernement, on fit choix d'un autre de ces généralissimes : le premier d'ailleurs ancien vice-président du Conseil supérieur ; le second qui, vers le même temps, avait été ministre de la Guerre ; tous deux par suite, à ces titres divers, responsables, pour une large part, des méthodes dont les vices éclataient à tous les yeux. Tant exerçaient encore d'empire sur les âmes, dans les milieux militaires et jusque chez nos gouvernants civils, la superstition de l'âge, le respect d'un prestige, vénérable certes, mais qu'il eût fallu bien plutôt, ne fût-ce que pour le protéger, rouler révérencieusement dans le linceul de pourpre des dieux morts, le faux culte, enfin, d'une expérience, qui, puisant ses prétendues leçons dans le passé, ne pouvait que conduire à mal interpréter le présent. À vrai dire, un très récent général de brigade fut bien appelé aux conseils du gouvernement. Qu'y fit-il ? Je ne sais. Je crains fort, cependant, que, devant tant de constellations, ses deux pauvres petites étoiles n'aient pas pesé bien lourd. Le Comité de Salut public eût fait de lui un général en chef. Jusqu'au bout, notre guerre aura été une guerre de vieilles gens ou de forts en thèmes, engoncés dans les erreurs d'une histoire comprise à rebours : une guerre toute pénétrée par l'odeur de moisi qu'exhalent l'École, le bureau d'état-major du temps de paix ou la caserne. Le monde appartient à ceux qui aiment le neuf. C'est pourquoi, l'ayant rencontré devant lui, ce neuf, et incapable d'y parer, notre commandement n'a pas seulement subi la défaite ; pareil à ces boxeurs, alourdis par la graisse, que déconcerte le premier coup imprévu, il l'a acceptée.

Mais, sans doute, nos chefs n'auraient-ils pas, avec autant de coupable complaisance, succombé à ce découragement, dont une sage théologie a fait un des pires péchés, s'ils avaient été seulement mal assurés de leur propre talent. Au fond de leur cœur, ils étaient prêts, d'avance, à désespérer du pays même qu'ils avaient à défendre et du peuple qui leur fournissait leurs soldats. Ici, nous quittons le domaine militaire. C'est plus loin et plus profond qu'il faut chercher les racines d'un malentendu trop grave pour ne pas devoir compter parmi les principales raisons du désastre.

III. Examen de conscience d'un Français

Dans une nation, jamais aucun corps professionnel n'est, à lui seul, totalement responsable de ses propres actes. Pour qu'une pareille autonomie morale soit possible, la solidarité collective a trop de puissance. Les états-majors ont travaillé avec les instruments que le pays leur avait fournis. Ils ont vécu dans une ambiance psychologique qu'ils n'avaient pas tout entière créée. Ils étaient eux-mêmes ce que les milieux humains dont ils tiraient leur origine les avaient faits et ce que l'ensemble de la communauté française leur avait permis d'être. C'est pourquoi, ayant dit de son mieux, à la mesure de son expérience, ce qu'il a cru voir des vices de notre commandement militaire et de leur part dans la défaite, un honnête homme ne saurait, sans se donner l'impression d'une sorte de trahison, en rester là. L'équité veut que le témoignage du soldat se prolonge en un examen de conscience du Français.

Certes, je n'aborde pas, de gaîté de cœur, cette partie de ma tâche. Français, je vais être contraint, parlant de mon pays, de ne pas en parler qu'en bien ; il est dur de devoir découvrir les faiblesses d'une mère douloureuse. Historien, je sais mieux que quiconque les difficultés d'une analyse qui, pour ne pas demeurer trop imparfaite, devrait remonter jusqu'aux ramifications causales les plus lointaines, les plus complexes et, dans l'état actuel des sciences humaines, les plus cachées. Qu'importent ici, cependant, de petits scrupules personnels ? Mes enfants, qui liront ce bilan, les amis inconnus, sous les yeux desquels il tombera peut-être un jour, comment accepter qu'ils puissent lui reprocher d'avoir biaisé avec le vrai et, sévère pour certaines erreurs, d'avoir gardé complaisamment le silence sur trop d'autres fautes où tout citoyen eut sa part ?

Les combattants sont rarement satisfaits de l'arrière. Il faut un cœur singulièrement large, quand on couche à la dure, pour pardonner aux compagnons des jours passés leurs lits bien douillets et, sous la mitraille, pour évoquer, sans amertume, la fructueuse sécurité des boutiques que les chalands n'ont pas désertées ou les paisibles charmes du café de province, dont les terrasses ne connaissent de la guerre que les méditations stratégiques. La bataille s'achève-t-elle en désastre ? C'est alors que la brèche, entre les deux moitiés de la nation, menace d'être la plus durable. Le troupier, conscient de ses propres sacrifices, refuse de se tenir pour responsable de leur inutilité. Ses chefs, qui redoutent son jugement, l'encouragent à chercher les coupables partout ailleurs que dans l'armée. Ainsi naît la fatale légende du coup de poignard dans le dos, propice aux redressements à rebours et aux pronunciamientos. Les pages qui précèdent l'ont assez montré : tous les anciens soldats de 1940 ne sont pas disposés à écouter ces semeurs de discorde. Mais force est de reconnaître que l'arrière aussi a beaucoup péché.

Y avait-il d'ailleurs, pouvait-il y avoir un véritable arrière, au sens où nous nous étions instinctivement habitués à entendre le mot ? La France en armes de 1915-1918 était faite de plusieurs bandes de territoires alignées en profondeur. Dans la gradation du danger, chacune se distinguait par une teinte différente. La brûlante zone du front venait d'abord : mobile, certes, mais qu'on estimait avoir subi un effroyable recul, si elle s'était déplacée seulement des abords de Saint-Quentin aux faubourgs de Noyon. Soit, une demi-heure d'auto. Un peu plus loin, s'étendait, étiré sur une assez mince largeur, le demi-arrière, celui des cantonnements de repos, encore relativement exposé. Enfin, l'arrière proprement dit déroulait, à l'infini, la tranquillité de ses champs et de ses villes. Sans doute, de temps à autre, une brusque alerte, qu'on jugeait presque scandaleuse, se permettait de troubler, pour un moment, le calme de cet heureux asile : un *Junker* survolait Paris ; un zeppelin laissait choir des bombes ; la Bertha lançait inopinément ses obus, tantôt dans le bassin d'un jardin public, tantôt, avec un plus cruel succès, contre un pilier d'église. Nous frémissions, dans nos tranchées, en pensant à nos familles. Qu'était-ce, pourtant, auprès de nos souvenirs plus récents ?

Car le bombardement par avions et la guerre de vitesse sont venus jeter le désarroi dans cette belle ordonnance du péril. Il n'est plus de ciel sans menace et la force de pénétration des éléments motorisés a mangé la distance. Des centaines de personnes ont trouvé la mort, en quelques minutes, dans Rennes la bretonne où, hier encore, on se serait volontiers cru aussi à l'abri qu'au cœur de l'Amérique. Les routes du Berry ont subi la mitraille, qui ne fait pas de différence entre le soldat et l'enfant. Ces horreurs, à vrai dire, sont-elles si nouvelles que certains l'ont pensé ? Assurément, dans l'intensité et surtout la rapidité, le bombardier ailé, comme fléau destructeur, n'a pas de précédent. Mais le temps n'est pas si loin où les guerres entassaient, communément, beaucoup plus de victimes parmi les campagnes, pillées et affamées, ou le long des rues des villes prises à sac que dans les rangs mêmes des combattants. Seuls, quelques lecteurs de vieux grimoires s'en souvenaient. Le proche passé est, pour l'homme moyen, un commode écran ; il lui cache les lointains de l'histoire et leurs tragiques possibilités de renouvellement. Loin de ces époques barbares où le guerrier n'était pas seul à se faire tuer ! Parmi les populations de l'arrière, comme dans ses bureaux d'intendance ou de garnison, on voulait croire à la distinction des genres.

On aurait eu pourtant quelques bonnes raisons d'en douter et, probablement, au fond des cœurs, n'y croyait-on pas si fort. Car les avertissements n'avaient pas manqué. Nous les avait-on assez fait passer sous les yeux, dans les cinémas, ces atroces images de l'Espagne en décombres ? Nous l'avait-on assez raconté, reportage après reportage, le martyre des villes polonaises ? En un sens, on ne nous avait que trop avertis. J'en demeure persuadé : à cette sournoise insistance sur la corde du bombardement aérien, la propagande ennemie ne fut pas étrangère. Paris eût peut-être été défendu, la superstition des villes ouvertes n'eût pas tant gêné les opérations, si l'opinion s'était représenté avec moins de vivacité le sort de Madrid, de Nankin ou de Varsovie. On en avait assez dit pour nous faire peur ; pas assez et pas dans les termes qu'il eût fallu pour que le sentiment commun acceptât l'inévitable et, sur les conditions nouvelles ou renouvelées de la guerre, consentît à remodeler la morale du civil.

Je n'ai pas, je crois, l'âme inaccessible à la pitié. Peut-être les spectacles que deux guerres successives m'ont imposés l'ont-ils quelque peu endurcie. Il est un de ces tableaux, cependant, auquel je sens bien que je ne m'habituerai jamais : celui de la terreur sur des visages d'enfants fuyant la chute des bombes, dans un village survolé. Cette vision-là, je prie le ciel de ne jamais me la remettre sous les yeux, dans la réalité, et le moins souvent possible dans mes rêves. Il est atroce que les guerres puissent ne pas épargner l'enfance, non seulement parce qu'elle est l'avenir mais surtout parce que sa tendre faiblesse et son irresponsabilité adressent à notre protection un si confiant appel. À Hérode, la légende chrétienne n'aurait sans doute pas été si sévère, si elle n'avait eu à lui reprocher que la mort du Précurseur. L'inexpiable crime fut le Massacre des Innocents.

Devant le péril national et les devoirs qu'il prescrit, tous les adultes, par contre, sont égaux et c'est un étrange malentendu que de prétendre reconnaître à aucun d'eux je ne sais quel privilège d'immunité. Qu'est-ce, au vrai, qu'un « civil », au sens que le mot revêt en temps de guerre ? Rien de plus qu'un homme auquel le nombre de ses années, sa santé, parfois sa profession, jugée particulièrement nécessaire à la défense, interdisent de porter utilement les armes. Se voir ainsi empêché de pouvoir servir son pays, de la façon dont tout citoyen doit souhaiter le faire, est un malheur ; on ne comprend point pourquoi il conférerait le droit de se soustraire au danger commun. D'ici peu d'années, je serai hors d'état d'être mobilisé. Mes fils prendront ma place. En conclurai-je que ma vie sera devenue plus précieuse que les leurs ? Il vaudrait beaucoup mieux, au contraire, que leur jeunesse fût conservée, aux dépens, s'il le fallait, de mon vieil âge. Il y a longtemps qu'Hérodote l'a dit : la grande impiété de la guerre, c'est que les pères alors mettent les fils au tombeau. Nous plaindrions-nous d'un retour à la loi de la nature ? Quant à la nation, il n'est pas pour elle de pire tragédie que d'être contrainte à sacrifier les existences sur lesquelles repose son destin. Auprès de ces forces fraîches, les autres n'ont qu'un bien faible poids. Je n'excepterai même pas les femmes. Du moins, en dehors des jeunes mères, dont le salut est indispensable à leurs enfants. Nos compagnes rient des pâmoisons de leurs aïeules. Elles ont bien raison et je ne vois pas que le courage leur soit moins naturel qu'à nous ni moins obligatoire. Au temps des armées de métier, le soldat professionnel, tantôt seigneur, tantôt mercenaire, versait son sang pour ses mandants. En échange, les populations non combattantes l'entretenaient de leurs redevances ou lui payaient salaire. S'il laissait entamer leur sécurité, elles pouvaient légitimement se plaindre. C'était une rupture de contrat. De nos jours où quiconque en a la force se fait soldat, personne, dans la cité menacée, n'échappe à la levée en masse, à ses gênes ni à ses risques. Là est la seule voie claire. Le reste n'est que sensiblerie – ou lâcheté.

Ces vérités paraissent si simples qu'on éprouve quelque pudeur à les rappeler. Furent-elles, cependant, durant les mois que nous venons de vivre, toujours assez unanimement comprises ? Pour le croire, nous avons vu trop d'administrateurs s'imaginer obéir au devoir de leurs charges en suppliant que leur ville ne fût pas défendue, trop de chefs, civils ou militaires, obtempérer à cette fausse conception de l'intérêt public. Sans doute, ces âmes timorées n'étaient pas seulement poursuivies par le souci, en soi fort touchant, d'épargner des vies humaines. Les terribles destructions de biens, dont s'était accompagnée la guerre de 1914-1918, avaient laissé de cuisants souvenirs. On savait qu'elles avaient cruellement mutilé le patrimoine artistique du pays ; qu'elles en avaient surtout largement compromis la prospérité. On s'estima sage de tout accepter plutôt que de subir, à nouveau, ce double appauvrissement. Singulière sagesse, qui ne se demandait point s'il peut être, pour une civilisation comme pour une économie, pire catastrophe que de se laisser vaincre par une nation de proie !

Un jour vint où l'on s'avisa de déclarer villes ouvertes toutes celles qui ont plus de 20 000 habitants. Passe encore pour un village de croquants d'être bombardé, ravagé, incendié, pensaient apparemment ces bons apôtres. Une ville de bonne bourgeoisie, songez donc !... Et ce fut ainsi que, pendant que les cadets de Saumur se faisaient tuer sur la Loire, l'ennemi avait déjà, dans leur dos, franchi les ponts de Nantes, interdits au combat.

Il faut avoir le courage de le dire. Cette faiblesse collective n'a peut-être été, souvent, que la somme de beaucoup de faiblesses individuelles. Des fonctionnaires ont fui, sans ordre. Des ordres de départ ont été prématurément donnés. Il y eut, à travers le pays, une vraie folie de l'exode. Qui de nous n'a rencontré, sur les routes, parmi les files d'évacués, des cohortes de pompiers, juchés sur leurs pompes municipales ? À l'annonce de l'avance ennemie, ils couraient mettre en sûreté leurs personnes, avec leurs biens. Par ordre, je le veux croire.

Tout pouvait bien, là-bas, périr dans l'incendie, pourvu que fût conservé, loin des braises, de quoi l'éteindre... Beautés de la bureaucratie, diront certains. Hélas ! le mal était plus profond. Je sais tel centre industriel où l'on vit les principaux chefs d'entreprise, à l'approche des colonnes allemandes, abandonner précipitamment leurs usines, sans même assurer la paye des ouvriers. Mobilisés, ils auraient, j'imagine, accompli leur devoir jusqu'au bout. Restés « civils », ils avaient oublié et on ne leur avait pas assez répété qu'il n'est plus, en temps de guerre, de métier. La nation armée ne connaît que des postes de combat.

Me trompé-je ? Vais-je, à mon tour, céder à la tentation qui porte les hommes déjà vieillissant à rabaisser, devant leurs souvenirs de jeunesse, les générations suivantes ? Il m'a semblé que, même chez les mobilisables, quelque chose s'était perdu de ce puissant élan d'égalité dans le danger, qui avait, en 1914, soulevé la plupart d'entre nous. Sans doute avait-on trop présenté à notre peuple certaines exemptions de service moins comme de fâcheuses et un peu humiliantes nécessités que comme des faveurs, voire des droits. Aux paysans, on avait trop dit : « Pourquoi les ouvriers et pas vous ? », aux pères de famille : « Vos enfants vous réclament », aux anciens combattants : « Deux fois, vraiment c'est beaucoup. » Quand le ministère de l'Armement fut réorganisé et développé, la ruée de beaucoup d'officiers de réserve vers ses paisibles bureaux nous écœura un peu. Ils partaient, en s'écriant : « Quel ennui ! mais on a tant besoin de moi ! » Étaient-ils tous, vraiment, à ce point indispensables ? Et n'aurait-il pas été possible, assez souvent, de mettre, à leur place, de plus vieux ? Il m'est arrivé d'entendre parfois des personnes bien intentionnées exprimer le souhait qu'à notre jeunesse intellectuelle, du moins, les fatales hécatombes de la dernière guerre fussent épargnées. À mon sens, ce sentiment sonnait faux. Certes, il est affreux que sur la Marne, l'Yser ou la Somme, tant d'espoirs aient péri. Nos forces spirituelles en ont longuement saigné. Mais, en regard du sort des armes, était-il encore une fois rien qui dût entrer en balance ? Notre liberté intellectuelle, notre culture, notre équilibre moral, quel coup pouvait les atteindre plus sûrement que la défaite ? Aussi bien, devant le sacrifice, on ne saurait concevoir d'exceptions. Nul n'a le droit de croire sa vie plus utile que celle de ses voisins, parce que, chacun, dans sa sphère, petite ou grande, trouvera toujours des raisons, parfaitement légitimes, de se croire nécessaire.

Je ne sais quelle part ce souci d'économiser le sang des jeunes put avoir dans le singulier retard mis à lever et instruire les recrues. Au moment de la débâcle, la classe 1940, dans sa majorité, venait à peine d'être appelée ; elle n'avait encore reçu, pratiquement, aucune instruction. Quant aux adolescents un peu moins âgés et dont beaucoup ne demandaient qu'à suivre les traces de leurs aînés, dans la plupart des villes, rien n'avait été tenté pour leur préparation militaire. De cette invraisemblable négligence quels furent les responsables ? le commandement ou le gouvernement politique ? (Mais si les états-majors avaient insisté, n'auraient-ils pas enlevé la décision ?) Sur les motifs, je ne suis pas mieux renseigné. Faut-il croire que l'interminable période d'attente, presque sans pertes, avait fait oublier à nos chefs la nécessité de tenir tout prêts les renforts dont, la bataille venue, ils devaient éprouver un si urgent besoin ? Tel n'aurait pas été, en ce cas, un des effets les moins désastreux de cette longue « pourriture de la guerre », comme disaient les Allemands, qui nous en ont consciemment offert le fallacieux bénéfice. « Nous avons trop d'hommes », disait un officier à un de mes collègues, qui, renvoyé comme père de famille, demandait à rester sous les drapeaux. Craignait-on de manquer d'armes ? Ou enfin, hanté par le souvenir de cette infortunée classe 16, que, les larmes aux yeux, nous avions vue naguère précipitée, presque au sortir de l'enfance, dans la fournaise de la Somme, a-t-on, comme j'en formais l'hypothèse à l'instant, cédé aux conseils d'une pitié un peu molle ? Il est sûr, en tout cas, qu'à nos dirigeants et, sans doute, à nos classes dirigeantes, quelque chose a manqué de l'implacable héroïsme de la patrie en danger.

À dire vrai, ce mot de classes dirigeantes ne va pas sans équivoque. Dans la France de 1939, la haute bourgeoisie se plaignait volontiers d'avoir perdu tout pouvoir. Elle exagérait beaucoup. Appuyé sur la finance et la presse, le régime des « notables » n'était pas si « fini » que cela. Mais il est certain que les maîtres d'antan avaient cessé de détenir le monopole des leviers de commande. À côté d'eux, sinon les salariés en masse, du moins les chefs des principaux syndicats comptaient parmi les puissances de la République. On l'avait bien vu, en 1938, par l'usage qu'un ministre, munichois entre les munichois, sut faire de leur truchement pour répandre dans l'opinion un esprit de panique, favorable à ses propres faiblesses. Or, les défaillances du syndicalisme ouvrier n'ont pas été, dans cette guerre-ci, plus niables que celles des états-majors.

Je vais parler ici de choses que je n'ai pas vues, de mes propres yeux. L'usine de guerre ou d'avant-guerre se trouvait, on le devine, assez loin de mon champ d'horizon. Mais j'ai recueilli, à ce sujet, trop de dépositions concordantes, elles émanent de milieux trop différents, depuis les ingénieurs jusqu'aux ouvriers mêmes, pour m'autoriser à mettre leurs conclusions en doute. On n'a pas assez travaillé, dans les fabrications de guerre ; on n'a pas fait assez d'avions, de moteurs ou de chars. De cela, je pense, les salariés n'ont assurément pas été les seuls ni, sans doute, les principaux responsables. Ils auraient mauvais gré à plaider l'innocence. Oublieux qu'ils tenaient, eux aussi, à leur façon, poste de soldats, ils cherchaient, avant tout, à vendre leur peine au plus haut prix ; donc à fournir le moins d'efforts possible, durant le moins de temps possible, pour le plus d'argent possible. En temps normal, rien de plus naturel. « Matérialisme sordide », s'écriait un jour un homme politique, qu'on n'eût pas imaginé si épris de pure spiritualité. Il nous la baillait belle. L'ouvrier est marchand de force humaine. Les marchands de drap, de sucre ou de canons auraient mauvais gré à se scandaliser, s'il applique, à son tour, la grande loi du commerce, qui est de donner peu, pour beaucoup recevoir. Mais, légitime à d'autres moments, cette attitude, parmi un peuple en danger et face aux sacrifices des combattants, était devenue cruellement hors de saison. Un de mes voisins de campagne, plombier mobilisé dans une usine, m'a raconté comment ses camarades lui cachaient ses outils, pour l'empêcher de faire plus ou plus vite que ne le voulait la coutume non écrite de l'atelier. Voilà, pris à la vie même, un terrible acte d'accusation.

Sans doute, y aurait-il beaucoup d'injustice à supposer absolument général, dans toute une classe, un pareil mépris des intérêts nationaux. Je consens volontiers qu'il ne fut pas sans exceptions. Qu'il ait été largement répandu suffit cependant pour que ses conséquences aient lourdement pesé dans la balance de la guerre. Il exige une explication.

On a répété, sur tous les tons, que cette guerre avait, beaucoup moins que la précédente, fait appel aux sentiments profonds de la nation. C'est, je crois, une grave erreur. Il n'est pas dans le tempérament de notre peuple de souhaiter jamais la guerre. Aucun Français, en 1939, n'aspirait à « mourir pour Dantzig ». Mais aucun, non plus, en 1914, à « mourir pour Belgrade » ; et la camarilla qui tissait ses trames autour des Karageorges n'était ni mieux connue de nos paysans ou de nos ouvriers que, vingt-cinq ans plus tard, le gouvernement corrompu des « colonels » de Pologne ni plus propre, si elle l'eût été, à soulever l'enthousiasme de nos foules. Quant à l'Alsace-Lorraine, s'il est vrai que l'image des provinces martyres surgit brusquement, dès les premiers combats d'août 1914, hors de l'ombre discrète où, quelques jours plus tôt, on la voyait encore enveloppée, ce fut seulement sous l'effet de nécessités déjà consenties. Puisqu'il avait fallu prendre les armes, on n'imagina plus guère qu'il fût possible de les déposer sans avoir, d'abord, délivré les frères perdus. Durant la paix, sur une opinion soucieuse avant tout de la sécurité du foyer, jamais les beaux yeux des Alsaciennes des lithographies n'auraient eu assez d'empire pour lui faire accepter que, dans le seul dessein d'en sécher les larmes, on précipitât, de gaîté de cœur, le pays vers les plus atroces dangers.

La vérité est que, les deux fois, la source de l'élan populaire fut la même. « *Ils* ne cessent de chercher querelle à tout le monde. *Ils* veulent tout prendre pour eux. Plus on leur cédera, plus *ils* réclameront. Cela ne peut plus durer. » Ainsi me parlait, dans mon petit village de la Creuse, un de mes voisins, peu avant mon départ pour Strasbourg. Un paysan de 1914 n'eût pas dit autrement. Si, d'ailleurs, une des deux guerres devait, plus que l'autre, s'accorder aux penchants intimes des masses et surtout des masses ouvrières, c'était, sans nul doute, la seconde. En raison, précisément, de ce caractère « idéologique » qu'on lui a tant reproché et qui, pourtant, donnait au sacrifice un surcroît de beauté. Pas plus qu'en 1914, afin de libérer l'Alsace-Lorraine, le Français de l'usine ou des campagnes n'eût admis, en 1939, de verser son sang, spontanément, pour abattre les dictatures. Mais, dans une lutte engagée contre celles-ci et par leur faute, il eut conscience de servir une grande œuvre humaine ; en douter, serait méconnaître tout ce qui au fond d'un vieux peuple policé, comme le nôtre, se cache de noblesse inexprimée. L'absurdité de notre propagande officielle, son irritant et grossier optimisme, sa timidité et, par-dessus tout, l'impuissance de nos gouvernants à définir honnêtement leurs buts de guerre, ont bien pu, pendant de trop longs mois d'inaction, obscurcir un peu ces premières et vives clartés. En mai 1940, l'esprit de la mobilisation n'était pas mort. Sur les hommes qui en ont fait leur chant de ralliement, *la Marseillaise* n'avait pas cesse de souffler, d'une même haleine, le culte de la patrie et l'exécration des tyrans.

Seulement, dans les milieux de salariés, ces instincts, encore très forts et dont un gouvernement moins timoré eût su entretenir la flamme, étaient combattus par d'autres tendances moins anciennes de la conscience collective. Sur le syndicalisme, les gens de ma génération avaient, au temps de leur jeunesse, fondé les plus vastes espoirs. Nous comptions sans le funeste rétrécissement d'horizon devant lequel l'élan des temps héroïques a peu à peu succombé. Fut-ce l'effet d'une politique des salaires qui, presque nécessairement, conduit à grandir, hors de toute mesure, les menus intérêts du moment ? de la subtile diplomatie, des ruses électorales, des intrigues de clans où s'embarbouillèrent les dirigeants des groupes ? des mœurs bureaucratiques contractées par les administrations ouvrières ? Le fait est que la déviation, à peu près universelle en tous pays, semble avoir participé d'une sorte d'inéluctable fatalité.

On sait le mot dont Marx se plaisait à stigmatiser les mouvements sociaux sans envergure : *Kleinburgerlich.* A-t-il été rien de plus « petit-bourgeois » que l'attitude, durant ces dernières années et pendant la guerre même, de la plupart des grands syndicats, de ceux des fonctionnaires, notamment ? Il m'est arrivé d'assister, quelquefois, aux assemblées de mon métier. Ces intellectuels ne s'entretenaient, presque jamais, je ne dirai pas que de gros sous, mais de petits sous. Ni le rôle de la corporation dans le pays ni même son avenir matériel ne paraissaient exister pour eux. Les profits du présent bornaient impitoyablement leurs regards. Je crains bien qu'il n'en ait été de même ailleurs. Ce que j'ai aperçu durant la guerre, ce que j'aperçois, pendant l'après-guerre, des postiers et, plus encore, des cheminots ne m'a guère édifié. Braves gens, certes, dans leur immense majorité, nul n'en doute ; héros même à l'occasion, quelques-uns l'ont bien montré. Mais est-il sûr que la masse, que, surtout, ses représentants aient compris grand-chose à l'élargissement du devoir si impérieusement prescrit par une époque comme la nôtre ? J'entends : dans l'exercice quotidien du métier qui demeure, après tout, la pierre de touche de la conscience professionnelle. En juin, dans plusieurs villes de l'Ouest, j'ai vu ceci : de malheureuses femmes qui, d'étape en étape, cherchaient à regagner leurs foyers, erraient par les rues, en tramant à bout de bras d'inhumains fardeaux. La raison ? De peur d'infliger aux employés quelques heures d'un travail supplémentaire ou plus que de coutume intensif, les gares avaient jugé bon de fermer leurs consignes. Ces œillères, cet engoncement administratif, ces rivalités de personnes, ce manque de souffle enfin, si éloigné du dynamisme d'un Pelloutier, expliquent le mol affaissement des syndicats dans toute l'Europe et jusque chez nous, devant les premiers coups des pouvoirs dictatoriaux. Leur conduite, pendant la guerre, n'a pas eu autre origine. Peu importent, çà et là, quelques déclarations sonores, qui visaient la galerie. Les foules syndicalisées n'ont pas su se pénétrer de l'idée que, pour elles, rien ne comptait plus devant la nécessité d'amener, le plus rapidement et complètement possible, avec la victoire de la patrie, la défaite du nazisme et de tout ce que ses imitateurs, s'il triomphait, devaient, nécessairement, lui emprunter. On ne leur avait pas appris, comme c'eût été le devoir de véritables chefs, à voir plus loin, plus haut et plus large que les soucis du pain quotidien, par où peut être compromis le pain même du lendemain. L'heure du châtiment a aujourd'hui sonné. Rarement incompréhension aura été plus durement punie.

Et puis, il y avait aussi l'idéologie internationaliste et pacifiste. Je suis, je m'en flatte, un bon citoyen du monde et le moins chauvin des hommes. Historien, je sais tout ce que contenait de vérité le cri fameux de Karl Marx : « Prolétaires de tous les pays, unissez-vous ! » J'ai trop vu la guerre, enfin, pour ignorer qu'elle est une chose à la fois horrible et stupide. Mais l'étroitesse d'âme que je dénonçais tout à l'heure a consisté précisément à refuser d'accorder ces sentiments avec d'autres élans, non moins respectables. Je n'ai jamais cru qu'aimer sa patrie empêchât d'aimer ses enfants ; je n'aperçois point davantage que l'internationalisme de l'esprit ou de la classe soit irréconciliable avec le culte de la patrie. Ou plutôt je sens bien, en interrogeant ma propre conscience, que cette antinomie n'existe pas. C'est un pauvre cœur que celui auquel il est interdit de renfermer plus d'une tendresse. Laissons, cependant, ce domaine de l'affectif. Quiconque a la pudeur de soi-même et horreur des grands mots, trop vulgarisés pour traduire comme il le faudrait des réalités spirituelles si intimes, ne s'y tiendra jamais longtemps sans malaise. Aussi bien, ce n'est pas sur un pareil terrain que nos pacifistes nous invitaient, ordinairement, à les suivre.

Ils invoquaient avant tout l'intérêt ; et c'est en se faisant de cet intérêt prétendu une image terriblement étrangère à toute vraie connaissance du monde qu'ils ont lourdement induit en erreur les disciples, un peu moutonniers, qui, en eux, mettaient leur foi.

Ils disaient que le capitalisme français était dur à ses serviteurs et ils n'avaient, certes, pas tort. Mais ils oubliaient que la victoire des régimes autoritaires ne pouvait manquer d'aboutir à l'asservissement presque total de nos ouvriers.

N'apercevaient-ils donc pas, autour d'eux, tout prêts à s'en saisir et presque à la souhaiter, les futurs profiteurs de notre défaite ? Ils enseignaient, non sans raison, que la guerre accumule les ravages inutiles. Mais ils omettaient de distinguer entre la guerre qu'on décide volontairement de faire et celle qui vous est imposée, entre le meurtre et la légitime défense. Leur demandait-on s'ils nous conseillaient de tendre le cou au bourreau ? Ils répondaient : « Personne ne vous attaque. » Car ils aimaient à jouer sur les mots et peut-être, ayant perdu l'habitude de regarder en face leur pensée, se laissaient-ils eux-mêmes prendre dans les filets de leurs propres équivoques. Le voleur de grand chemin ne crie pas à sa victime : « Donne-moi ton sang. » Il consent à lui offrir le choix : « La bourse ou la vie. » De même, au peuple dont il poursuit l'oppression, le peuple agresseur : « Abdique ta liberté ou accepte le massacre. » Ils proclamaient que la guerre est affaire de riches ou de puissants à laquelle le pauvre n'a pas à se mêler. Comme si, dans une vieille collectivité, cimentée par des siècles de civilisation commune, le plus humble n'était pas toujours, bon gré mal gré, solidaire du plus fort. Ils chuchotaient – je les ai entendus – que les hitlériens n'étaient pas, en somme, si méchants qu'on affectait de les peindre : on s'épargnerait sans doute plus de souffrances en leur ouvrant toutes grandes les portes qu'en s'opposant, par la violence, à l'invasion. Que pensent-ils, aujourd'hui, ces bons apôtres dans la zone occupée, tyrannisée, affamée ?

Comme la parole qu'ils prêchaient était un évangile d'apparente commodité, leurs sermons trouvaient un facile écho dans les instincts paresseusement égoïstes qui, à côté de virtualités plus nobles, dorment au fond de tout cœur humain. Ces enthousiastes, dont beaucoup n'étaient pas personnellement sans courage, travaillaient, inconsciemment, à faire des lâches. Tant il est véritable que la vertu, si elle ne s'accompagne pas d'une sévère critique de l'intelligence, risque toujours de se retourner contre ses buts les plus chers. Instituteurs, mes frères, qui, en grand nombre, vous êtes, au bout du compte, si bien battus ; qui, au prix d'une immense bonne volonté, aviez su créer, dans notre pays aux lycées somnolents, aux universités prisonnières des pires routines, le seul enseignement peut-être dont nous puissions être fiers ; un jour viendra bientôt, je l'espère, un jour de gloire et de bonheur, où une France, enfin libérée de l'ennemi et, dans sa vie spirituelle plus libre que jamais, nous rassemblera de nouveau pour les discussions d'idées. Ce jour-là, instruits par une expérience chèrement acquise, ne songerez-vous pas à changer quelque chose aux leçons que vous professiez hier ?

Le plus singulier était, sans doute, que ces intransigeants amoureux du genre humain ne s'étonnaient pas de se rencontrer, sur les routes de la capitulation, avec les ennemis-nés de leur classe et de leurs idéaux. À dire vrai, l'alliance, si étrange qu'elle pût paraître, remontait parfois, en esprit, plus haut que l'inimitié. Car, parmi les hommes qu'après avoir tant de fois combattus, sur les champs de bataille électoraux, ils acceptaient ainsi pour associés dans l'œuvre de la paix à tout prix, beaucoup étaient naguère sortis de leurs rangs mêmes pour voler vers des destinées plus fructueuses. Ces transfuges avaient rejeté, comme un incommode déguisement, toute apparence des ardeurs révolutionnaires anciennes. Mais de leur passage dans les sectes dont ils s'étaient fait un utile tremplin, ils gardaient du moins une indélébile empreinte. Ils y avaient perdu le sens des valeurs nationales et ne devaient plus jamais le retrouver. Ce n'est point hasard si la débâcle a amené au pouvoir un ministre qui, jadis, fut à Kienthal ; si les Allemands parviendront, peut-être, à y hausser un agitateur des rues, qui, avant de revêtir, dans les années d'avant-guerre, une fallacieuse pelure de patriotisme, avait été un des chefs du communisme. Il n'est pas, contre une certaine école politique, de plus terrible condamnation : on peut, quand on s'y est formé, tout oublier de ce qu'on y apprit ; de beau, souvent, et de noble ; tout, sauf une négation : celle de la patrie.

Ainsi, bien que les besoins généraux de la défense nationale se confondissent plus que jamais avec les intérêts propres des salariés, ses exigences les plus évidentes trouvèrent, devant elles, une opinion ouvrière tristement incertaine de sa voie. À ce désarroi, les invraisemblables contradictions du communisme français ajoutèrent encore un nouveau ferment de trouble. Mais nous touchons ici à un autre ordre de problèmes, qui sont, proprement, ceux de la pensée.

Ce n'est pas seulement sur le terrain militaire que notre défaite a eu ses causes intellectuelles. Pour pouvoir être vainqueurs, n'avions-nous pas, en tant que nation, trop pris l'habitude de nous contenter de connaissances incomplètes et d'idées insuffisamment lucides ? Notre régime de gouvernement se fondait sur la participation des masses. Or, ce peuple auquel on remettait ainsi ses propres destinées et qui n'était pas, je crois, incapable, en lui-même, de choisir les voies droites, qu'avons-nous fait pour lui fournir ce minimum de renseignements nets et sûrs, sans lesquels aucune conduite rationnelle n'est possible ? Rien en vérité. Telle fut, certainement, la grande faiblesse de notre système, prétendument démocratique, tel, le pire crime de nos prétendus démocrates. Passe encore si l'on avait eu à déplorer seulement les mensonges et les omissions, coupables, certes, mais faciles en somme à déceler, qu'inspire l'esprit de parti ouvertement avoué. Le plus grave était que la presse dite de pure information, que beaucoup de feuilles même, parmi celles qui affectaient d'obéir uniquement à des consignes d'ordre politique, servaient, en fait, des intérêts cachés, souvent sordides, et parfois, dans leur source, étrangers à notre pays. Sans doute, le bon sens populaire avait sa revanche. Il la prenait sous la forme d'une méfiance croissante envers toute propagande, par l'écrit ou par la radio. L'erreur serait lourde de croire que l'électeur vote toujours « comme le veut son journal ». J'en sais plus d'un, parmi les humbles, qui, recevant chaque jour le quotidien du cru, vote, presque constamment, *contre* lui et peut-être cette imperméabilité à des conseils sans sincérité nous offre-t-elle, aujourd'hui, dans l'état où nous voyons la France, un de nos meilleurs motifs de consolation, comme d'espoir. On avouera cependant que, pour comprendre les enjeux d'une immense lutte mondiale, pour prévoir l'orage et s'armer dûment, à l'avance, contre ses foudres, c'était là une médiocre préparation mentale. Délibérément – lisez *Mein Kampf* et les conversations avec Rauschning – l'hitlérisme refuse à ses foules tout accès au vrai. Il remplace la persuasion par la suggestion émotive. Pour nous, il nous faut choisir : ou faire, à notre tour, de notre peuple un clavier qui vibre, aveuglément, au magnétisme de quelques chefs (mais lesquels ? ceux de l'heure présente manquent d'ondes) ; ou le former à être le collaborateur conscient des représentants qu'il s'est lui-même donnés. Dans le stade actuel de nos civilisations, ce dilemme ne souffre plus de moyen terme... La masse n'obéit plus. Elle suit, parce qu'on l'a mise en transe, ou parce qu'elle sait.

Était-ce donc que nos classes aisées et relativement cultivées, soit par dédain, soit par méfiance, n'avaient pas jugé bon d'éclairer l'homme de la rue ou des champs ? Ce sentiment existait, sans doute. Il était traditionnel. Ce n'est pas de gaîté de cœur que les bourgeoisies européennes ont laissé « les basses classes » apprendre à lire. Un historien pourrait citer là-dessus bien des textes Mais le mal avait pénétré plus loin dans les chairs. La curiosité manquait à ceux-là mêmes qui auraient été en position de la satisfaire. Comparez ces deux journaux quasi homonymes : *The Times* et *Le Temps*. Les intérêts, dont ils suivent, l'un et l'autre, les ordres, sont de nature semblable ; leurs publics, des deux côtés, aussi éloignés des masses populaires ; leur impartialité, également suspecte. Qui lit le premier, cependant, en saura toujours, sur le monde, tel qu'il est, infiniment plus que les abonnés du second. Même contraste d'ailleurs entre notre presse la plus orgueilleuse de ce qu'elle nomme sa « tenue » intellectuelle et la *Frankfurter Zeitung,* par exemple : la *Frankfurter* d'avant l'hitlérisme, voire celle encore d'aujourd'hui. Le sage, dit le proverbe, se contente de peu. Dans le domaine de l'information notre bourgeoisie était vraiment, au sens du sobre Épicure, terriblement sage.

Cent autres symptômes confirment celui-là. Au cours de deux guerres, j'ai fréquenté beaucoup d'officiers, de réserve ou d'active, dont les origines étaient extrêmement diverses. Parmi ceux qui lisaient un peu et déjà étaient rares, je n'en ai presque vu aucun tenir dans ses mains un ouvrage propre à mieux lui faire comprendre, fût-ce par le biais du passé, le temps présent. J'ai été le seul à apporter, au 4e bureau, le livre de Strasser sur Hitler ; un seul de mes camarades me l'a emprunté. La misère de nos bibliothèques municipales a été maintes fois dénoncée. Consultez les budgets de nos grandes villes : vous vous apercevrez que c'est indigence qu'il faudrait dire. Aussi bien n'est-ce pas seulement à l'art de connaître les autres que nous nous sommes laissés devenir étrangers. La vieille maxime du « connais-toi toi-même », qu'en avons-nous fait ? On m'a raconté que, dans une commission internationale, notre délégué se fit moquer, un jour, par celui de la Pologne : de presque toutes les nations, nous étions les seuls à ne pas pouvoir produire une statistique sérieuse des salaires. Nos chefs d'entreprises ont toujours mis leur foi dans le secret, favorable aux menus intérêts privés, plutôt que dans la claire connaissance, qui aide l'action collective. Au siècle de la chimie, ils ont conservé une mentalité d'alchimistes. Voyez encore les groupes qui, naguère, se sont donné chez nous pour mission de combattre le communisme. De toute évidence, seule une enquête honnêtement et intelligemment conduite, à travers le pays, pouvait leur fournir les moyens de connaître les causes d'un succès dont ils s'inquiétaient si fort ; par suite d'en entraver peut-être la marche. Qui dans leurs rangs s'en est jamais avisé ? Peu importe, ici, le dessein politique. Qu'on l'approuve ou le blâme le symptôme vraiment grave est que la technique intellectuelle de ces puissantes associations d'intérêts se soit montrée à ce point déficiente. Comment s'étonner si les états-majors ont mal organisé leurs services de renseignements ? Ils appartenaient à des milieux où s'était progressivement anémié le goût de se renseigner ; où, pouvant feuilleter *Mein Kampf,* on doutait encore des vrais buts du nazisme, où, parant l'ignorance du beau mot de « réalisme », on semble en douter encore aujourd'hui.

Le pis est que cette paresse de savoir entraîne, presque nécessairement, à une funeste complaisance envers soi-même. J'entends, chaque jour, prêcher par la radio, le « retour à la terre ». À notre peuple mutilé et désemparé, on dit « tu t'es laissé leurrer par les attraits d'une civilisation trop mécanisée ; en acceptant ses lois et ses commodités, tu t'es détourné des valeurs anciennes, qui faisaient ton originalité ; foin de la grande ville, de l'usine, voire de l'école ! Ce qu'il te faut, c'est le village ou le bourg rural d'autrefois, avec leurs labeurs aux formes archaïques, et leurs petites sociétés fermées que gouvernaient les notables ; là, tu retremperas ta force et tu redeviendras toi-même. » Certes, je n'ignore pas que sous ses beaux sermons se dissimulent – en vérité assez mal – des intérêts bien étrangers au bonheur des Français. Tout un parti, qui tient aujourd'hui ou croit tenir les leviers de commande, n'a jamais cessé de regretter l'antique docilité qu'il suppose innée aux peuples modestement paysans. On pourrait bien s'y tromper, d'ailleurs. Ce n'est pas d'hier que nos croquants ont, comme disaient les vieux textes, « la nuque dure ». Surtout, l'Allemagne, qui a triomphé par la machine, veut s'en réserver le monopole. C'est sous l'aspect de collectivités purement agricoles contraintes, par suite, d'échanger, à des prix imposés, leurs blés ou leurs laitages contre les produits de sa grande industrie, qu'elle conçoit les nations, dont elle rêve de grouper autour d'elle, comme une valetaille, l'humble compagnonnage. À travers le micro, la voix qui parle notre langue vient de là-bas.

Ces bucoliques avis, pourtant, ne sont pas exclusivement choses d'aujourd'hui. Toute une littérature de renoncement, bien avant la guerre, nous les avait rendus déjà familiers. Elle stigmatisait l'« américanisme ». Elle dénonçait les dangers de la machine et du progrès. Elle vantait, par contraste, la paisible douceur de nos campagnes, la gentillesse de notre civilisation de petites villes, l'amabilité en même temps que la force secrète d'une société qu'elle invitait à demeurer de plus en plus résolument fidèle aux genres de vie du passé. Propos d'un académisme un peu bêlant, dont eussent souri nos vieux auteurs rustiques, un Noël du Fail ou un Olivier de Serres. Le vrai travail des champs a plus de stoïcisme que de douceur et c'est seulement dans les églogues que le village fait figure d'un asile de paix. Tout, pourtant, dans cette apologie de la France rurale, n'était pas faux. Je crois fermement que l'avantage demeure grand, pour un peuple, encore à l'heure présente, de s'enraciner fortement dans le sol. Par là il assure à son édifice économique une rare solidité, il se réserve surtout un fond de ressources humaines, proprement irremplaçables. Pour le voir vivre, chaque jour, pour avoir naguère combattu à ses côtés et m'être beaucoup penché sur son histoire, je sais ce que vaut l'authentique paysan français, dans sa verte robustesse et sa finesse sans fadeur. Je suis sensible, tout comme un autre, au charme discret de nos vieux bourgs et je n'ignore pas qu'ils furent la matrice où longtemps s'est formée la partie la plus agissante de la collectivité française.

Nous résignerons-nous, cependant, à n'être plus, comme les Italiens nous ont annoncé leur volonté de ne pas le demeurer, qu'un « musée d'antiquailles » ? Ne nous le dissimulons pas :

le choix même ne nous est plus permis. Pour le croire encore possible, nous savons trop bien le sort que nos ennemis réservent aux musées. Nous voulons vivre, et, pour vivre, vaincre. Or, ayons le courage de nous l'avouer, ce qui vient d'être vaincu en nous, c'est précisément notre chère petite ville. Ses journées au rythme trop lent, la lenteur de ses autobus, ses administrations somnolentes, les pertes de temps que multiplie à chaque pas un mol laisser-aller, l'oisiveté de ses cafés de garnison, ses politicailleries à courtes vues, son artisanat de gagne-petit, ses bibliothèques aux rayons veufs de livres, son goût du déjà vu et sa méfiance envers toute surprise capable de troubler ses douillettes habitudes : voilà ce qui a succombé devant le train d'enfer que menait, contre nous, le fameux « dynamisme » d'une Allemagne aux ruches bourdonnantes. Ne fût-ce qu'afin de préserver, dans notre vieux patrimoine, ce qui peut et doit l'être, il nous faut l'adapter aux nécessités d'une ère nouvelle. La voiture à âne était peut-être un mode de transport bonhomme et charmant. Mais à refuser de lui substituer, là où cela est souhaitable, l'auto, nous finirions par nous voir enlever jusqu'à nos bourricots. Or, pour faire du neuf, il faut d'abord s'instruire. Si nos officiers n'ont pas su pénétrer les méthodes de guerre qu'imposait le monde d'aujourd'hui ce fut, dans une large mesure, parce qu'autour d'eux, notre bourgeoisie, dont ils étaient issus, fermait trop paresseusement les yeux. Nous serons perdus, si nous nous replions sur nous-mêmes ; sauvés, seulement, à condition de travailler durement de nos cerveaux, pour mieux savoir et imaginer plus vite.

Pour retrouver aussi cette cohérence de la pensée qu'une étrange maladie semble avoir fait perdre, depuis quelques années à quiconque, chez nous, se piquait, peu ou prou, d'action politique. À vrai dire, que les partis qualifiés de « droite » soient si prompts aujourd'hui à s'incliner devant la défaite, un historien ne saurait en éprouver une bien vive surprise. Telle a été presque tout au long de notre destin leur constante tradition : depuis la Restauration jusqu'à l'Assemblée de Versailles. Les malentendus de l'affaire Dreyfus avaient bien pu, un moment, paraître brouiller le jeu, en confondant militarisme avec patriotisme. Il est naturel que les instincts profonds aient repris le dessus ; et cela va très bien ainsi. Pourtant, que les mêmes hommes aient pu, tour à tour, manifester la plus absurde germanophobie et nous engager à entrer, en vassaux, dans le système continental allemand, s'ériger en défenseurs de la diplomatie à la Poincaré et vitupérer contre le « bellicisme » prétendu de leurs adversaires électoraux, ces palinodies supposent, chez ceux des chefs qui étaient sincères, une étrange instabilité mentale ; chez leurs fidèles, une insensibilité non moins choquante aux pires antinomies de la pensée. Certes, je n'ignore pas que l'Allemagne de Hitler éveillait des sympathies auxquelles celle d'Ebert ne pouvait pas prétendre. La France, du moins, restait toujours la France. Tient-on cependant à trouver, coûte que coûte, une excuse à ces acrobaties ? La meilleure serait sans doute que leurs adversaires, à l'autre extrémité de l'échelle des opinions, ne fussent pas moins déraisonnables. Refuser les crédits militaires et, le lendemain, réclamer des « canons pour l'Espagne » ; prêcher, d'abord, l'anti-patriotisme ; l'année suivante, prôner la formation d'un « front des Français » ; puis, en fin de compte, se dérober soi-même au devoir de servir et inviter les foules à s'y soustraire : dans ses zigzags, sans grâce, reconnaissons la courbe que décrivirent, sous nos yeux émerveillés, les danseurs sur corde raide du communisme. Je le sais bien ; de l'autre côté de la frontière, un *homo alpinus* brun, de moyenne taille, flanqué pour principal porte-voix d'un petit bossu châtain, a pu fonder son despotisme sur la mythique suprématie des « grands Aryens blonds ». Mais les Français avaient eu, jusqu'ici, la réputation de têtes sobres et logiques. Vraiment, pour que s'accomplisse, selon le mot de Renan, après une autre défaite, la réforme intellectuelle et morale de ce peuple, la première chose qu'il lui faudra rapprendre sera le vieil axiome de la logique classique : A est A, B est B ; A n'est point B.

Sur les causes profondes de pareilles faiblesses, il y aurait, cela va de soi, beaucoup à dire et à chercher. Notre bourgeoisie, qui reste, malgré tout, le cerveau de la nation, avait sans doute davantage le goût des études sérieuses au temps où elle était, en une large mesure, une classe de rentiers. L'homme d'affaires, le médecin, l'homme de loi doivent, aujourd'hui, peiner durement à leurs bureaux. Quand ils en sortent, il semble qu'ils ne gardent plus de force que pour s'amuser. Peut-être une meilleure organisation du temps, sans rien enlever à l'intensité du travail, leur rendrait-elle plus de loisirs. L'amusement cependant prend-il, d'aventure, forme intellectuelle ? Il se raccorde rarement à l'action, même indirectement. Car une vieille tradition nous porte à aimer l'intelligence pour l'intelligence, comme l'art pour l'art, et à les mettre à part de la pratique. Nous avons de grands savants, et nulles techniques ne sont moins scientifiques que les nôtres. Nous lisons, quand nous lisons, pour nous cultiver : ce qui est fort bien. Mais nous ne pensons pas assez qu'on peut, et doit, quand on agit, s'aider de sa culture.

Il lui faudra enfin à ce peuple se remettre à l'école de la vraie liberté d'esprit. « Il est bon qu'il y ait des hérétiques » : les milieux militaires n'étaient pas les seuls à avoir perdu de vue cette maxime de sagesse. Passe encore pour l'opinion traditionaliste. Cela était selon sa nature. Mais que dire de ce qu'on appelait les partis « avancés » ? J'ai, personnellement, pour l'œuvre de Karl Marx l'admiration la plus vive. L'homme était, je le crains, insupportable ; le philosophe, moins original, sans doute, que certains n'ont prétendu le dépeindre. Comme analyste social, nul n'eut plus de puissance. Si jamais les historiens, adeptes d'une science renouvelée, décident de se donner une galerie d'ancêtres, le buste barbu du vieux prophète rhénan prendra place, au premier rang, dans la chapelle de la corporation. Est-ce assez cependant pour que ses leçons servent éternellement de gabarit à toute doctrine ? D'excellents savants qui, dans leur laboratoire, ne croyaient qu'à l'expérience ont écrit des traités de physiologie ou des chapitres de physique « selon le marxisme ». Quel droit avaient-ils, après cela, de moquer la mathématique « hitlérienne » ? Des partis, qui professaient la mutabilité des formes économiques, excommuniaient les mal avisés qui refusaient de jurer selon la parole du maître. Comme si des théories nées de l'observation des sociétés européennes, telles qu'elles se présentaient vers les années 60, et nourries des connaissances sociologiques d'un savant de ce temps, pouvaient continuer à faire loi en 1940.

Condorcet parlait mieux, qui, imprégné du ferme rationalisme du XVIIIe siècle, disait, dans son fameux rapport sur l'instruction publique, « ni la Constitution française, ni même la Déclaration des Droits ne seront présentées à aucune classe de citoyens comme des tables descendues du ciel, qu'il faut adorer et croire ».

Je l'entends bien, sans qu'on ait besoin de me le souffler : les dirigeants des groupes étaient, en leur for intérieur, beaucoup moins fidèles à cette orthodoxie de façade qu'ils ne le laissaient penser. Ne les retrouvons-nous pas là, cependant, dans leur horrible association, les vices intellectuels qui ont tant fait pour notre perte : avec le goût de l'équivoque, un sens insuffisamment aigu du constant écoulement du monde ? Contre les hommes d'extrême gauche, comme contre les états-majors – car il arrive que, dans une nation, les pires adversaires respirent, sans s'en douter, la même atmosphère mentale – c'était, il faut l'avouer, Hitler qui avait raison. Non pas le Hitler des grandes harangues aux foules. Celui des confidences, qui disait un jour à Rauschning, à propos, précisément, du marxisme : « Nous savons, nous, qu'il n'y a pas d'état définitif… qu'il y a une évolution perpétuelle. L'avenir est le fleuve inépuisable des possibilités infinies d'une création toujours nouvelle. »

À un universitaire, on pardonnera d'attribuer une assez large part de responsabilité à l'enseignement ; et, pédagogue lui-même, d'exposer crûment les défauts de nos méthodes pédagogiques. Oscillant sans trêve entre un humanisme à l'ancienne mode, parvenu à demeurer toujours bien fidèle à sa valeur esthétique, et le goût souvent intempérant des nouveautés, aussi incapable de préserver efficacement les valeurs esthétiques et morales de la culture classique que d'en créer de fraîches, notre enseignement secondaire fait beaucoup trop peu pour développer l'énergie intellectuelle. Comme les universités leurs étudiants, il accable les élèves d'examens. Aux sciences d'observation, si propres, pourtant, à développer l'initiative des yeux et de la matière grise, il accorde peu de place. Il s'étend sur la physiologie animale avec raison ; il néglige presque totalement la botanique, en quoi il a grandement tort. Alors que les écoles anglaises s'efforcent d'encourager le *hobby*, la marotte de l'esprit (herbiers, collections de pierres, photographie, que sais-je encore ?), les nôtres détournent pudiquement les regards de toutes ces « fantaisies » ou les abandonnent au scoutisme, dont le succès dénonce, plus clairement peut-être que tout autre symptôme, les carences de l'éducation « nationale ». J'ai connu plus d'un bon élève qui, sorti du lycée, n'a jamais ouvert un livre sérieux ; plus d'un cancre ou demi-cancre, chez qui se révèle aujourd'hui un goût profond de la culture. Une fois par hasard, l'aventure n'aurait rien de scandaleux. Répétée, elle devient troublante.

Est-ce dépit d'amoureux ? Historien, j'inclinerai à être particulièrement sévère à l'enseignement de l'histoire. Ce n'est pas l'École de Guerre seulement qui arme mal pour l'action. Non certes que, dans nos lycées, on puisse lui reprocher de négliger le monde contemporain. Il lui accorde, au contraire, une place sans cesse plus exclusive. Mais, justement, parce qu'il ne veut plus regarder que le présent, ou le très proche passé, il se rend incapable de les expliquer : tel un océanographe qui, refusant de lever les yeux vers les astres, sous prétexte qu'ils sont trop loin de la mer, ne saurait plus trouver la cause des marées. Le passé a beau ne pas commander le présent tout entier, sans lui, le présent demeure inintelligible. Pis encore peut-être : se privant, délibérément, d'un champ de vision et de comparaison assez large, notre pédagogie historique ne réussit plus à donner, aux esprits qu'elle prétend former, le sens du différent ni celui du changement. Ainsi notre politique rhénane, après 1918, s'est fondée sur une image périmée de l'Europe. Elle persistait à croire vivant ce mort : le séparatisme allemand. Ainsi, nos diplomates ont obstinément mis leur foi dans les Habsbourg, ces fantômes décolorés pour albums de salons bien-pensants ; on craint les Hohenzollern plus que Hitler. Autant de faire-part de décès qu'une histoire véritable n'aurait pas omis d'envoyer. Attachés, en outre, presque sans exceptions, aux manifestations les plus superficielles de la vie des peuples, qui sont aussi, aux époques voisines de nous, les plus aisées à saisir, nos programmes scolaires entretiennent l'obsession du politique. Ils reculent, pudiquement, devant toute analyse sociale. Par là, ils manquent à en suggérer le goût. Qu'on veuille bien ne pas m'accuser de beaucoup trop demander à un maître de collège ou d'école primaire ! Je ne crois nullement plus difficile d'intéresser un enfant aux vicissitudes d'une technique, voire aux apparentes étrangetés d'une civilisation ancienne ou lointaine, qu'à un changement de ministère ; et ce n'est certes pas dans un manuel selon mon cœur que j'ai vu congrûment exposer à des élèves de neuvième comment la monarchie de Juillet avait, à la « pairie héréditaire », substitué la « pairie à vie ». N'y avait-il pas mieux à apprendre à ces marmots : rien de plus humain, de plus capable de frapper utilement leur malléable imagination, de plus instructif pour leur dressage de futur citoyen de la France et de la planète. Ici aussi, nous réclamons, toutes fenêtres désormais ouvertes, un grand balayage de l'atmosphère. Ce sera là tâche des jeunes. Pour réformer la préparation intellectuelle du pays, comme le commandement de ses armées, nous comptons sur eux, beaucoup plutôt que sur les cinq académies, les plus hautes autorités de l'Université ou le Conseil supérieur de la Guerre.

On charge de tous les péchés notre régime politique d'avant-guerre. Je ne suis point, pour ma part, tenté d'en dire beaucoup de bien. Que le parlementarisme ait trop souvent favorisé l'intrigue, aux dépens de l'intelligence ou du dévouement. Il me suffit, pour en être persuadé, de regarder autour de moi. Les hommes qui nous gouvernent aujourd'hui sont, pour la plupart, issus de ces marécages. S'ils renient maintenant les mœurs qui les ont faits ce qu'ils sont, ce n'est que ruse de vieux renards. L'infidèle employé, qui s'est ouvert un coffre-fort, ne laisse pas traîner ses fausses clefs : il aurait bien trop peur qu'un plus malin que lui ne les ramassât, pour le dépouiller, à son tour, du butin.

Lorsque l'heure aura sonné du vrai redressement, lorsque nous pourrons exiger, de nouveau, d'être dirigés au grand jour et commander aux factions de s'effacer, si elles ont perdu la confiance du pays, nous n'aurons pas, assurément, qu'à remettre, paresseusement, nos pas, dans les empreintes d'avant-hier. Les assemblées, de dimensions monstrueuses, qui prétendaient nous régir, étaient un legs absurde de l'Histoire. Des États-Généraux, réunis pour dire « oui » ou « non », pouvaient bien dénombrer leurs membres par centaines. Une chambre gouvernante se voue au chaos, dès qu'elle accepte d'être une foule ; et c'est d'ailleurs un problème de savoir si une chambre, faite pour sanctionner et contrôler, peut gouverner. Notre machinerie de partis exhalait un parfum moisi de petit café ou d'obscurs bureaux d'affaires. Elle n'avait même pas pour elle l'excuse de la puissance, puisqu'elle s'est effondrée aux premiers souffles de l'arbitraire, comme un château de cartes. Prisonniers de dogmes qu'ils savaient périmés, de programmes qu'ils avaient renoncé à réaliser, les grands partis unissaient, fallacieusement, des hommes qui, sur les grands problèmes du moment – on le vit bien après Munich –, s'étaient formé les opinions les plus opposées. Ils en séparaient d'autres, qui pensaient exactement de même. Ils ne réussissaient pas, le plus souvent, à décider de qui serait au pouvoir. Ils servaient simplement de tremplin aux habiles, qui se chassaient l'un l'autre du pinacle.

Nos ministres et nos assemblées nous ont, incontestablement, mal préparés à la guerre. Le haut commandement, sans doute, les y aidait peu. Mais rien, précisément, ne trahit plus crûment la mollesse d'un gouvernement que sa capitulation devant les techniciens. En 1915, les commissions des Chambres avaient, pour nous doter d'artillerie lourde, plus fait que tous les artilleurs ensemble. Que leurs héritières n'ont-elles agi de même, et plus à temps, pour les avions et les chars ! L'histoire du ministre de l'Armement semble une leçon de déraison ; il est inouï que, pour l'improviser, il ait fallu attendre les premiers mois de la campagne. C'est dès le jour de la mobilisation qu'il eût dû surgir, avec ses cadres tout prêts. Rarement, le Parlement refusait les crédits, si les spécialistes savaient les demander avec assez de courage. Il n'avait pas la force de les contraindre à les bien employer. En outre, capable de se résigner à frapper l'électeur à la bourse, il craignait beaucoup plus de le gêner. Sa répugnance à imposer aux réservistes les périodes d'exercice nécessaires a porté un coup très grave au principe des armées nationales. Il est vrai que les routines de la caserne, fort peu favorables à un emploi rationnel de ces stades d'instruction, lui avaient frayé la voie. À plusieurs reprises, les présidents du Conseil avaient dû réclamer les pleins pouvoirs. C'était avouer que la machine constitutionnelle grinçait. Mieux eût valu la réformer, avant qu'il fût trop tard. Solution de facilité, on ne voit point que ces pleins pouvoirs eux-mêmes aient beaucoup servi à renforcer la pratique gouvernementale ni à y remettre de l'ordre. Gâtés par la pratique des couloirs, nos chefs politiques croyaient s'informer quand ils ne faisaient que recueillir des potins au hasard des rencontres. Les problèmes mondiaux comme les problèmes nationaux ne leur apparaissaient plus que sous l'angle des rivalités personnelles.

Ce régime était donc faible. Il n'était pas si méchant qu'on l'a voulu peindre. Parmi les crimes dont on l'a accusé, certains semblent bien purement imaginaires. On a répété que les passions partisanes et, surtout, anticléricales, avaient désorganisé l'armée. Je puis témoigner qu'à Bohain, le général Blanchard se rendait, chaque dimanche, à la messe. Supposer qu'il eût, pour cela, attendu la guerre, serait faire à son courage civique l'injure la plus gratuite. Il avait cent fois raison, puisque telle était sa foi, d'accomplir ainsi, publiquement, son devoir de fidèle. L'incroyant qui lui en eût su mauvais gré aurait été un sot ou une âme de boue. Mais je ne vois pas que ces convictions religieuses, loyalement affirmées, l'aient empêché d'obtenir, sous des gouvernements dits « de gauche », une armée, et de la conduire à la défaite.

Aussi bien, gouvernaient-ils tant que cela, nos Parlements et les ministres sortis de leurs rangs ? Des systèmes antérieurs, ils avaient gardé plusieurs grands corps publics qu'ils étaient bien loin de diriger étroitement. Sans doute, les préoccupations de parti ne manquaient pas d'intervenir, assez souvent, dans le choix des chefs d'équipe. De quelque côté que soufflât le vent du moment, les désignations qu'elles imposaient étaient rarement les plus heureuses. Mais le recrutement de base restait presque exclusivement corporatif. Asile préféré des fils de notables, l'École des Sciences Politiques peuplait de ses élèves les ambassades, la Cour des Comptes, le Conseil d'État, l'Inspection des Finances. L'École Polytechnique, dont les bancs voient se nouer, pour la vie, les liens d'une si merveilleuse solidarité, ne fournissait pas seulement les états-majors de l'industrie ; elle ouvrait l'accès de ces carrières d'ingénieurs de l'État, où l'avancement obéit aux lois d'un automatisme quasi mécanique. Les Universités, par le moyen de tout un jeu de conseils et de comités, se cooptaient à peu près complètement elles-mêmes, non sans quelques dangers pour le renouvellement de la pensée, et offraient à leurs maîtres des garanties de permanence, que le système présent a, provisoirement, dit-il, abolies. Fort de sa richesse et du prestige que, même sur les âmes, en apparence, les plus philosophiques, exerce toujours le hochet d'un titre, l'Institut de France conservait, pour le mal ou pour le bien, sa dignité de puissance intellectuelle. Si la politique influait, d'aventure, sur le choix de l'Académie, ce n'était assurément pas celle de gauche. « Je connais, disait naguère Paul Bourget, trois citadelles du conservatisme : la Chambre des lords, le grand État-Major allemand, l'Académie française. »

Le régime eut-il tort ou raison de respecter ces antiques corporations ? On peut en disserter à perte de vue. Les uns diront : stabilité, tradition d'honneur. Les autres, vers lesquels j'avoue incliner, répliqueront : routine, bureaucratie, morgue collective. Une chose, en tout cas, est certaine : sur deux points, la faute fut lourde.

Quel tollé quand, par l'établissement d'une École d'administration, un ministère de Front populaire prétendit battre en brèche le monopole des « Sciences Po » ! Le projet était mal venu. Mieux eût valu certainement favoriser, par des bourses, l'accès de tous aux fonctions administratives et en confier la préparation aux universités, selon le large système de culture générale qui fait la force du *Civil Service* britannique. Mais l'idée première était juste. Quelle que soit la nature du gouvernement, le pays souffre si les instruments du pouvoir sont hostiles à l'esprit même des institutions publiques. À une monarchie, il faut un personnel monarchiste. Une démocratie tombe en faiblesse, pour le plus grand mal des intérêts communs, si ses hauts fonctionnaires, formés à la mépriser et, par nécessité de fortune, issus des classes mêmes dont elle a prétendu abolir l'empire, ne la servent qu'à contrecœur.

D'autre part, le système de cooptation qui, officiel ou non, régnait dans presque tous les grands corps, aboutissait à y fortifier beaucoup trop le pouvoir de l'âge. Comme dans l'armée, l'avancement, à quelques exceptions près, était généralement assez lent et les vieillards, se perpétuant aux sommets, s'ils acceptaient de tendre l'échelle à quelques-uns de leurs cadets, choisissaient, pour cela, de préférence, leurs trop bons élèves. Les révolutions nous paraissent tantôt souhaitables, tantôt odieuses, selon que leurs principes sont ou non les nôtres. Elles ont cependant toutes une vertu, inhérente à leur élan : elles poussent en avant les vrais jeunes. J'abhorre le nazisme. Mais, comme la Révolution française, à laquelle on rougit de la comparer, la révolution nazie a mis aux commandes, que ce soit à la tête des troupes ou à la tête de l'État, des hommes qui, parce qu'ils avaient un cerveau frais et n'avaient pas été formés aux routines scolaires, étaient capables de comprendre « le surprenant et le nouveau ». Nous ne leur opposions guère que des messieurs chenus ou de jeunes vieillards.

Cependant un régime, quelle que soit la force de résistance propre acquise par ses rouages, est, avant tout, ce que l'a fait la société même qu'il prétend régir. Il arrive que la machine entraîne le conducteur. Plus souvent, elle vaut ce que valent les doigts qui la manient. Je ris quand j'entends certains hommes d'affaires de ma connaissance, quelques heures après avoir « fait passer », à beaux deniers sonnants, un article dans le plus grave de nos journaux, s'élever éloquemment contre la vénalité de la presse ou s'ils ont commandé à un ancien ministre le livre qui devra défendre leurs bas intérêts, railler ces « fantoches » du Parlement. Qui mérite davantage la corde, le corrompu ou le corrupteur ? Nos grands bourgeois se plaignent volontiers du corps enseignant. Au temps où, plus qu'aujourd'hui, ils tenaient les cordons de la bourse, ils trouvaient naturel de donner, par la voie du budget, aux professeurs de leurs fils, moins qu'à leurs domestiques. Dira-t-on assez le mal que nous a fait la proverbiale avarice française ? Là encore, l'esprit de petite ville n'a pas cessé de triompher.

Surtout, notre mécanisme politique souffrait, jusqu'à en être littéralement coincé, du grand malentendu des Français.

Il est bon, il est sain que, dans un pays libre, les philosophies sociales contraires se combattent librement. Il est, dans l'état présent de nos sociétés, inévitable que les diverses classes aient des intérêts opposés et prennent conscience de leurs antagonismes. Le malheur de la patrie commence quand la légitimité de ces heurts n'est pas comprise.

Il m'est arrivé, çà et là, de prononcer le nom de bourgeoisie. Non sans scrupules. Ces mots, à la fois usés par le temps et sujets à de perpétuelles déviations de sens, encombrent la nomenclature, encore tâtonnante, des sciences humaines, ils enferment, dans des contours trop flous, des réalités trop complexes. Force est bien, cependant, jusqu'à nouvel ordre, d'user du seul vocabulaire qu'un langage imparfait mette à votre disposition. À condition d'en définir les termes. J'appelle donc bourgeois de chez nous un Français qui ne doit pas ses ressources au travail de ses mains ; dont les revenus, quelle qu'en soit l'origine, comme la très variable ampleur, lui permettent une aisance de moyens et lui procurent une sécurité, dans ce niveau, très supérieure aux hasardeuses possibilités du salaire ouvrier ; dont l'instruction, tantôt reçue dès l'enfance, si la famille est d'établissement ancien, tantôt acquise au cours d'une ascension sociale exceptionnelle, dépasse par sa richesse, sa tonalité ou ses prétentions, la norme de culture tout à fait commune ; qui enfin se sent ou se croit appartenir à une classe vouée à tenir dans la nation un rôle directeur et par mille détails, du costume, de la langue, de la bienséance, marque, plus ou moins instinctivement, son attachement à cette originalité du groupe et à ce prestige collectif.

Or, la bourgeoisie, ainsi entendue, avait, dans la France d'avant-guerre, cessé d'être heureuse. Les révolutions économiques, qu'on attribuait à la dernière catastrophe mondiale et qui n'en venaient pas toutes sapaient la quiète stabilité des fortunes. Jadis ressource presque unique de beaucoup de familles, ultime espoir de tant d'autres, qui en étaient encore aux premières pentes du succès, la rente fondait entres des mains étonnées. La résistance du salariat faisait bloc contre toute pression sur les rémunérations ouvrières, amenuisant, à chaque crise, le profit patronal, avec les dividendes. L'expansion de l'industrie, dans les pays neufs, et les progrès de leur autarcie vouaient à une anémie croissante les capitalismes européens et français. La poussée des nouvelles couches sociales menaçait la puissance, économique et politique, d'un groupe habitué à commander. Longtemps il s'était, dans son ensemble, accommodé des institutions démocratiques. Beaucoup de ses membres les avaient même appelées de leurs vœux. C'était que les mœurs, comme à l'ordinaire, avaient retardé sur le droit. Remis au petit paysan et à l'ouvrier, le bulletin de vote n'avait, durant plus d'une génération, pas changé grand-chose à la domination traditionnelle exercée, sur la province, par les notables des classes moyennes. Il les avait même servis, en leur permettant d'éliminer, en partie, des grands postes de l'État, leurs vieux adversaires de la très haute bourgeoisie ou de la noblesse. Chez ces hommes étrangers aux intransigeances aristocratiques, la démocratie flattait un goût très sincère d'humanité. Elle ne les inquiétait pas encore dans leur bourse ou dans la solidité de leur modeste prestige. Mais un jour vint où, favorisé par la tragédie économique, l'électeur du commun fit entendre beaucoup plus haut et plus dangereusement sa voix. Les rancunes furent avivées par un véritable sentiment d'inégalité retournée. Contraint à payer de sa personne, chaque jour plus durement, le bourgeois crut s'apercevoir que les masses populaires, dont le labeur était la source profonde de ses gains, travaillaient au contraire moins que par le passé – ce qui était vrai – et même moins que lui-même : ce qui n'était peut-être pas aussi exact, en tout cas, tenait un compte insuffisant des différentes nuances de la fatigue humaine. On le vit s'indigner que le manœuvre trouvât le loisir d'aller au cinéma, tout comme le patron ! L'esprit des classes ouvrières, que leur longue insécurité avait accoutumé à vivre sans beaucoup de souci du lendemain, heurtait son respect inné de l'épargne. Dans ces foules au poing levé, exigeantes, un peu hargneuses et dont la violence traduisait une grande candeur, les plus charitables gémissaient de chercher désormais en vain le « bon pauvre » déférent des romans de Mme de Ségur. Les valeurs d'ordre, de docile bonhomie, de hiérarchie sociale complaisamment acceptée, auxquelles toute leur éducation avait formé des âmes naturellement peu amies des nouveautés, paraissaient prêtes à être balayées ; et avec elles, peut-être, quelque chose d'assurément beaucoup plus précieux : un peu de ce sens national qui, sans que le riche s'en doute toujours assez, réclame des humbles une dose d'abnégation bien plus considérable que chez leurs maîtres.

Parce que la bourgeoisie était ainsi anxieuse et mécontente, elle était aussi aigrie. Ce peuple dont elle sortait et avec lequel, en y regardant de plus près, elle se fût senti plus d'une affinité profonde, trop déshabituée, d'ailleurs, de tout effort d'analyse humaine pour chercher à le comprendre, elle préféra le condamner. On saurait difficilement exagérer l'émoi que, dans les rangs des classes aisées, même parmi les hommes, en apparence les plus libres d'esprit, provoqua, en 1936, l'avènement du Front populaire. Quiconque avait quatre sous crut sentir passer le vent du désastre et l'épouvante des ménagères dépassa, s'il était possible, celle de leurs époux. On accuse aujourd'hui la bourgeoisie juive d'avoir fomenté le mouvement. Pauvre Synagogue, à l'éternel bandeau. Elle trembla, j'en puis témoigner, plus encore que l'Église. Il en fut de même pour le Temple. « Je ne reconnais plus mes industriels protestants », me disait un écrivain, né dans leur milieu. « Ils étaient naguère, entre tous, soucieux du bien-être de leurs ouvriers. Les voici, maintenant, les plus acharnés contre eux ! » Une longue fente, séparant en deux blocs les groupes sociaux, se trouva, du jour au lendemain, tracée dans l'épaisseur de la société française.

Certes, je n'ai nulle envie d'entreprendre ici l'apologie des gouvernements de Front populaire. Une pelletée de terre, pieusement jetée sur leurs tombes : de la part de ceux qui, un moment, purent mettre en eux leur foi ; ces morts ne méritent rien de plus. Ils tombèrent sans gloire. Le pis est que leurs adversaires y furent pour peu de chose. Les événements mêmes, qui les dépassaient, n'en portent pas, à beaucoup près, tout le poids. La tentative succomba, avant tout, devant les folies de ses partisans ou qui affectaient de l'être. Mais l'attitude de la plus grande partie de l'opinion bourgeoise fut inexcusable. Elle bouda, stupidement, le bien comme le mal. J'ai vu un brave homme, nullement insensible aux plaisirs des yeux, refuser de mettre les pieds à l'Exposition Universelle. Elle avait beau offrir cet incomparable trésor, orgueil de notre nation : les chefs-d'œuvre de l'art français. Un ministre abhorré l'avait inaugurée. Son achèvement avait été, disait-on, compromis par les exigences des syndicats. C'en était assez pour prononcer sur elle l'anathème. Quelles huées lorsqu'on nous parla d'organiser les loisirs. On railla, on boycotta. Les mêmes personnes élèvent aujourd'hui aux nues les mêmes efforts, depuis que l'idée a été reprise, plus ou moins sérieusement sous un autre nom, par un régime selon leur cœur.

Surtout, quelles qu'aient pu être les fautes des chefs, il y avait, dans cet élan des masses vers l'espoir d'un monde plus juste, une honnêteté touchante, à laquelle on s'étonne qu'aucun cœur bien placé ait pu rester insensible. Mais, combien de patrons, parmi ceux que j'ai rencontrés, ai-je trouvés capables, par exemple, de saisir ce qu'une grève de solidarité, même peu raisonnable, a de noblesse : « passe encore, disent-ils, si les grévistes défendaient leurs propres salaires ». Il est deux catégories de Français qui ne comprendront jamais l'histoire de France, ceux qui refusent de vibrer au souvenir du sacre de Reims ; ceux qui lisent sans émotion le récit de la fête de la Fédération. Peu importe l'orientation présente de leurs préférences. Leur imperméabilité aux plus beaux jaillissements de l'enthousiasme collectif suffit à les condamner. Dans le Front populaire – le vrai, celui des foules, non des politiciens – il revivait quelque chose de l'atmosphère du Champ de Mars, au grand soleil du 14 juillet 1790. Malheureusement, les hommes dont les ancêtres prêtèrent serment sur l'autel de la patrie, avaient perdu contact avec ces sources profondes. Ce n'est pas hasard si notre régime, censément démocratique, n'a jamais su donner à la nation des fêtes qui fussent véritablement celles de tout le monde. Nous avons laissé à Hitler le soin de ressusciter les antiques péans. J'ai connu, à la Ire armée, des officiers chargés d'entretenir le « moral » des troupes. Le commandement avait, pour cela, fait choix d'un banquier très parisien et d'un industriel du Nord. Ils pensaient que pour glisser « quelques vérités » dans les journaux du front, il fallait, d'abord, les enrober de grasses plaisanteries. Quant au Théâtre aux Armées, plus il donnait de farces graveleuses, meilleur il leur semblait. De plus en plus loin du peuple, dont elle renonçait à pénétrer, pour sympathiser avec eux, les authentiques mouvements d'âme, tour à tour refusant de le prendre au sérieux ou tremblant devant lui, la bourgeoisie, en même temps, s'écartait, sans le vouloir, de la France tout court.

En accablant le régime, elle arrivait, par un mouvement trop naturel, à condamner la nation qui se l'était donné. Désespérant, malgré elle, de ses propres destins, elle finissait par désespérer de la patrie. Criez-vous que j'exagère ? Relisez les journaux que hier elle lisait et inspirait : vous serez édifié. Au temps où la Belgique venait de rejeter l'alliance au profit d'une neutralité tristement fallacieuse, un ami bruxellois me disait : « Vous ne vous imaginez pas le mal qu'ont fait à votre cause vos grands hebdomadaires. Ils proclament, chaque semaine, que vous êtes pourris. Que voulez-vous ! On les croit. » Nous ne les croyions nous-même que trop. Une grande partie de nos classes encore dirigeantes, celles qui nous fournissaient nos chefs d'industrie, nos principaux administrateurs, la plupart de nos officiers de réserve, sont parties en guerre toutes pleines de cette hantise. Ils recevaient les ordres d'un système politique qui leur semblait corrompu jusqu'aux moelles ; ils défendaient un pays qu'ils jugeaient, d'avance, incapable de résister ; les soldats qu'ils commandaient étaient issus d'un peuple, à leur gré, dégénéré[18]. Quel que pût être leur courage personnel et la force de leur patriotisme, était-ce là une bonne préparation mentale pour lutter, comme il l'eût fallu, « jusqu'au dernier quart d'heure » ?

Or, ces partis pris, les états-majors ne les partageaient que trop bien. Non qu'ils dussent nécessairement en être à ce point contaminés. Il s'en fallait de beaucoup que les officiers de

---

18 *29 août 1914.* – « Mon courrier se gonfle de plus en plus. Dans le nombre, beaucoup de pétitions de prêtres ou de femmes qui me demandent avec instance de vouer la France au Sacré-Cœur. Beaucoup de ces requêtes sont touchantes... D'autres paraissent malheureusement inspirées par la passion politique plutôt que par le sentiment religieux. Nos défaites y sont présentées comme un châtiment mérité, infligé par Dieu à la République. L'Union sacrée serait-elle donc menacée ?... » (Poincaré, *Au Service,* t. V, p. 165.)

carrière, même dans les plus hautes fonctions, sortissent tous de milieux héréditairement favorisés par la fortune. Plus d'un, au contraire, demeurait, par ses origines, très proche des couches populaires. Par profession et par point d'honneur, ils étaient, pour la plupart, fort étrangers à tout bas esprit mercantile. L'avenir du capitalisme, à supposer qu'ils eussent trouvé le temps de réfléchir sur lui, ne leur aurait assurément pas inspiré de considération particulière et une redistribution des richesses n'avait rien pour effrayer le plus grand nombre d'entre eux. Hommes de devoir, dans leur presque totalité, et patriotes fervents, ils étaient les soldats de la France. Ils auraient rougi qu'on pût les prendre pour les mercenaires de quelques intérêts privés ou d'une classe. Mais, que savaient-ils des réalités sociales ? L'école, la caste, la tradition avaient bâti autour d'eux un mur d'ignorance et d'erreur. Leurs idées étaient simples. « À gauche », on était « antimilitariste » ; on y pensait mal, on n'y respectait pas l'autorité, qui fait, comme chacun sait, la force principale des armées. Quant au socialiste, ils le connaissaient de longue date : c'était le mauvais troupier qui se plaint perpétuellement de l'ordinaire et parfois, pour comble d'horreur, va saisir les journaux de ses jérémiades. Quiconque pactisait avec ces gens-là se trouvait suspect. Roosevelt même avait quelque chose de « bolcheviste » (je l'ai entendu dire, et par un chef d'état-major). Au surplus, étant, dans leur masse, d'esprit peu curieux, et dressés, dès leur adolescence, à fuir l'hérésie, cette courte orthodoxie leur suffisait parfaitement. Ils ne cherchaient, en aucune façon, à s'informer. Parmi les feuilles étalées sur la table de notre popote, *Le Temps* représentait l'extrême rouge. Ainsi, un groupe de jeunes chefs, recrutés entre les plus intelligents, n'ouvrait jamais un quotidien qui reflétât, si peu que ce soit, les opinions professées, à tort ou à droit, par la majorité des Français.

Battons notre coulpe. Ce n'est pas d'aujourd'hui que je le déplore : les hommes auxquels revenait l'honneur de représenter, au cours de ces dernières années, ce qu'il y avait chez nous de tendances d'esprit authentiquement libérales, désintéressées et humainement progressives, ont commis une de leurs plus lourdes fautes, en s'abstenant de tout effort pour se faire mieux comprendre d'un groupe professionnel où subsistaient de si hautes valeurs morales. Le malentendu date, je pense, de l'affaire Dreyfus et notre côté de la barricade n'en porta assurément pas, à l'origine, la responsabilité. Il n'en est pas pour cela plus excusable. Combien de fois, voyant mes camarades boire, comme petit-lait, aux sources de haine et de bêtise que continuaient à dispenser, durant la guerre même, de sordides hebdomadaires, ne me suis-je pas dit « Quel dommage que de si braves gens soient si mal renseignés ! Quelle honte surtout que personne, jamais, n'ait véritablement cherché à les éclairer ».

Mais le fait est là : et nous pouvons maintenant en mesurer les résultats. Mal instruits des ressources infinies d'un peuple resté beaucoup plus sain que des leçons empoisonnées ne les avaient inclinés à le croire, incapables, par dédain comme par routine, d'en appeler à temps à ses réserves profondes, nos chefs ne se sont pas seulement laissé battre. Ils ont estimé très tôt naturel d'être battus. En déposant, avant l'heure, les armes, ils ont assuré le succès d'une faction. Quelques-uns, certes, cherchèrent, avant tout dans le coup d'État, le moyen de masquer leur faute. D'autres cependant, dans le haut commandement, presque tous dans les rangs de l'armée étaient loin de poursuivre consciemment d'aussi égoïstes desseins. Ils n'ont accepté le désastre que la rage au cœur. Ils l'ont accepté, cependant, trop tôt, parce qu'ils lui trouvaient ces atroces consolations : écraser, sous les ruines de la France, un régime honni ; plier les genoux devant le châtiment[19] que le destin avait envoyé à une nation coupable.

J'appartiens à une génération qui a mauvaise conscience. De la dernière guerre, c'est vrai, nous étions revenus bien fatigués. Nous avions aussi, après ces quatre ans d'oisiveté combattante, grande hâte de reprendre sur l'établi, où nous les avions laissé envahir par la rouille, les outils de nos divers métiers : nous voulions, par des bouchées doubles, rattraper le travail perdu. Telles sont nos excuses. Je ne crois plus, depuis longtemps, qu'elles suffisent à nous blanchir.

Nous sommes beaucoup à avoir mesuré, très tôt, l'abîme où la diplomatie de Versailles et la diplomatie de la Ruhr menaçaient de nous précipiter. Nous comprenions qu'elles réussissaient ce merveilleux coup double : nous brouiller avec nos alliés de la veille ; maintenir toute saignante, notre antique querelle avec les ennemis que nous venions à grand-peine de vaincre. Or, nous n'ignorions pas ce que représentaient de puissance latente et la Grande-Bretagne et l'Allemagne. Les mêmes hommes, ou peu s'en faut, que nous avons vus nous conseiller, aujourd'hui avant même que l'heure en eût sonné, la triste sagesse de Louis XVIII, nous engageaient alors à la magnificence de Louis XIV. Nous n'étions pas assez sots pour

---

19 Déjà en 1914, cette hypnose du châtiment préoccupait certains Français.

croire, avec eux, que dans une France appauvrie, relativement dépeuplée et d'un potentiel industriel médiocre, une pareille politique fût de saison : si tant est qu'elle l'ait jamais été. Comme nous n'étions pas prophètes, nous n'avions pas deviné le nazisme. Mais nous prévoyions bien que, sous une forme dont nous nous avouions incapables de dessiner, avec précision, les contours, le sursaut allemand viendrait, un jour, alimenté par les rancunes, dont nos folies multipliaient la semence, et que son déclenchement serait terrible. Si l'on nous avait interrogés sur l'issue vraisemblable d'une seconde guerre, nous aurions répondu, sans doute, par l'espoir d'une seconde victoire. Mais, sans nous dissimuler que, dans cette tourmente renouvelée, la civilisation européenne risquait de sombrer à jamais. Nous sentions, d'autre part, dans l'Allemagne d'alors, la montée encore timide de bonnes volontés, franchement pacifiques, honnêtement libérales, qu'il ne tenait qu'à nos chefs d'encourager. Nous savions tout cela. Et pourtant, paresseusement, lâchement, nous avons laissé faire. Nous avons craint le heurt de la foule, les sarcasmes de nos amis, l'incompréhensif mépris de nos maîtres. Nous n'avons pas osé être, sur la place publique, la voix qui crie, d'abord dans le désert, mais du moins, quel que soit le succès final, peut toujours se rendre la justice d'avoir crié sa foi. Nous avons préféré nous confiner dans la craintive quiétude de nos ateliers. Puissent nos cadets nous pardonner le sang qui est sur nos mains !

Tout ce qu'on a lu plus haut sur les faiblesses qui, peu à peu, minaient la robuste santé du pays, sur la léthargie intellectuelle des classes dirigeantes et leurs rancœurs, sur les illogiques propagandes dont les mixtures frelatées intoxiquaient nos ouvriers, sur notre gérontocratie, sur le malaise de l'armée, dans la nation, tout cela ou presque tout, il y a longtemps que nous nous le murmurions, entre amis choisis. Combien ont eu le cran de parler plus fort ? J'entends bien, nous n'avions pas des âmes de partisans. Ne le regrettons pas. Ceux d'entre nous qui, par exception, se laissèrent embrigader par les partis, finirent presque toujours par en être les prisonniers beaucoup plutôt que les guides. Mais ce n'était pas dans les comités électoraux que nous appelait notre devoir. Nous avions une langue, une plume, un cerveau. Adeptes des sciences de l'homme ou savants de laboratoires, peut-être fûmes-nous aussi détournés de l'action individuelle par une sorte de fatalisme, inhérent à la pratique de nos disciplines. Elles nous ont habitués à considérer, sur toutes choses, dans la société comme dans la nature, le jeu des forces massives. Devant ces lames de fond, d'une irrésistibilité presque cosmique, que pouvaient les pauvres gestes d'un naufragé ? C'était mal interpréter l'histoire. Parmi tous les traits qui caractérisent nos civilisations, elle n'en connaît pas de plus significatif qu'un immense progrès dans la prise de conscience de la collectivité. Là est la clef d'un grand nombre de contrastes qui, aux sociétés du passé, opposent, si crûment, celles du présent. Une transformation juridique, dès lors qu'elle est perçue, ne se produit pas de la même façon que si elle était demeurée purement instinctive.

Les échanges économiques n'obéissent pas aux mêmes lois, selon que les cours des prix sont ou non connus de l'ensemble des participants. Or, de quoi est faite cette conscience collective, sinon d'une multitude de consciences individuelles, qui, incessamment, influent les unes sur les autres ? Se former une idée claire des besoins sociaux et s'efforcer de la répandre, c'est introduire un grain de levain nouveau, dans la mentalité commune ; c'est se donner une chance de la modifier un peu et, par suite, d'incliner, en quelque mesure, le cours des événements, qui sont réglés, en dernière analyse, par la psychologie des hommes. Avant tout, nous étions requis, une fois de plus, par la tâche quotidienne. Il ne nous reste, pour la plupart, que le droit de dire que nous fûmes de bons ouvriers. Avons-nous toujours été d'assez bons citoyens ?

Je n'étale pas ces remords par délectation morose. L'expérience ne m'a point appris qu'un péché confessé fût, pour cela, moins lourd à porter. Je pense à ceux qui me liront : à mes fils, certainement, à d'autres, peut-être, un jour, parmi les jeunes. Je leur demande de réfléchir aux fautes de leurs aînés. Peu importe qu'ils les jugent avec l'implacable sévérité des âmes encore fraîches, ou leur réservent un peu de cette indulgence amusée, dont les générations montantes accordent volontiers au vieil âge le dédaigneux bénéfice. L'essentiel est qu'ils les connaissent, pour les éviter.

Nous nous trouvons aujourd'hui dans cette situation affreuse que le sort de la France a cessé de dépendre des Français. Depuis que les armes, que nous ne tenions pas d'une poigne assez solide, nous sont tombées des mains, l'avenir de notre pays et de notre civilisation fait l'enjeu d'une lutte où, pour la plupart, nous ne sommes plus que des spectateurs un peu humiliés. Qu'adviendra-t-il de nous si, par malaventure, la Grande-Bretagne doit être, à son tour, vaincue ? Notre redressement national en sera, à coup sûr, longuement retardé.

Retardé seulement, j'en ai la conviction. Les ressorts profonds de notre peuple sont intacts et prêts à rebondir. Ceux du nazisme, par contre, ne sauraient supporter toujours la tension croissante, jusqu'à l'infini, que les maîtres présents de l'Allemagne prétendent leur imposer. Enfin, les régimes « venus dans les fourgons de l'étranger » ont bien pu jouir, parfois chez nous, d'une certaine durée. Ce n'a jamais été, face aux dégoûts d'une fière nation, que le répit du condamné. N'apercevons-nous pas déjà que la plaie de l'occupation mord, chaque jour, plus cruellement dans nos chairs ? L'apparente bonhomie du début ne trompe plus personne. Pour juger l'hitlérisme, il suffit, à notre opinion, de le regarder vivre. Mais combien j'aime mieux évoquer l'image d'une victoire anglaise ! Je ne sais quand l'heure sonnera où, grâce à nos Alliés, nous pourrons reprendre en main nos propres destinées. Verrons-nous alors des fractions du territoire se libérer les unes après les autres ? Se former, vague après vague, des armées de volontaires, empressées à suivre le nouvel appel de la Patrie en danger ? Un gouvernement autonome poindre quelque part, puis faire tache d'huile ? Ou bien un élan total nous soulèvera-t-il soudain ? Un vieil historien roule ces images dans sa tête. Entre elles, sa pauvre science ne lui permet pas de choisir. Je le dis franchement : je souhaite, en tout cas, que nous ayons encore du sang à verser : même si cela doit être celui d'êtres qui me sont chers (je ne parle pas du mien, auquel je n'attache pas tant de prix). Car il n'est pas de salut sans une part de sacrifice ; ni de liberté nationale qui puisse être pleine, si on n'a travaillé à la conquérir soi-même.

Ce n'est pas aux hommes de mon âge qu'il appartiendra de reconstruire la patrie. La France de la défaite aura eu un gouvernement de vieillards. Cela est tout naturel. La France d'un nouveau printemps devra être la chose des jeunes. Sur leurs aînés de l'ancienne guerre, ils posséderont le triste privilège de ne pas avoir à se garer de la paresse de la victoire. Quel que puisse être le succès final, l'ombre du grand désastre de 1940 n'est pas près de s'effacer. Peut-être est-ce une bonne chose d'être ainsi contraints de travailler dans la rage ? Je n'aurai pas l'outrecuidance de leur tracer un programme. Ils en tireront eux-mêmes les lois au fond de leur cerveau et de leur cœur. Ils en adapteront les contours aux leçons des événements. Nous les supplions seulement d'éviter la sécheresse des régimes qui, par rancune ou orgueil, prétendent dominer les foules, sans les instruire ni communier avec elles. Notre peuple mérite qu'on se fie à lui et qu'on le mette dans la confidence. Nous attendons d'eux aussi que, tout en faisant du neuf, beaucoup de neuf, ils ne rompent point les liens avec notre authentique patrimoine qui n'est point ou qui, du moins, n'est pas tout entier là où de prétendus apôtres de la tradition le veulent mettre. Hitler disait un jour, à Rauschning : « Nous avons raison de spéculer plutôt sur les vices que sur les vertus des hommes. La Révolution française en appelait à la vertu. Mieux vaudra que nous fassions le contraire. » On pardonnera à un Français, c'est-à-dire à un homme civilisé – car c'est tout un – s'il préfère, à cet enseignement, celui de la Révolution, et de Montesquieu : « Dans un État populaire, il faut un ressort, qui est la vertu. » Qu'importe si la tâche est ainsi rendue plus difficile ! Un peuple libre et dont les buts sont nobles, court un double risque. Mais, est-ce à des soldats qu'il faut, sur un champ de bataille, conseiller la peur de l'aventure ?

Guéret-Fougères (Creuse) : juillet-septembre 1940.

DEUXIÈME PARTIE

LE TESTAMENT DE MARC BLOCH

Clermont-Ferrand, le 18 mars 1941.

Où que je doive mourir, en France ou sur la terre étrangère et à quelque moment que ce soit, je laisse à ma chère femme ou, à son défaut, à mes enfants le soin de régler mes obsèques, comme ils le jugeront bon. Ce seront des obsèques purement civiles : les miens savent bien que je n'en aurais pas voulu d'autres. Mais je souhaite que, ce jour-là – soit à la maison mortuaire, soit au cimetière –, un ami accepte de donner lecture des quelques mots que voici :

Je n'ai point demandé que, sur ma tombe, fussent récitées les prières hébraïques, dont les cadences, pourtant, accompagnèrent, vers leur dernier repos, tant de mes ancêtres et mon père lui-même. Je me suis, toute ma vie durant, efforcé, de mon mieux, vers une sincérité totale de l'expression et de l'esprit. Je tiens la complaisance envers le mensonge, de quelques prétextes qu'elle puisse se parer, pour la pire lèpre de l'âme. Comme un beaucoup plus grand que moi, je souhaiterais volontiers que, pour toute devise, on gravât sur ma pierre tombale ces simples mots : Dilexit veritatem. *C'est pourquoi il m'était impossible d'admettre qu'en cette heure des suprêmes adieux, où tout homme a pour devoir de se résumer soi-même, aucun appel fût fait en mon nom, aux effusions d'une orthodoxie, dont je ne reconnais point le* credo.

Mais il me serait plus odieux encore que dans cet acte de probité personne pût rien voir qui ressemblât à un lâche reniement. J'affirme donc, s'il le faut, face à la mort, que je suis né Juif ; que je n'ai jamais songé à m'en défendre ni trouvé aucun motif d'être tenté de le faire. Dans un monde assailli par la plus atroce barbarie, la généreuse tradition des prophètes hébreux, que le christianisme, en ce qu'il eut de plus pur, reprit pour l'élargir, ne demeure-t-elle pas une de nos meilleures raisons de vivre, de croire et de lutter ?

Étranger à tout formalisme confessionnel comme à toute solidarité prétendument raciale, je me suis senti, durant ma vie entière, avant tout et très simplement Français. Attaché à ma patrie par une tradition familiale déjà longue, nourri de son héritage spirituel et de son histoire, incapable, en vérité, d'en concevoir une autre où je puisse respirer à l'aise, je l'ai beaucoup aimée et servie de toutes mes forces. Je n'ai jamais éprouvé que ma qualité de Juif mît à ces sentiments le moindre obstacle. Au cours des deux guerres, il ne m'a pas été donné de mourir pour la France. Du moins, puis-je, en toute sincérité, me rendre ce témoignage : je meurs, comme j'ai vécu, en bon Français.

Il sera ensuite – s'il a été possible de s'en procurer le texte – donné lecture de mes cinq citations.

MARC BLOCH.

TROISIÈME PARTIE

ÉCRITS CLANDESTINS

I. Pourquoi je suis républicain[20]

Me demander pourquoi je suis républicain, n'est-ce pas déjà l'être soi-même ? N'est-ce pas admettre, en effet, que la forme du pouvoir peut être l'objet d'un choix mûrement délibéré de la part du citoyen, que la communauté ne s'impose donc pas à l'homme, qu'elle ne le constitue pas par l'éducation et la race jusque dans ses dispositions les plus intimes et de façon nécessaire, qu'il peut sans sacrilège examiner le groupe dont il fait partie parce qu'enfin la société est faite pour lui et doit le servir à atteindre sa fin.

Pour tous ceux qu'unit cette croyance, il est en effet des principes communs en matière politique. La cité étant au service des personnes, le pouvoir doit reposer sur leur

---

[20] *Les Cahiers politiques,* organe clandestin du C. G. E. (Comité général d'études de la Résistance), n° 2, juillet 1943, p. 9, « Réponse d'un historien ».

confiance et s'efforcer de la maintenir par un contact permanent avec l'opinion. Sans doute cette opinion peut-elle, doit-elle être guidée, mais elle ne doit être ni violentée ni dupée, et c'est en faisant appel à sa raison que le chef doit déterminer en elle la conviction. Aussi doit-il avant tout distinguer les aspirations profondes et permanentes de son peuple, exprimer en clair ce que celui-ci dénie parfois bien confusément et le révéler pour ainsi dire à lui-même. Un tel débat ne peut être mené à bien que dans la sécurité. L'État au service des personnes ne doit ni les contraindre ni se servir d'elles comme d'instruments aveugles pour des fins qu'elles ignorent. Leurs droits doivent être garantis par un ordre juridique stable. La tribu qu'une passion collective soude à son chef est ici remplacée par la cité que gouvernent les lois. Les magistrats soumis eux-mêmes à ces lois et tenant d'elles leur autorité s'opposent au chef, lui-même loi vivante et dont l'humeur et les passions donnent à la communauté toutes ses impulsions.

Mais suit-il de là que la cité réglée par les lois soit nécessairement de forme républicaine et ne peut-on concevoir une monarchie légitime, où sur le roc solide de la monarchie héréditaire puisse être construit un ordre politique stable ? Bien des peuples étrangers, nos voisins anglais, notamment, n'ont-ils pas réussi une œuvre de ce genre et n'y aurait-il pas avantage à les imiter ? Telles sont les questions que se posent, paraît-il, encore un certain nombre de Français. Il convient d'y répondre et de montrer pourquoi, dans la France de 1943, un ordre politique digne de ce nom ne peut se fonder en dehors d'une forme républicaine.

Qu'on s'en réjouisse ou qu'on s'en plaigne, qu'on le blâme ou qu'on le loue, le passé est acquis et il ne dépend pas de nous de le refaire. L'histoire de ce pays l'a marqué et de telle sorte qu'il est impossible de le refondre.

C'est un fait que la monarchie pour faire l'unité de la France a contraint à la soumission les innombrables pouvoirs locaux surgis à l'époque féodale. C'est un fait que contente de les avoir soumis, elle n'a pas cherché à les détruire. Deux conceptions opposées du pouvoir royal s'affrontaient dans les esprits : l'une faisait du roi le serviteur de l'intérêt général, placé au-dessus de tous parce qu'au service de tous et chargé par suite de faire disparaître toute exception à la loi, tout privilège. L'autre voyait, au contraire, en lui le gardien de tous les droits acquis, la clé de voûte de l'édifice social et de ses innombrables organismes aux diverses fonctions, le pouvoir qui échappant à l'élection consolidait par sa seule présence le principe de hiérarchie dans l'État, bref le protecteur même du privilège.

Entre ces deux conceptions, la monarchie ne sut jamais choisir. Son inertie même la livra aux privilégiés qui surent la compromettre à force de l'entourer. Populaire aux temps lointains où le peuple voyait en elle une protection contre les féodaux, elle avait déjà vers la fin du XVIIIe siècle perdu une grande part de la confiance de la nation. Lorsque, au cours d'une crise décisive, la France prit conscience d'elle-même et voulut fonder sur la base de l'égalité devant la loi un ordre social nouveau, la monarchie tomba du côté où elle penchait ; elle prit parti pour les privilégiés contre son peuple et n'hésita pas dans cette intention à faire appel à l'étranger. Entre le pouvoir royal et la souveraineté de la nation, la question était désormais, posée et le couperet qui trancha la tête de Louis XVI tranchait par là même ce tragique débat. C'est un fait que dès ce moment un retour de la monarchie ne se trouvait qu'en proclamant la culpabilité de la France, et que reconnaître la souveraineté nationale obligeait en revanche à reconnaître aussi la justice du châtiment qui avait frappé la trahison du roi.

C'est sans doute une lourde épreuve pour le peuple français que d'avoir été contraint à un tel choix. Encore un coup, il ne dépend plus de nous d'y échapper. Force nous est bien de reconnaître que la nation, dans son ensemble, a choisi et qu'elle s'est prononcée pour l'égalité devant la loi et pour la souveraineté nationale. Une minorité, par malheur, a refusé de s'incliner devant cette décision. Certains persistaient à revendiquer à tout prix les privilèges d'une classe supérieure. D'autres en plus grand nombre pensaient que l'ordre social fondé sur le privilège avait un caractère sacré et qu'on ne pouvait s'en affranchir sans impiété. Ainsi se formait en France un parti hostile à tout le cours de l'histoire de France, parti sans cesse vaincu et qui, aigri par ses défaites, prenait peu à peu l'habitude de penser et de sentir contre la nation, au point de ne plus attendre d'autres succès que les désastres de la France. Dès 1814 et 1815, il avait salué dans l'invasion étrangère l'occasion de rétablir la monarchie et l'ordre social qu'elle symbolisait pour lui, et il s'efforçait ensuite de soutenir cet ordre par une politique si directement contraire à l'opinion que trois jours suffisaient à renverser la monarchie restaurée, sans que nul dans tout le pays se levât pour la défendre.

Le désastre de 1870, rendant le pouvoir une fois de plus vacant, permit de poser plus nettement que jamais la question. Le prétendant au trône, le comte de Chambord, lia l'idée monarchique de façon inoubliable à la tradition contre-révolutionnaire : société hiérarchisée fondée sur la volonté divine en dehors de tout appel à la nation. C'est sur cette affirmation qu'il joua et perdit la couronne ; par un débat long et paisible, en dehors de toute violence, la nation se prononça pour la République et de telle façon qu'il n'est pas de décision plus claire et mieux délibérée. Le temps dès lors a pu passer, bien des illusions ont pu naître. On a pu croire que maîtresses de l'armée et des grandes administrations d'État, les classes dirigeantes françaises avaient prétendu confisquer à leur profit le patriotisme et qu'il ne leur restait plus rien du passé de trahison. Il a suffi de bien peu pour dissiper cette erreur. Le patriotisme des aristocrates s'est révélé une attitude destinée à obtenir du peuple la soumission à l'État, tant qu'elles en tiendraient la direction. Du jour où en 1932 elles craignirent de la perdre, du jour où en 1936 leurs craintes se confirmèrent, elles se retrouvèrent d'instinct prêtes à en appeler à l'étranger contre leur peuple. Leur manque de désir de la victoire créa dans tout le pays une atmosphère propice à la défaite et, venue enfin la débâcle, c'est avec une sorte de soulagement qu'elles se préparèrent à exercer le pouvoir sous la tutelle et au profit de l'ennemi.

Il n'est pas possible de supprimer d'un trait de plume ce passé. Qu'on le veuille ou non, la monarchie a pris aux yeux de toute la France une signification précise. Elle est comme tout régime, le régime de ses partisans, le régime de ces Français qui ne poursuivent la victoire que contre la France, qui veulent se distinguer de leurs compatriotes et exercer sur eux une véritable domination. Sachant que cette domination ne serait pas acceptée, ils ne la conçoivent établie que *contre* leur peuple pour le contraindre et le soumettre, et nullement à son profit. Ce n'est pas un homme, si ouvert et si sympathique soit-il, qui peut changer un tel état de choses.

La République, au contraire, apparaît aux Français comme le régime de tous, elle est la grande idée qui dans toutes les causes nationales a exalté les sentiments du peuple. C'est elle qui en 1793 a chassé l'invasion menaçante, elle qui en 1870 a galvanisé contre l'ennemi le sentiment français, c'est elle qui, de 1914 à 1918, a su maintenir pendant quatre ans, à travers les plus dures épreuves, l'unanimité française ; ses gloires sont celles de notre peuple et ses défaites sont nos douleurs. Dans la mesure où l'on avait pu arracher aux Français leur confiance dans la République, ils avaient perdu tout enthousiasme et toute ardeur, et se sentaient déjà menacés par la défaite et dans la mesure où ils se sont redressés contre le joug ennemi, c'est spontanément que le cri de « Vive la République ! » est revenu sur leurs lèvres. La République est le régime du peuple. Le peuple qui se sera libéré lui-même et par l'effort commun de tous ne pourra garder sa liberté que par la vigilance continue de tous. Les faits l'ont aujourd'hui prouvé : l'indépendance nationale à l'égard de l'étranger et la liberté intérieure sont indissolublement liées, elles sont l'effet d'un seul et même mouvement. Ceux qui veulent à tout prix donner au peuple un maître accepteront bientôt de prendre ce maître à l'étranger. Pas de liberté du peuple sans souveraineté du peuple, c'est-à-dire sans République.

II. L'alimentation humaine et les échanges internationaux, d'après les débats de Hot Springs[21]

I. – La première conférence des Nations Unies a réuni, du 18 mai au 3 juin 1943, à Hot Springs, en Virginie, les délégués de quarante-quatre nations, rassemblés sur l'invitation du Président Roosevelt. Elle avait pour mission d'examiner les possibilités d'une action internationale concertée, en ce qui concerne l'amélioration des régimes alimentaires, l'orientation de la production agricole, une meilleure distribution des produits de la terre entre les peuples et les hommes.

Nous ne saurions prétendre ici à faire le tour des problèmes traités ou abordés. Mais deux d'entre eux semblent, avant tout, devoir retenir l'attention de quiconque cherche à scruter ou préparer l'avenir. Ils touchent la politique de l'alimentation et la politique des échanges internationaux.

II. – S'inspirant des travaux de la S. D. N., parfois les précisant, la conférence a constaté une fois de plus l'existence, dans l'humanité actuelle, de vastes groupes en état de sous-

---

[21] *Les Cahiers politiques,* n° 4, novembre 1943, p. 20.

nutrition permanente. Ce sont d'une part des peuples entiers, particulièrement en Asie ; de l'autre, parmi les nations de civilisation occidentale elles-mêmes, des groupes sociaux étendus. Plus nombreux encore sont, parmi nous, les groupes « vulnérables », victimes, trop fréquemment, de « malnutrition » : enfants, adolescents, femmes enceintes.

Le secours à porter aux peuples « sous-nourris » relève de la politique des échanges internationaux, dont il sera parlé dans un instant. Par contre, l'existence, à l'intérieur de chaque nation, de groupes en état de « sous-nutrition » ou de « malnutrition » pose le problème d'une politique nationale de l'alimentation. Cette politique peut se définir par diverses mesures ; mais elle suppose avant tout une organisation méthodique de la production et de la distribution des aliments ; par suite une adaptation de l'agriculture aux besoins réels des consommateurs plutôt qu'à leur pouvoir d'achat. Deux pays, qui sont entrés dans cette voie pendant la guerre, semblent décidés à y persévérer, après la victoire. Ce sont la Russie et – fait plus digne encore de remarque – la Grande-Bretagne. Or, il est presque superflu de faire observer qu'une pareille politique exige une large part de dirigisme dans l'économie et qu'elle sera probablement incompatible avec une liberté bien grande des échanges internationaux.

III. – Ainsi même le problème intérieur soulève déjà, au bout du compte, le problème international. Mais celui-ci a été directement abordé. Il a mis en lumière des oppositions d'une grande portée.

I – Problèmes

En gros, le monde comprend trois catégories de pays ou régions :

a) Les pays industriels, qui ont un revenu national, par tête d'habitant, élevé, comme l'Angleterre et les pays de l'Europe occidentale ;

b) Les pays agricoles riches, à faible densité de population par rapport à leurs ressources naturelles. Leur revenu national par tête d'habitant est souvent aussi élevé et parfois plus élevé que celui des pays industriels. Nous citerons comme exemples l'Australie et la Nouvelle-Zélande : les États-Unis et le Canada entrent à la fois dans cette catégorie et dans la précédente ;

c) Les pays agricoles pauvres, à très forte densité de population par rapport à leurs ressources naturelles : Chine, Indes, Pologne, etc.

Les pays agricoles pauvres sont ceux dont le régime alimentaire est le plus déficient. Leur situation ne s'est améliorée que très lentement pendant la période du capitalisme libéral. La liberté ne leur a profité que dans une mesure très restreinte et il paraît certain aujourd'hui que la simple abolition de barrières douanières n'aurait que peu d'effet sur leur économie. Ils ont besoin d'une aide positive des pays industriels et des pays agricoles riches. Les premiers leur fourniraient le capital dont ils ont besoin, d'abord pour améliorer leur technique agricole, surtout pour leur permettre de créer des industries légères (transformations de produits alimentaires, textile, etc.) qui réduirait le surplus de la population agricole. Les pays agricoles riches leur procureraient pendant la période de transition les denrées alimentaires nécessaires pour améliorer immédiatement leurs conditions d'existence. Enfin certains des pays industriels et les pays agricoles riches, qui ont le plus souvent une population très peu nombreuse, ouvriraient leur frontière à l'émigration en provenance des pays agricoles pauvres.

Les pays agricoles pauvres se sont donc présentés à la Conférence de Hot Springs comme des demandeurs. Mais si paradoxal que cela puisse paraître, ils n'étaient pas les seuls dans cette position. Les pays agricoles riches figuraient eux-mêmes parmi les plaignants et il faut reconnaître que leur dossier est susceptible d'être plaidé. Leur principal grief contre les pays industriels est que le rapport d'échange entre marchandises industrielles et marchandises agricoles était avant la guerre défavorable aux pays agricoles, cette situation étant due essentiellement à la position de monopole des pays industriels. Les régions du monde qui, par suite d'avantages naturels ou d'accidents historiques, ont été en mesure d'accumuler les premiers le capital indispensable à la production industrielle moderne et de développer une industrie puissante, se sont trouvées par là jouir d'une position favorisée par rapport aux pays agricoles, ils ont été en mesure de dicter leurs propres termes pour la vente de leurs produits. Au contraire, les pays agricoles ont vu leurs marchés leur échapper dès qu'ils ont voulu élever le prix de leurs produits. L'agriculture exige un capital beaucoup plus faible que l'industrie, et les pays industriels sont presque toujours en mesure d'augmenter leur production agricole.

Les pays agricoles se plaignent, en outre, d'une élasticité insuffisante dans la demande des denrées alimentaires. Une faible augmentation de la production ou une faible réduction de la demande entraîne des baisses de prix catastrophiques. C'est ce qui se produit lorsque les récoltes sont bonnes ou lorsqu'une dépression même légère survient dans les pays industriels. C'est pourquoi en période de crise les prix agricoles baissent beaucoup plus rapidement que les prix industriels. D'où l'effort des pays agricoles pour obtenir l'assentiment des pays industriels à l'élévation des prix de leurs produits, d'où leur désir de créer des organismes internationaux qui veilleraient à maintenir les prix agricoles à un niveau élevé, d'où leur tendance en un mot, vers une économie de monopole qui formerait la contrepartie du monopole naturel dont jouissent les pays industriels, monopole naturel complété le plus souvent par le monopole artificiel dû aux ententes entre producteurs. Il fallait donc s'attendre à ce qu'à la Conférence de Hot Springs les producteurs agricoles tentent de se coaliser en vue d'obtenir de meilleurs termes d'échange pour leurs marchandises.

Aussi longtemps qu'il ne s'agit que des relations entre pays industriels et pays agricoles riches, le problème est d'une importance secondaire. Dans les deux séries de pays les populations ont déjà atteint un niveau de vie élevé, qui leur permet le plus souvent de jouir d'un régime alimentaire sensiblement supérieur au régime défini par les physiologistes comme le régime minimal. Mais il est clair que l'extension du système de monopole de l'industrie à l'agriculture aurait pour les pays agricoles pauvres des conséquences catastrophiques. Monopole signifie, en effet, restriction de la production et, par conséquent, disparition de tout espoir en une économie d'abondance qui permettrait d'améliorer les conditions d'existence de masses humaines les plus défavorisées. Le monde tendrait vers une économie statique ou à développement extrêmement lent, supportable pour les pays industriels et les pays agricoles riches, mais qui perpétuerait la situation misérable des pays agricoles pauvres. Il est donc essentiel en examinant les résultats de la Conférence de Hot Springs, d'avoir toujours présent à l'esprit cette question : Est-ce que les solutions proposées tendent vers une économie de restriction ou vers une économie d'abondance ?

II – Les résolutions de la conférence

Les pays industriels, importateurs de denrées alimentaires, et les pays agricoles riches, exportateurs des mêmes denrées, se sont affrontés sur le problème des stocks régulateurs. Un accord unanime existait au sein de la conférence sur la nécessité de constituer pour les principaux produits agricoles des organismes chargés d'en régulariser le marché et les prix. Personne ne désire revenir à l'anarchie caractéristique de l'entre-deux-guerres. Mais le désaccord a surgi au moment où il s'est agi de déterminer les attributions de ces organismes. Les pays importateurs de produits agricoles ont accepté de leur donner les pouvoirs nécessaires pour empêcher les cours de s'effondrer à la suite d'une bonne récolte ou de s'élever verticalement en cas de mauvaise récolte, en un mot pour soustraire les cours aux influences des variations atmosphériques. C'est le principe même sur lequel fonctionne en France l'Office du Blé. Théoriquement, cet Office n'a pas pour tâche de porter les cours à un niveau supérieur à celui qui s'établirait par le libre jeu de l'offre et de la demande. Il a essentiellement pour objet de constituer des stocks au cours des bonnes années et de les garder jusqu'au moment où de mauvaises récoltes rendent la consommation supérieure à la production courante. Les stocks régulateurs ainsi constitués ne porteraient en rien préjudice aux intérêts des pays consommateurs, puisque le niveau moyen des prix resterait inchangé. Ils augmenteraient la sécurité des pays producteurs en les mettant à l'abri des fluctuations violentes. Les pays importateurs ont également donné leur accord en ce qui concerne l'intervention éventuelle des stocks régulateurs au moment des crises. Il est tout à fait essentiel en effet lorsque, pour une raison ou pour une autre, une dépression économique s'amorce en un point quelconque du globe, d'en empêcher les effets de se propager. Si des organismes comme ceux envisagés ici sont en mesure de soutenir les cours des produits agricoles, pendant le temps nécessaire pour que les mesures prises contre la dépression produisent leur effet, le pouvoir d'achat des pays exportateurs de produits agricoles se trouvera maintenu, et la chute du niveau général des prix amortie.

Mais les pays exportateurs voulaient davantage. Ils voulaient que les organismes qui géreront les stocks régulateurs aient également le pouvoir de procéder à des achats en temps normal, lorsque les cours des produits agricoles apparaîtront trop bas par rapport à ceux des produits industriels. Quel devrait être le rapport entre prix industriels et prix agricoles, c'est ce que personne n'a été capable de définir. Mais il est apparu que les producteurs agricoles considèrent le rapport qui existait avant la guerre comme leur étant trop défavorable. En outre, l'expérience des années d'avant-guerre ayant montré que pour faire monter les prix des produits agricoles, il fallait en limiter la production, les représentants des pays agricoles exportateurs ont insisté pour que des pouvoirs soient donnés aux nouveaux organismes agricoles, leur permettant de fixer des contingents de production ou d'exportation pour les différents pays.

Un dilemme s'est donc trouvé posé, qui consiste essentiellement en ceci : l'organisation de la production mondiale représente incontestablement un régime économique supérieur à la liberté pure et simple lorsque la réglementation tend à une expansion de la production. S'il s'agissait simplement de choisir entre la liberté pure et simple d'une part, et, d'autre part, un plan de production mondial tendant à l'accroissement de la production, la préférence devrait être accordée au plan. Mais, à Hot Springs, le choix était entre la liberté, mitigée de mesures destinées à apporter un certain ordre sur les marchés, et un système d'organisation à tendance restrictionniste. Le choix dans ces conditions ne saurait faire de doute. Il importe en premier lieu d'écarter le danger d'un système de monopoles agricoles qui compromettrait pour de longues années une expansion économique mondiale.

Certes, toutes les résolutions proposées accordaient aux consommateurs une représentation dans les organismes chargés de gérer les stocks régulateurs. Les pays producteurs ne verraient probablement aucune objection à ce que cette représentation soit égale à la leur. Il nous est apparu cependant que la représentation des consommateurs serait absolument impuissante à empêcher les tendances restrictionnistes de triompher, et cela essentiellement pour la raison suivante : il n'y a à peu près aucun pays dans le monde qui n'ait en matière de restrictions à la production une attitude ambivalente, aucun pays qui n'ait à défendre à la fois les intérêts de ses consommateurs et les intérêts de ses producteurs. Tel pays, par exemple, qui est importateur de certaines catégories de produits alimentaires est exportateur d'autres catégories. Ou bien, s'il importe tous les produits alimentaires dont il a besoin, il exporte d'autres marchandises, des matières premières notamment, dont le régime sera très vraisemblablement le même que celui des produits alimentaires. C'est dire qu'à l'intérieur de chaque pays, il existe un conflit d'intérêts entre consommateurs et producteurs. Or, si l'expérience économique des vingt dernières années est positive sur un point quelconque, c'est sur celui de la suprématie politique des producteurs. Plus puissants, mieux organisés que les consommateurs, ils font presque toujours triompher leurs thèses. En un mot, il n'est nullement certain que les délégués des pays importateurs de denrées alimentaires dans les organismes chargés de la gestion des stocks régulateurs, défendent avec énergie le point de vue des consommateurs. Soumis eux-mêmes à l'influence de certaines catégories de producteurs, il est plus que vraisemblable qu'ils seront amenés à traiter avec les représentants des pays producteurs de denrées alimentaires. Ils accorderont à ceux-ci des majorations de prix pour les produits alimentaires, en échange de majorations de prix pour les produits dont eux-mêmes sont exportateurs.

Bien que la résolution finale concernant les stocks régulateurs comporte des phrases à sens multiples, dans l'ensemble le danger d'une organisation agricole mondiale à tendances restrictionnistes a été provisoirement écarté. C'est surtout grâce à l'action des Anglais que ce résultat a pu être obtenu.

Ce qui eût dû être l'objet essentiel de la Conférence, à savoir : « Comment donner aux pays agricoles pauvres le pouvoir d'achat dont ils ont besoin pour améliorer le régime alimentaire de leur population ? », cette question n'a été examinée que très superficiellement. La délégation française a proposé un plan comportant la modernisation de l'agriculture de ces pays, leur industrialisation, des migrations suffisantes pour réduire la pression démographique dans les régions les plus pauvres en ressources naturelles, des mesures pour mettre fin aux pratiques de monopole dans les pays industriels. Ces propositions ont été insérées dans les résolutions finales, mais à aucun moment discutées à fond. On peut peut-être dire qu'elles sortaient du cadre de la Conférence de Hot Springs, et qu'il appartiendra à d'autres assemblées internationales de les discuter. Il reste vrai qu'elles constituent l'essentiel du problème à l'ordre du jour de cette première conférence.

III – Position prise par les différentes puissances à hot springs

Les pays qui ont défendu la thèse du contrôle de la production sont les pays exportateurs de denrées alimentaires et de matières premières, essentiellement les pays de l'Amérique Centrale et de l'Amérique du Sud, Cuba, les Dominions Britanniques, au premier rang desquels l'Australie. Ils l'ont fait cependant avec réserve, en se défendant de tendre à une économie de restrictions. Cela est en soi un signe favorable, montrant que dans le monde présent, caractérisé par des possibilités techniques infinies, le malthusianisme économique devient de plus en plus impopulaire. On pourrait presque dire que les pays exportateurs avaient mauvaise conscience. C'est cette gêne qui explique en partie le succès de leurs adversaires en empêchant les mesures de contrôle à la production de figurer d'une façon explicite dans les résolutions finales.

La Grande-Bretagne a mené le combat contre les tendances restrictionnistes. Confirmant des informations que nous avons pu obtenir d'autre part, l'attitude de la délégation britannique à Hot Springs montre que l'Angleterre redoute une coalition des pays producteurs de denrées alimentaires et de matières premières, qui aurait pour résultat de porter les prix de ces marchandises, relativement au prix des produits industriels, à un niveau très supérieur à celui qui prévalait avant la guerre. Le résultat serait que l'Angleterre aurait à donner, pour obtenir la même quantité d'importations, un volume beaucoup plus grand de marchandises nationales. Étant donné que les débouchés pour les marchandises britanniques après la guerre seront probablement limités, cela signifierait que l'Angleterre éprouverait de grosses difficultés à équilibrer sa balance des comptes.

Mais dans leur attaque contre les tendances restrictionnistes, les délégués britanniques se sont trouvés gênés par le fait que leurs Dominions se trouvaient dans le camp opposé. Il est intéressant de noter qu'au sein de la commission s'occupant des stocks régulateurs, les deux chefs des tendances adverses étaient, d'une part, l'Angleterre, d'autre part, l'Australie. On peut conclure provisoirement de la Conférence de Hot Springs, en ce qui concerne l'Angleterre, que l'opposition entre ses intérêts et ceux de ses Dominions la gênera considérablement dès qu'il s'agira pour elle de définir une politique économique d'ensemble.

Les délégués américains étaient naturellement tentés de prendre la tête des pays exportateurs de produits alimentaires. La plupart de leurs interventions ont visé à soutenir les délégués de ces pays. Les raisons de cette attitude sont faciles à comprendre. En premier lieu, les États-Unis eux-mêmes sont un pays exportateur de denrées alimentaires. D'autre part, toute leur politique sud-américaine exige qu'ils prennent la défense économique des pays de l'Amérique du Sud.

Cependant, les Américains à Hot Springs ont presque constamment cédé devant les Anglais. Il semble qu'une entente au moins tacite a été conclue entre l'Angleterre et les États-Unis pour qu'un certain nombre de questions délicates, mettant en jeu l'avenir même des deux Empires, ne soient pas soulevées d'ici la fin de la guerre.

IV – Position et perspectives de la France

Quant à la position de la délégation française à la Conférence de Hot Springs, elle s'est trouvée définie par les intérêts évidents de la France. Au point de vue des problèmes discutés, la France est exactement dans la même situation que l'Angleterre. Certes, elle n'importe que des quantités limitées de produits alimentaires, mais elle est grosse importatrice de matières premières d'origine agricole, notamment de coton, auxquelles les résolutions de Hot Springs s'appliquent également. D'autre part, elle se procure à l'étranger la plus grande partie des matières premières d'origine extractive et du pétrole dont elle a besoin. Or, il est vraisemblable que les solutions qui l'emportent en matière internationale pour les denrées alimentaires s'appliqueront également à ces produits. En tout cas, ils constitueront un précédent. C'est pourquoi la délégation française s'est opposée aux projets d'organisation de la production, ces projets ayant une tendance restrictionniste. Mais il est clair qu'il ne s'agit là que d'une position provisoire. Pas plus dans ce domaine que dans les autres, la France ne doit prendre de position conservatrice. Il importe donc de rechercher dès maintenant les conditions d'une organisation internationale à tendance expansionniste et de saisir les occasions qui pourraient se présenter de faire triompher cette conception. Dans une telle œuvre la France serait susceptible de recueillir les suffrages d'une grande partie de l'opinion publique en Angleterre et aux États-Unis, pour ne pas parler des autres pays.

III. La vraie saison des juges[22]

Un petit volume vient de paraître que déjà on se dispute chez les libraires. Ce n'est pas seulement qu'il est plein de talent : d'un talent dont, pour méprisable ou futile que nous en semble d'ordinaire l'emploi, nul d'entre nous n'a jamais prétendu dénier à M. de Monzie l'enviable privilège. La verve la plus endiablée, la méchanceté la plus féline n'auraient pas seules suffi à un pareil succès. Le livre plaît, avant tout, comme la satisfaction, longuement différée, d'une sorte de refoulement collectif. Car il n'est d'un bout à l'autre qu'un pamphlet contre le régime policier de Vichy. Terrible pamphlet, en vérité ! Le Maréchal, lui-même, n'est épargné qu'au prix d'une prétention plus injurieuse que l'invective. Songez donc : pour pouvoir lire, noir sur blanc, ce que chacun pense d'un arbitraire chaque jour plus odieux, il fallait, jusqu'ici, se passer prudemment, sous le manteau, de petites feuilles clandestines ; au plus peureux des Français, il n'en coûtera plus désormais que 23 fr. 50, dans la boutique du coin. S'étonnera-t-on si le public s'en donne à cœur joie ? Qu'un tel livre s'étale, jusque dans la zone

---

[22] *Les Cahiers politiques*, n° 4, novembre 1943, p. 28.

Sud, aux devantures, que Vichy n'ait pas eu l'audace ou la permission de l'interdire, voilà assurément un curieux signe des temps.

Gardons-nous, cependant, de crier au courage et au désintéressement. Contre une pareille tentation, le nom seul de M. de Monzie suffirait à nous prémunir. Le livre est un acte de candidature. Il n'est pas loin d'être un acte de trahison. Certes, en flattant l'unanime dégoût des Français pour le despotisme tracassier qui les opprime, M. de Monzie, que ses familiers traitent volontiers de « vieille fille de joie », espère bien se refaire auprès de nous une virginité politique. Mais c'est sur les Allemands qu'il compte d'abord pour se hisser au pouvoir. Tout comme un Doriot ou un Bucard. Peu nous chaut que cherchant autant que ceux-ci son appui parmi nos ennemis, il le demande à d'autres factions. Entre Abetz ou Himmler, notre haine se refuse à distinguer. À l'exemple du misérable journaliste de *L'Œuvre* ou du *Matin*, l'indépendance qu'il affecte à l'égard de Vichy n'est rendue possible que par un surcroît de servilité envers Berlin. Si le procès de Riom est flétri, c'est par comparaison avec la « fierté » allemande qui refusa naguère de livrer les coupables de 1914. Si les abus de la police vichyssoise sont âprement dénoncés, c'est au prix du silence dont les crimes de la Gestapo demeurent couverts. Encore pardonnerait-on moins difficilement ce silence, s'il avait le bon goût d'être total. Par une de ces maladroites habiletés auxquelles les plus retors succombent quelquefois, M. de Monzie a voulu faire mieux que de se taire. La Gestapo ne laisse pas de figurer dans quelques pages du livre. Elle y paraît sous les espèces de cette bonasse prison de Langon où l'auteur lui-même, ayant commis je ne sais quel menu délit au passage de la ligne de démarcation, fut, paraît-il, enfermé l'espace d'une nuit. Juste image, n'est-il pas vrai ? de ce que les camps de concentration, les cachots du secret, les chambres de torture ont réservé aux martyrs de la Résistance. Qu'en penserez-vous, ô familles de nos morts ?

Ne nous attardons pas ici à démontrer ces manœuvres presque candides à force de subtilité. Ni non plus à demander à M. de Monzie, comment, à son gré, le régime de l'armistice eût pu se maintenir sans répression policière. Car la douceur est facile sans doute à des chefs populaires. Mais un gouvernement que honnit la majorité des gouvernés, sur quoi s'appuierait-il donc, s'il n'avait pour lui, du moins, les gardes-chiourme ? Et Peyrouton, Pucheu et Bousquet auraient beau jeu à répondre : « Du moment que vous avez consenti à la capitulation – et vous y avez applaudi – du moment que vous avez accepté la collaboration – et vous avez regretté de ne pas l'avoir dirigée – qu'eussiez-vous donc fait d'autre, à notre place, sinon d'y mettre, peut-être, un peu plus de papelardise ? » Encore une fois, laissons tout cela, qui est essentiellement du domaine de l'éphémère. Dans nos *Cahiers* tous tournés par principe vers demain, c'est dans la mesure où il s'efforce de se prolonger du côté de l'avenir que le livre nous appartient. Il propose, en effet, un programme qui, visiblement, dépasse l'immédiat. Un mot le résume : « indulgence ».

Indulgence, d'abord, à l'intérieur. Pour tous les coupables, vrais ou prétendus, pour les méchants authentiques comme pour les bons, injustement persécutés, une vaste amnistie, un gigantesque acquiescement : pour les trafiquants du marché noir (M. de Monzie, qui sait comment on parle à un jury, affecte de se pencher avant tout sur les petits, les gros passeront avec le reste) ; pour les adversaires de Vichy aujourd'hui, dans la mesure du moins où la Gestapo ne se charge pas directement de leur affaire ; pour ses suppôts, demain ; pour les politiciens d'avant-guerre, quelles qu'aient pu être leurs erreurs ; pour les fauteurs de la trahison, lorsque, à leur tour, ils auront été précipités du pinacle. Certes, il y a là-dedans beaucoup de rouerie, et de la plus personnelle. C'est l'appât tendu à un peuple que, d'avance, M. de Monzie imagine trop fatigué pour ne pas se laisser, volontiers, glisser aux solutions de facilité. Ce serait pour M. de Monzie lui-même la meilleure garantie de sécurité : par quelque biais qu'on l'attaque, pour son activité d'avant 39 ou pour son rôle depuis l'armistice, ne l'entendez-vous pas, d'avance, qui se rengorge : « Fi donc ! Ne savez-vous pas que nous sommes tous réconciliés ? » Ne craignons pas cependant de le reconnaître, cette molle inclination au pardon exprime sans doute, dans une vieille âme tortueuse, la part la plus sincère. Pour s'indigner et punir, il faut croire un peu à ce que nos ancêtres de 93, dans leur langage sans fausse vergogne, nommaient la vertu. Nul n'accusera M. de Monzie de pécher par ce genre de fanatisme.

On ne s'y trompera d'ailleurs pas : bien que la conséquence ne soit nulle part explicitement tirée, cet immense baiser Lamourette, dans la pensée de M. de Monzie, n'est certainement pas destiné à se limiter à la France. Il y a, en Allemagne, des hommes trop intelligents pour ne pas savoir, dès maintenant, la défaite assurée. Limiter les dégâts, telle est désormais leur unique ambition. Pour cela, la première condition leur paraît être de rendre Vichy acceptable aux Alliés. Un Vichy persécuteur repousse toute sympathie, mais un Vichy adouci, bénin, qui régnerait faiblement sur une France alanguie ne constituerait-il pas pour la paix un intermédiaire rêvé ? Pour une paix, entendez-le bien, qui serait, elle aussi, toute de mollesse, une paix sans vainqueurs ni vaincus ; une paix « blanche ». Celle en un mot, celle que les amis allemands de M. de Monzie appellent de tous leurs vœux ; celle dont il espère lui-même, fait-il dire dans son entourage, être le « greffier ».

Vis-à-vis de ce programme, faut-il prendre position ? Mais la réponse a déjà été donnée. À l'idée de la paix blanche, les gouvernements alliés ont répondu ; ils ont dit : « Capitulation sans condition. » À l'idée de la fausse paix intérieure, notre gouvernement qui est le Comité national de la Libération a répondu ; il a dit : « Mise en accusation de Pétain et de ses satellites. » L'union entre Français, d'accord. Mais entre vrais Français, s'il vous plaît. Le châtiment des traîtres ne répond pas seulement à un profond et légitime besoin de la conscience populaire, qu'on ne décevrait pas sans la vouer à une longue et dangereuse amertume : la réconciliation des bourreaux de Châteaubriant avec les familles de leurs victimes, l'imaginez-vous vraiment ? Il sera aussi pour nous, ce juste châtiment, le seul moyen de venger notre honneur : vis-à-vis de nous-mêmes ; vis-à-vis du monde. Certes, il sera proportionné aux fautes, il ne confondra pas les simples égarés avec les coupables conscients ; il frappera avec mesure et équité. Mais, là où il le faudra, il frappera fort. Ainsi, il nous lavera de toute complicité avec les misérables qui ont osé présenter, aux peuples étonnés, la trompeuse image d'une France agenouillée dans la défaite et la honte. Ce n'est pas de cette France-là que nos amis attendent qu'elle siège demain à son rang parmi les nations. La France du renouveau sera une France énergique et dure, une France qui saura répudier toute solidarité avec ceux qui l'ont vendue, bernée, assassinée, qui, implacable envers les crimes du passé, ne craindra pas de continuer dans le présent, d'appliquer la rigueur de lois équitables, protectrices de la communauté, à ces mercantis envers lesquels le cœur de M. de Monzie déborde de si touchante tendresse. Non, nous ne sommes pas, monsieur de Monzie, si las que vous le croyez : la guerre et la Résistance, cette Résistance dans laquelle communie, de plus en plus, l'immense majorité de notre peuple, ont attisé chez nous l'esprit révolutionnaire qui est à sa façon, esprit d'amour, sans doute, mais non de faiblesse. Vous la placez mal, votre « Saison des juges ». Nous n'en sommes, pour l'instant, qu'à la saison des Argousins. La vraie saison des juges viendra demain, ne vous en déplaise ; et ce sera celle des justes juges.

IV. Un philosophe de bonne compagnie[23]

Nous avons connu le Baladin du Monde Occidental. Voici, aujourd'hui, le Bateleur de l'Ordre Moral. J'ai l'honneur de vous présenter M. Albert Rivaud, membre de l'Institut, professeur à la Sorbonne et à l'École libre des Sciences

---

[23] *Les Cahiers politiques, n° 5*, janvier 1944, p 27.

Politiques, collaborateur du *Capital* et de *La Revue des Deux Mondes*, ex-grand maître de l'Université. Un homme, une tête, une doctrine !

M. Rivaud, s'érigeant en augure, vient de nous gratifier, dans un récent numéro de *La Revue des Deux Mondes* (1ᵉʳ nov. 1943), d'une pénétrante étude sur l'enseignement de la Philosophie, le malheur des temps, la responsabilité des professeurs, le moyen d'en faire des organes de l'ordre. C'est en spécialiste qu'il parle, c'est-à-dire en penseur. Le grand mal dont souffre l'enseignement vient donc de ce que la République avait convoqué à la culture, et chargé de la dispenser, des gens de peu, qui, pour cette raison précisément, n'avaient pas l'étoffe d'un tel privilège. L'instruction, disait déjà Thiers, est un « début d'aisance » et ne doit pas être donnée à n'importe qui. On méprisa le salutaire avertissement. Aussi, quel gâchis ! Au lieu de se faire, d'un bout à l'autre du pays, les propagateurs d'une saine doctrine, les jeunes agrégés de Philosophie, mis trop hâtivement dans le secret des dieux, devinrent les champions du désordre, demandant des comptes au Pouvoir, s'obstinant à raisonner sur l'iniquité sociale, révoquant en doute les principes les plus sacrés. Certains – horreur – n'hésitèrent pas à s'ériger en théoriciens de revendications populaires et glissèrent même au communisme. M. Rivaud ne va pas jusqu'à écrire que la défaite fut le fruit douloureux de ces perversions de la pensée universitaire. Mais, enfin, l'enseignement de la Philosophie contribua à ruiner la France. Il importe donc – et les circonstances s'y prêtent – de renverser la vapeur. Voici, enfin, un plan constructif : la fonction de professeur de Philosophie ne sera plus de convoquer ses élèves à l'examen critique des idées et des institutions, mais de leur inculquer fortement les principes qui font les pays forts : respect de ce qui est en place et exhortation à l'obéissance. De quoi réjouir les mânes de Victor Cousin qui avait, en effet, constitué l'agrégation de Philosophie en une machine ayant pour fonction d'étayer solidement dans les têtes pensantes la religion de l'Ordre Moral – en l'espèce, ce qu'Édouard Herriot appelait un jour avec esprit le « spiritualisme constitutionnel ».

Mais comment se pourvoir, pour dispenser cet enseignement de choix, d'une élite suffisante et suffisamment sûre ? Le moyen est tout simple : qu'on recrute désormais les professeurs en fonction du rôle qu'on entend leur faire jouer. Plus de ces concours ouverts seulement aux talents et où ne s'affrontent que les intelligences. Foin de ces procédés barbares qui écartent la véritable élite. On cherchera à distinguer le plus tôt possible, parmi la foule des jeunes Français, les futurs gardiens de l'orthodoxie. On les notera, on les poussera, on les favorisera, et c'est bien le diable si, tous dossiers en main, le préposé au recrutement universitaire – pourquoi pas M. Rivaud en personne ? –, lui-même homme sûr, n'arrivera pas à faire un judicieux départ du bon grain et de l'ivraie. Les têtes folles seront éliminées. Seuls des citoyens moralement toisés seront appelés à l'honneur d'enseigner.

Cette forte doctrine nous est exposée dans une prose de bonne compagnie, féconde toutefois en saillies spirituelles dont la moindre n'est pas, jetée en passant, une délicate incidence à l'adresse des Juifs. On aurait bien tort de s'en priver. Cela coûte si peu, et c'est tellement à la mode. Un homme de bonne compagnie ne saurait vraiment omettre ce détail sans se rendre suspect d'ignorer grossièrement l'étiquette. Dans les prisons de la Gestapo, cela se solde par des tortures et des massacres. Dans les cénacles académiques, cela se porte comme une bague au doigt ou un face-à-main. Naturellement, on ne nomme personne. La pensée scientifique énonce les propriétés du triangle en général, et non de ce triangle qu'une main trace sur le tableau. Que pas mal de professeurs juifs soient prisonniers en Allemagne ou traqués en France pour aimer trop la France, cela ne compte guère. Mais, tout de même, à qui pense M. Rivaud ? Est-ce à Henri Bergson ou à Léon Brunschvicg ? Non sans doute : il paraît s'agir plutôt de jeunes agrégés. Mais qui ? M. Rivaud prend un air entendu : « cherchez et vous trouverez. Et si vous ne trouvez rien, j'aurai quand même raison, vu que je n'ai nommé personne. Mais, je sais ce que je sais ». Fine mouche ! Toutefois, l'habileté – incontestable ici – manque de grandeur. Où est au juste la différence entre tel Gauleiter expliquant que la guerre de 1914 a été déclenchée par « les Juifs et leur clique » et M. Rivaud ? Elle est toute en nuances. Mais le sens des nuances n'est-il pas le privilège de l'esprit français ?... Plus acceptable est la fureur esclavagiste où se jette un Déat que les réticences de bon ton, la prétérition opportune, l'insinuation perfide qui glisse son venin sans laisser de traces. Ce n'est pas beau, Monsieur le Ministre ! Vous faites invinciblement penser le lecteur à ce « psucharion », cette méchante petite âme que Platon stigmatise en passant (République 519 *a*, Monsieur le Professeur).

Toutefois, M. Rivaud le prend moins sur le ton du professeur que sur le ton de l'homme d'État. Noblesse oblige. Dans cet éminent cerveau résident, en effet, les grands projets, les causes finales, les idées constructives, la définition des bienfaisantes hiérarchies. Le peuple a des vues plus courtes. Ce qu'il exige, c'est la liberté tout de suite, l'égalité tout de suite, la justice sans attendre, la fin de l'oppression. Sur quoi, l'augure se voile la face. « Malheureux, ne voyez-vous pas que ce que vous réclamez ainsi, c'est la fin de tout ? La fin de tout, vous dis-je, et vous n'écoutez pas ! » Il est certain que la fonction du briseur de privilèges a quelque chose de barbare – « d'Asiate », direz-vous. Pour secouer l'arbre où M. Rivaud est si haut perché, il ne faut pas moins que les bras de l'éternel Caliban. Mais, comme les alarmes du Pouvoir n'ont jamais empêché les révolutions, Cassandre alors se fait sarcastique : « Vous le voulez ? Eh bien, tant pis pour vous ! Vous ne ferez que changer de maîtres et vous perdrez au change. » Qui de nous ne connaît cet aigre discours ? Il ne faut pas s'en mettre en peine. L'exploiteur n'en a jamais fini d'exhorter les esclaves à l'esclavage et de raffermir le Pouvoir. Philippe Henriot ne raisonne pas autrement : « Vous êtes presque heureux dans votre servitude. Fous que vous êtes d'appeler la libération. Ce sont ces chaînes dont vous gémissez qui vous retiennent de tomber dans l'abîme. » Un homme en place me disait un jour d'un ton compatissant : « Qui fera les frais d'une Révolution, sinon encore les petits qui seront massacrés dans les rues et affamés dans leurs maisons ! Les gros, eux, ont des réserves et sauront se garder du péril. Restons donc dans l'ordre ! » Voire ! L'homme en place n'en est pas tellement sûr. Ce sont ses appréhensions propres qu'il drape en mouvement de charité, comme il sait tout aussi bien les travestir en doctrines, habile qu'il est depuis toujours à donner à son intérêt les apparences de l'idée. À vrai dire, il est même sincère, car depuis si longtemps, dans sa pensée, l'intérêt et l'idée sont en ménage que, dans ce parfait amalgame, il lui est bien impossible de distinguer la part de l'intérêt et la part de l'idée. C'est un homme de bonne foi, vous dis-je, qui, le jour fixé, remet à la très conservatrice revue sa composition bien-pensante, modèle du genre, et digne, en tous points, de l'approbation des Prudents.

Philosophe, je vous renvoie à Platon pour qui l'honneur de l'homme est de faire seulement ce que « veut » l'idée. Ce beau mot est dans le Sophiste. Je vous renvoie à Descartes qui n'avait d'autre règle que l'idée pensée sans peur – ce qui est générosité –. Je vous renvoie à Spinoza qui fait vertu seulement de vivre pour la vérité : « Des utopistes, me direz-vous, et je ne les connais professionnellement que trop. » Précisément : c'est à force d'utopies que la réalité enfin paraît. Quoi de plus utopique que l'idée d'organiser, dans un pays asservi et jeté au plus bas, un vain sursaut de révolte en un vaste réseau de volontés ? C'est pourtant ainsi que la Résistance a fini par voir le jour. Quoi de plus utopique que le Maquis, folie héroïque mais folie de jeunesse ? Et voilà que le Maquis se fait réel à force de foi. Il existe. Il entre en facteur dans la construction de l'avenir. Enfin, êtes-vous chrétien ? Alors, quoi de plus utopique que cette annonce proclamée à pleine voix, d'un Règne de l'Esprit qui fera bon marché des convoitises et des Puissances ? Dans cet ordre futur, même les communistes trouvent leur bien, car le libre développement de chacun n'y sera-t-il pas la condition du libre développement de tous ? Sans doute s'octroient-ils le luxe d'y voir aussi un produit nécessaire de l'évolution ? Mais, sur ce point, ne les avez-vous doctement réfutés ? Et pourtant, l'avenir est en marche par l'union jamais lasse des hommes de bonne volonté. Vous n'avez plus qu'une ressource, c'est de donner tort à toute générosité en démontrant académiquement que les forces de la liberté sont aussi les forces de la perdition, et que tout va de mal en pis. Pour vous, certainement, et c'est justice. La France de demain, qui se prépare non par les grâces académiques mais par le courage de ceux qui osent lutter pour la justice, aura besoin d'autres serviteurs que les thuriféraires du dieu des choses comme elles vont – ou plutôt comme, à votre gré, elles ne vont pas encore tout à fait assez.

On reconnaît l'ennemi du peuple au fond de doctrine qu'il professe. Il n'est pas besoin d'insister beaucoup pour lui faire avouer l'essentiel, à savoir que la révolution est une folie, que le peuple ne connaît pas son bien, qu'il faut le ramener à l'obéissance et le conduire d'après des lumières supérieures qui brillent pour les augures académiques, mais qui sont invisibles à vous, à moi, au paysan, à l'ouvrier, à tous les petits. Or, il y a deux sortes d'ennemis du peuple : ceux qui vocifèrent et ceux qui font les dégoûtés. M. Rivaud appartient à la deuxième catégorie. Ce beau parleur pour cénacles, par le poli de ses propos, fait les délices des Bien-Pensants. « Il parle d'abondance. Il parle d'or. Et de l'esprit, qu'il vous plaît, il en a jusqu'au bout des ongles. Mais, surtout, quelle puissance de doctrine ! » Charlatan…

V. À propos d'un livre trop peu connu[24]

En 1938 paraissait chez l'éditeur militaire Berger-Levrault et sous la signature du général Chauvineau, du Cadre de réserve,

---

24 *Les Cahiers politiques,* n° 8 (en réalité 6), avril 1944, p. 22.

un ouvrage intitulé *Une invasion est-elle encore possible ?* La réponse, comme on pouvait s'y attendre d'après le libellé de la question, était négative. Bien que réédité (nous avons en main la deuxième édition datée de 1940), l'ouvrage est encore assez peu connu. On le trouvera toujours pourtant en librairie comme nous avons pu le constater nous-mêmes. Il semble que les événements de 1940 aient incité les auteurs à une certaine discrétion.

La lecture de cet ouvrage est pourtant d'un haut intérêt. Il est important, du point de vue purement historique, de savoir quelles étaient à la veille de nos désastres, les conceptions techniques des milieux dirigeants de l'armée française. Or, le livre du général Chauvineau paraît refléter exactement l'état d'esprit de ce milieu.

Et d'abord, il est précédé d'une préface du maréchal Pétain. Quiconque a su remarquer la prudence du Maréchal, le secret dont il aime entourer ses initiatives, le peu de goût qu'il a pour les responsabilités hautement assumées, ne pourra s'empêcher d'attribuer à ce fait une réelle importance. Il paraîtra plus significatif encore si l'on considère que cette préface est tout autre chose qu'un acte de politesse concédé par complaisance. La longueur inusitée (17 pages), le soin que prend le Maréchal de résumer les théories du général Chauvineau de la façon la plus sympathique, l'adhésion discrète mais certaine qu'il donne aux conclusions de l'auteur [25], malgré certaines

---

[25] Citons simplement : « Les vues du général Chauvineau sur le début des opérations terrestres sont pleines de

précautions destinées à dégager au besoin sa responsabilité, tout suggère l'hypothèse que le Maréchal a fait plus que de cautionner l'ouvrage devant le public. On ne peut manquer de se demander s'il n'en a pas eu l'initiative et si, voulant s'adresser au public, il n'a pas trouvé dans le général Chauvineau un porte-parole, à qui il a confié le soin d'exprimer sa pensée profonde. La lecture du dernier paragraphe de la préface (p. XXI) ne peut que renforcer cette impression.

C'est dans le même sens qu'agit enfin la lecture du livre tout entier. À plusieurs reprises en effet, on y voit le général Chauvineau multiplier à l'égard de Joffre et de Foch des critiques destinées au contraire à exalter le rôle de Pétain. On dirait qu'entre ces divers chefs il prend véritablement parti (en particulier de la page 74 à 83, le chapitre V tout entier intitulé : « Un grand enseignement tactique ») et son livre semble bien destiné entre autres choses à répondre à toutes les critiques portées de leur vivant par les maréchaux Joffre et Foch, dans leurs mémoires, sur l'activité militaire du maréchal Pétain. Sur ce point, comme sur le précédent, c'est à un exposé des thèses Pétain que nous avons affaire.

---

sagesse » (p. xiv). « On ne relève malgré tout dans l'exposé aucune erreur fondamentale, mais seulement quelques omissions concernant l'action de l'aviation » (p. xviii et xix). « Ce sera le rare mérite du général Chauvineau d'avoir montré que le front continu est à la fois fondé sur les leçons de l'histoire et sur les propriétés techniques des armes et de la fortification » (p. xxi).

Ces thèses, le grand public les connaît déjà dans leurs grandes lignes. Jadis, professeur adjoint du cours d'infanterie à l'École de Guerre (de 1908 à 1910) et spécialisé dans les questions de tir, le Maréchal a gardé l'impression ineffaçable de la puissance du feu. Le général Chauvineau pense de même. Il lui paraît que la technique moderne permet en combinant la fortification et la puissance du feu d'édifier sur n'importe quelle ligne du territoire des défenses infranchissables le long d'un front continu. Si bien que la tactique prend une importance de plus en plus grande au point de réduire presque à néant la stratégie[26].

Par un phénomène étrange cette exaltation de la technique en tout ce qui concerne la défensive devient un mépris hautain en ce qui touche l'offensive. Tout le chapitre II de la deuxième partie relatif au char d'assaut (p. 92 à 109) est à lire et ne peut se résumer que par la formule lapidaire de la page 131 : « Quant aux chars qui devaient nous ramener aux guerres courtes, leur faillite est éclatante. » Plus étrange encore le jugement porté sur l'avion. À en croire le général Chauvineau, les nécessités de la lutte contre l'aviation adverse amèneront chaque État à construire des avions de combat de plus en plus puissants et coûteux si bien qu'ils deviendront peu nombreux et qu'on n'osera plus les risquer au combat tout comme il est advenu sur mer pour les cuirassés. Et sûr de l'avenir, le général Chauvineau voit déjà le ciel vidé d'avions de combat : « L'avenir verra notre ministère de l'Air immobiliser en des points soigneusement protégés des appareils d'un prix énorme dont le nombre diminuera sans cesse, et les y maintenir pour

---

[26] Cf. p. 80 et 81, lignes 1 à 5.

la riposte car les forces aériennes n'oseront plus s'user dans les opérations offensives résultant de leur propre initiative... » Fier de sa prophétie, le général ne craint pas d'ironiser : « Cependant, les habitués du Café du Commerce, lorsqu'ils auront besoin de dix mille avions pour avoir raison de leur ennemi du moment, continueront sans s'émouvoir à les faire sortir tout armés de leur cerveau... » Sans doute le général a-t-il eu, depuis, le temps de se convaincre que les avions qui ont bombardé Hambourg ou Cologne avaient un autre port d'attache que le Café du Commerce ?

Que les faits aient infligé un éclatant démenti au général Chauvineau et par là même au maréchal Pétain, qui avait soutenu devant le grand public les prévisions du général, cela est d'une évidence si éclatante qu'il ne vaut pas la peine d'y insister. Il serait vain de dissimuler la lourde part de responsabilités que de telles erreurs infligent à ces hommes dans nos désastres. Il est assez pénible dans ces conditions de voir le Maréchal soutenir les campagnes quasi officielles qui ont reproché à d'autres de n'avoir pas donné à la France ni assez de chars ni assez d'avions, alors qu'il avait lui-même approuvé ceux qui déniaient toute valeur à l'avion et surtout aux chars. Mais là ne sauraient se borner les conclusions de notre travail ; aussi bien, malgré le silence relatif qui entoure aujourd'hui l'ouvrage du général Chauvineau, son volume n'est-il pas demeuré sans lecteurs. Il n'est pas de Français quelque peu renseigné qui n'ait entendu parler des « erreurs » que nous venons de signaler et de leurs répercussions militaires.

Mais il est ici un autre ordre de questions dont on a jusqu'ici beaucoup moins parlé. Le général Chauvineau, et ce n'est pas la moindre originalité de son travail, ne se cantonne pas sur le terrain de la pure technique militaire. Il en sort délibérément pour se placer sur celui de la diplomatie et on le voit esquisser dans une dernière partie de son ouvrage (depuis la page 168 jusqu'à la fin) un véritable plan de politique étrangère, et même de politique intérieure.

Il semble évident qu'il appartienne dans tout pays, au gouvernement, de donner à la vie politique de la nation sa direction générale. Celle-ci, à son tour, commande les relations extérieures et le choix des alliances. De la situation ainsi déterminée, résultent enfin les problèmes militaires que le commandement doit résoudre. C'est ce qu'exprime la formule célèbre de Clausewitz : « La guerre c'est la politique poursuivie par d'autres moyens. » L'armée se trouve par là au service du gouvernement responsable de la nation.

Tout autre est la conception du général Chauvineau. Pour lui, c'est la technique militaire qui commande le choix des alliances et qui impose à la nation sa politique extérieure. Cela revient à remettre aux mains des chefs de l'armée, la direction générale du pays et le contrôle du gouvernement. Il y a là un militarisme hautement avoué qui ne le cède en aucune manière au militarisme prussien. En consentant à préparer un tel ouvrage et à le cautionner devant le pays, le maréchal Pétain laissait dès ce moment paraître ses ambitions et donnait, sans doute à son insu, un grave avertissement à tous les citoyens. Il ne semble pas que cette conséquence et les théories du général Chauvineau aient été assez mises en lumière.

Mais les applications pratiques du principe posé sont plus intéressantes encore. Le principe des fronts continus et infranchissables permet en effet au général Chauvineau de démolir toute la politique extérieure française et d'en construire une entièrement neuve.

Tout d'abord, la Société des Nations est sans intérêt : « un groupe de puissances ne pourra plus… imposer… sa volonté à l'une de ces nations privilégiées auxquelles le front continu est accessible parce que cette nation sera bien trop sûre de son invulnérabilité pour se laisser influencer par une pression diplomatique[27] ».

Ainsi le front continu évite-t-il « à l'humanité les guerres de coalition qu'un pacte de sécurité collective rigoureusement observé ne manquerait pas de provoquer[28] ».

En outre, il est impossible de porter secours à des pays éloignés : « l'intervention armée des États-Unis en Europe est par application du même principe d'une efficacité

---

27 P. 179.

28 P. 180.

restreinte [29] », et, « pour n'avoir pas compris cela, notre diplomatie a mis le bras de la France dans des engrenages excessivement dangereux ; après 1918 elle a promis notre aide à des nations éloignées, que nous ne pouvions pas aider… Comment se fait-il que nous n'ayons pas dénoncé les alliances devenues dangereuses ? La stratégie classique a le droit de s'en étonner[30] ».

Au surplus, pourquoi s'intéresser à ces petites nations ? Le général nous l'explique : « Possible dans le cadre d'un grand pays qui la protège et l'alimente, la vie d'une petite race peut très bien se révéler détestable si elle est livrée à elle-même… » « La liberté des peuples à disposer d'eux-mêmes *(sic)* est une formule superflue quand ces peuples ont le pouvoir d'imposer leur liberté aux autres, tandis qu'elle est dangereuse dans le cas contraire. Que de bonnes âmes ouvrant à des serins la porte de leur cage croient fermement leur rendre service, c'est à la rigueur excusable. Mais que les auteurs d'un traité aient sur les possibilités d'existence des groupements humains des idées aussi simples, c'est une source de graves déboires[31]. »

Nous voyons ici percer le bout de l'oreille, le général emporté par la passion est sorti du terrain strictement militaire pour passer à celui de la philosophie politique et ce qu'il nous dit à

---

[29] P. 185.

[30] P. 190.

[31] P. 190 et 191.

ce sujet n'est guère neuf. Il nous semble l'avoir entendu déjà et l'on ne peut s'étonner de la singulière convergence qui existe entre les thèses du général et celles de l'Allemagne. En vérité, bien que le maréchal Pétain, avec son horreur habituelle des responsabilités, ait esquissé dans sa préface le geste de se dérober derrière les conclusions politiques du général, on ne peut s'empêcher de penser qu'en présentant son œuvre au public français, il s'est gravement compromis.

Car enfin de telles lignes écrites en 1938, l'année de l'annexion de l'Autriche et de l'accord de Munich, qui donc ne voit où elles aboutissent. Privant la France d'alliés, lui interdisant toute tentative de contact avec les États-Unis et bien entendu la Russie [32] elles aboutissent à laisser carte blanche à l'Allemagne dans toute l'Europe orientale en donnant à la France pour seule sécurité la théorie des fronts continus et un armement toujours plus poussé. C'est précisément ce que souhaitait l'Allemagne, c'est ce qu'elle a tenté de nous imposer jusqu'au bout, c'est le système qui, en détruisant la Tchécoslovaquie et en dispersant toutes les amitiés réunies par la France en 1918, a permis à l'Allemagne de nous écraser seuls et à coup sûr.

De telles conclusions sont d'une importance si grande que leur auteur n'a pu manquer de l'apercevoir. La seule technique militaire ne peut expliquer qu'il s'y soit rallié. Nous sommes là en présence d'une politique qui s'est dissimulée sous le

---

[32] P. 191.

masque de la technique militaire en lui empruntant des arguments de circonstance et cette politique est celle que nous suggérait l'Allemagne. On pensait jusqu'ici que le maréchal Pétain en appuyant l'ouvrage du général Chauvineau s'était borné à soutenir des sottises et qu'il se rendait complice d'une simple erreur militaire. Nous ne songeons pas à contester ici la médiocrité du Maréchal mais il importe de se rendre compte qu'elle ne l'a pas empêché de se mettre au service d'une manœuvre politique destinée à aider l'ennemi et de se rendre ainsi coupable d'une véritable trahison.

Le jour viendra en effet et peut-être bientôt où il sera possible de faire la lumière sur les intrigues menées chez nous de 1933 à 1939 en faveur de l'Axe Rome-Berlin pour lui livrer la domination de l'Europe en détruisant de nos propres mains tout l'édifice de nos alliances et de nos amitiés. Les responsabilités des militaires français ne peuvent se séparer sur ce point de celles des politiciens comme Laval, des journalistes comme Brinon, des hommes d'affaires comme ceux du Creusot, des hommes de main comme les agitateurs du 6 février, mais si elles ne sont pas les seules elles n'en apparaissent que comme plus dangereuses et plus coupables pour s'être laissé entraîner dans ce vaste ensemble. Dans l'instruction du procès de la vaste entreprise de trahison, le livre du général Chauvineau constitue dès aujourd'hui un document de tout premier ordre.

VI. Sur la réforme de l'enseignement

Sur cette question d'une importance primordiale que le C. G. E. a inscrit au programme de ses travaux, les *Cahiers politiques* publieront une série de notes et de rapports en en laissant la responsabilité à leurs auteurs.

NOTES POUR UNE RÉVOLUTION DE L'ENSEIGNEMENT

Tout malheur national appelle, d'abord, un examen de conscience ; puis (car l'examen de conscience n'est qu'une délectation morose, s'il n'aboutit à un effort vers le mieux) l'établissement d'un plan de rénovation. Quand, après la victoire prochaine, nous nous retrouverons entre Français, sur une terre rendue à la liberté, le grand devoir sera de refaire une France neuve.

Or, de tant de reconstructions indispensables, celle de notre système pédagogique ne sera pas la moins urgente. Qu'il s'agisse de stratégie, de pratique administrative ou, simplement, de résistance morale, notre effondrement a été avant tout, chez nos dirigeants et (pourquoi ne pas avoir le courage de l'avouer ?) dans toute une partie de notre peuple, une défaite à la fois de l'intelligence et du caractère. C'est dire que, parmi ses causes profondes, les insuffisances de la formation que notre société donnait à ses jeunes ont figuré au premier rang.

Pour redresser ces vices, une réforme timide serait vaine. On ne refait pas à un pays son éducation en rapetassant de vieilles routines. C'est une révolution qui s'impose. Ne nous laissons pas troubler par le discrédit qu'un régime odieux réussirait, si l'on n'y prenait garde, à jeter sur ce mot, qu'il a choisi pour camouflage. En matière d'enseignement, comme partout, la prétendue révolution nationale a perpétuellement oscillé entre le retour aux routines les plus désuètes et l'imitation servile de systèmes étrangers au génie de notre peuple. La révolution que nous voulons saura rester fidèle aux plus authentiques traditions de notre civilisation. Et elle sera une révolution, parce qu'elle fera du neuf.

Ne nous y trompons pas, la tâche sera rude. Elle n'ira pas sans déchirements. Il sera toujours difficile de persuader des maîtres que les méthodes qu'ils ont longuement et consciencieusement pratiquées n'étaient peut-être pas les meilleures ; à des hommes mûrs, que leurs enfants gagneront à être élevés autrement qu'eux-mêmes ne l'ont été ; aux anciens élèves de grandes Écoles, que ces établissements parés de tous les prestiges du souvenir et de la camaraderie doivent être supprimés. Là, comme ailleurs, cependant, l'avenir, n'en doutons pas, appartiendra aux hardis ; et pour tous les hommes qui ont charge de l'enseignement, le pire danger résiderait dans une molle complaisance envers les institutions dont ils se sont fait peu à peu une commode demeure.

De cette révolution nécessaire, on ne saurait prétendre discuter, en quelques pages, le programme. Le tracé précis viendra, s'il y a lieu, plus tard et par collaboration. On se bornera pour l'instant à quelques principes directeurs.

Une condition préliminaire s'impose : à ce point impérieuse que, si elle manque à être remplie, rien de sérieux ne se fera. Il importe que, pour l'éducation de ses jeunes, comme pour le développement permanent de la culture dans l'ensemble de ses citoyens, la France de demain sache dépenser incomparablement plus qu'elle ne s'y est résignée jusqu'ici.

Deux épisodes ont, à cet égard, brutalement caractérisé, avant-guerre, l'attitude des éléments mêmes que la défaite devait hisser au pouvoir et que la victoire en précipitera bientôt. Lorsque, ministre de la « prospérité », André Tardieu établit un vaste plan d'« outillage national », il commença par proscrire purement et simplement, de cet équipement d'une France heureuse, tout armement scientifique (plus tard, si je ne me trompe, un repentir de la dernière heure fit inscrire au budget quelques crédits pour les laboratoires ; car, après tout, la Schwerindustrie ne peut ignorer absolument que les techniciens servent à quelque chose ; les bibliothèques par contre continuèrent d'être oubliées ; des « réalistes » ont-ils à se soucier de livres ? Et surtout quel besoin les Français trop pauvres pour acheter eux-mêmes des livres auraient-ils de lire ?) Lorsque, ministre de la grande pénitence, Pierre Laval, désireux, avant tout, d'atteindre, par ricochet, les salaires, eut décidé de pratiquer dans les dépenses de la République quelques coupes sombres, on vit, seul entre tous les gouvernements civilisés, le gouvernement français étendre cette épargne aux œuvres de l'intelligence. « Ce qui nous a toujours frappés chez vos gouvernants, me disait naguère un ami norvégien, c'est le peu d'intérêt qu'ils portent aux choses de l'esprit. » Le mot était dur. On voudrait qu'il cessât, à jamais, d'être mérité...

Il nous faudra donc des ressources nouvelles. Pour nos laboratoires. Pour nos bibliothèques peut-être plus encore, car elles ont été, jusqu'ici, les grandes victimes (bibliothèques savantes ; bibliothèques dites populaires aussi, dont le misérable état, comparé à ce que nous offrent l'Angleterre, l'Amérique, l'Allemagne même, est une des pires hontes de notre pays. Qui a pu sans mélancolie feuilleter le catalogue d'une bibliothèque de grande ville, pour ne pas parler des petites et y mesurer l'amenuisement progressif des achats, la décadence de la culture depuis une cinquantaine d'années ? La bourgeoisie dite éclairée ne lit plus guère ; et ceux qui, issus de milieux moins aisés ne demanderaient qu'à lire, les livres ne viennent pas les solliciter). Pour nos entreprises de recherches. Pour nos universités, nos lycées et nos écoles, où il convient que pénètrent l'hygiène et la joie, la jeunesse a le droit de ne plus être confinée entre des murs lépreux, dans l'obscurité de sordides *in pace*. Il nous en faudra aussi, disons-le sans fausse honte, pour assurer à nos maîtres de tous les degrés une existence non pas luxueuse certes (ce n'est pas une France de luxe que nous rêvons), mais suffisamment dégagée des menues angoisses matérielles, suffisamment protégée contre la nécessité de gagne-pain accessoires pour que ces hommes puissent apporter à leurs tâches d'enseignement ou d'enquête scientifique une âme entièrement libre et un esprit qui n'aura pas cessé de se rafraîchir aux sources vives de l'art ou de la science.

Mais ces indispensables sacrifices seraient vains s'ils ne s'adressaient à un enseignement tout rajeuni.

Un mot, un affreux mot, résume une des tares les plus pernicieuses de notre système actuel : celui de bachotage. C'est certainement dans l'enseignement primaire que le poison a pénétré le moins avant : sans l'avoir, je le crains, tout à fait épargné. L'enseignement secondaire, celui des universités et les grandes écoles en sont tout infectés.

« Bachotage. » Autrement dit : hantise de l'examen et du classement. Pis encore : ce qui devait être simplement un réactif, destiné à éprouver la valeur de l'éducation, devient une fin en soi, vers laquelle s'oriente, dorénavant, l'éducation tout entière. On n'invite plus les enfants ou les étudiants à acquérir les connaissances dont l'examen permettra, tant bien que mal, d'apprécier la solidité. C'est à se préparer à l'examen qu'on les convie. Ainsi un chien savant n'est pas un chien qui sait beaucoup de choses, mais qui a été dressé à donner, par quelques exercices choisis d'avance, l'illusion du savoir. « Vous serez certainement agrégé l'année prochaine, disait naïvement un juge d'agrégation à un de mes étudiants, cette année, vous n'êtes pas encore suffisamment formé au concours. » Durant les vingt dernières années, le mal a fait d'épouvantables ravages. Nos étudiants de licence trébuchent désormais de certificat en certificat. Depuis la révolution nationale, on n'entre plus au barreau sans un examen supplémentaire. Des lycées ont organisé, interrompant pour cela la suite régulière des études, un « pré-baccalauréat ». Dans les librairies médicales de Paris, se vendent, toutes faites, des questions d'internat, qu'il n'y a qu'à apprendre par cœur. Certaines institutions privées ont découpé les programmes sujet par sujet et se vantent d'un sectionnement si juste que la plupart de leurs candidats ne tombent jamais que sur des questions ainsi traitées et corrigées. Du haut en bas de l'échelle, l'attraction des examens futurs exerce son effet. Au grand détriment de leur instruction, parfois de leur santé, d'innombrables enfants suivent trop jeunes des classes conçues originairement pour de plus vieux, parce qu'il faut éviter à tout prix le retard éventuel qui les amènerait plus tard à se heurter aux limites d'âge de telle ou telle grande école. « Tous nos programmes scientifiques d'enseignement secondaire, me disait un physicien, sont conçus en vue de celui de Polytechnique. » Et, dans les lycées ou collèges, les perpétuelles compositions entretiennent moins encore l'émulation, d'ailleurs mal comprise, que l'aptitude au travail hâtif, dont on verra plus tard nos misérables adolescents subir les affres, en pleine canicule, dans des salles surchauffées.

Je ne pense pas qu'il soit nécessaire d'insister sur les inconvénients intellectuels d'une pareille manie examinatoire. Mais ses conséquences morales, les a-t-on toujours assez clairement vues : la crainte de toute initiative, chez les maîtres comme chez les élèves ; la négation de toute libre curiosité ; le culte du succès substitué au goût de la connaissance ; une sorte de tremblement perpétuel et de hargne, là où devrait au contraire régner la libre joie d'apprendre la foi dans la chance (car ces examens, quelle que puisse être la conscience des examinateurs, demeurent, par nature, hasardeux : qu'on veuille bien se souvenir de la curieuse et terrible enquête de Piéron et Laugier, si savamment étouffée par les chefs de l'Université : d'un correcteur à l'autre, voire entre les mains d'un même correcteur, d'un jour à l'autre, elle a révélé les plus inquiétantes variations dans les notes) ; enfin, mal encore infiniment plus grave, la foi dans la fraude ? Car on « copie » dans nos classes, au jour des compositions, on copie dans nos salles d'examen, on copie beaucoup plus fréquemment et avec beaucoup plus de succès que les autorités ne veulent officiellement l'avouer. Certes, je le sais, il subsiste, Dieu merci ! des âmes probes. Je consens même qu'elles soient nombreuses. Elles y ont du mérite. « Faut-il que tu aies bien copié » : ainsi un élève de ma connaissance, qui venait d'être premier et l'avait été honnêtement s'entendait interpeller, sur un ton d'atroce admiration, par un de ses camarades. Est-ce dans cette atmosphère qu'on forme une jeunesse ?

J'ai dit que je ne pouvais présenter ici un programme détaillé de réforme. Il sera délicat à établir. Certaines condamnations à mort s'imposent. Qui croit encore au baccalauréat, à la valeur de choix, à l'efficacité intellectuelle de cette aléatoire forcerie ? Bien entendu, divers procédés de sélection demeureront, cependant, nécessaires ; mais plus rationnellement conçus et en nombre désormais suffisamment restreint pour que la vie de l'écolier ou de l'étudiant cesse d'être enfermée dans une obsédante répétition d'épreuves. Je me contenterai, pour l'instant, d'une suggestion très simple et d'application dès l'abord aisée.

J'ai, comme tous mes collègues, corrigé des copies, interrogé des candidats. Comme tous, je me reconnais sujet à l'erreur. M'arrive-t-il cependant de confondre une très bonne épreuve avec une très mauvaise, ou même avec une épreuve moyenne ? Assez rarement, je pense. Mais, lorsque je vois un examinateur décider que telle ou telle copie d'histoire par exemple ou de philosophie ou même de mathématiques, cotée sur 20 vaut 13 1/4 et telle autre 13 1/2, je ne puis en toute déférence m'empêcher de crier à la mauvaise plaisanterie. De quelle balance de précision l'homme dispose-t-il donc qu'il lui permette de mesurer avec une approximation de 1,2 % la valeur d'un exposé historique ou d'une discussion mathématique ? Nous demandons instamment que – selon l'exemple de plusieurs pays étrangers – l'échelle des notes soit uniformément et impérieusement ramenée à cinq grandes catégories : 1 ou « très mauvais », 2 ou « mauvais », 3 qui sera « passable », 4 qui voudra dire « bien », 5 qui voudra dire « très bien » (non « parfait », qu'interdit l'infirmité humaine). Cela du moins partout où les *ex aequo* sont sans inconvénients. Il faudra faire étudier à un mathématicien le problème des concours à places limitées. Mais là encore, il doit être possible de se garder de raffinements trop poussés, dont l'absurdité ne nous échappe que par suite d'une trop longue accoutumance. Tout vaut mieux qu'une sottise, qui se prolonge en injustice.

Mais l'abus des examens n'est peut-être, à son tour, qu'un des signes de déformations plus profondes. Là encore, je parlerai peu de l'école primaire. Autant que je la connaisse – car j'ai avec elle, je l'avoue, moins de familiarité qu'avec le Lycée et l'Université – elle n'est pas sans défauts. Elle me paraît, cependant, beaucoup moins mal adaptée à ses fins que ne le sont, pour leur part, les établissements des deux autres degrés. Les erreurs des enseignements secondaire et supérieur sont patentes. Elles peuvent s'exprimer brièvement comme il suit.

L'enseignement supérieur a été dévoré par les écoles spéciales, du type napoléonien. Les Facultés même ne méritent guère d'autre nom que celui-là. Qu'est-ce qu'une Faculté des Lettres, sinon, avant tout, une usine à fabriquer des professeurs, comme Polytechnique une usine à fabriquer des ingénieurs ou des artilleurs ? D'où deux résultats également déplorables. Le premier est que nous préparons mal à la recherche scientifique ; que, par suite, cette recherche chez nous périclite. Interrogez à ce sujet un médecin, par exemple, ou un historien ; s'ils sont sincères leurs réponses ne différeront guère. Par là, soit dit en passant, notre rayonnement international a été gravement atteint : en beaucoup de matières, les étudiants étrangers ont cessé de venir chez nous, parce que nos universités ne leur offrent plus qu'une préparation à des examens professionnels, sans intérêt pour eux. D'autre part, à nos groupes dirigeants, trop tôt spécialisés, nous ne donnons pas la culture générale élevée, faute de laquelle tout homme d'action ne sera jamais qu'un contremaître. Nous formons des chefs d'entreprise qui, bons techniciens, je veux le croire, sont sans connaissance réelle des problèmes humains ; des politiques qui ignorent le monde ; des administrateurs qui ont l'horreur du neuf. À aucun nous n'apprenons le sens critique, auquel seuls (car ici se rejoignent les deux conséquences à l'instant signalées) le spectacle et l'usage de la libre recherche pourraient dresser les cerveaux. Enfin, nous créons, volontairement, de petites sociétés fermées où se développe l'esprit de corps, qui ne favorise ni la largeur d'esprit ni l'esprit du citoyen.

Le remède ? Une fois de plus, il faut, dans ce premier schéma, renoncer au détail. Disons seulement, en deux mots, que nous demandons la reconstitution de vraies universités, divisées désormais, non en rigides facultés qui se prennent pour des patries, mais en souples groupements de disciplines ; puis, concurremment avec cette grande réforme, l'abolition des écoles spéciales. À leur place, quelques instituts d'application technique permettant la préparation dernière à certaines carrières : après, toutefois, un passage obligatoire dans les universités. Pour achever la formation particulière d'une certaine catégorie d'ingénieurs, l'École des ponts et chaussées, par exemple, est indispensable ; affaire d'Université, la préparation scientifique générale n'a pas de raison d'être donnée dans une école entre cloisons étanches, comme Polytechnique.

Aussi bien deux exemples, qu'on empruntera impartialement à nos deux moments opposés de notre histoire politique, feront sans doute saisir, mieux que de longs discours, la routine avec laquelle on voudrait rompre et l'orientation nouvelle qu'on voudrait adopter.

Nous avons vu naguère le Front populaire se proposer de briser le quasi-monopole des Sciences politiques, comme pépinière de notre haute administration. Politiquement, l'idée était saine. Un régime a toujours le droit de ne pas recruter ses serviteurs dans un milieu, dont les traditions lui sont presque unanimement hostiles. Mais qu'imaginèrent alors les hommes au gouvernement ? Ils auraient pu songer à instituer un grand concours d'administration civile, analogue à l'admirable concours du *Civil Service* britannique : comme lui, commun à toutes les branches de l'administration ; comme lui, fondé avant tout sur des épreuves de culture générale et laissant, grâce à un libre jeu d'options, une grande part aux curiosités individuelles ; comme lui, enfin, préparé dans des universités d'esprit élargi. Ils préférèrent tracer le plan d'une nouvelle école spéciale : une autre École des Sciences politiques, encore un peu mieux close que sa rivale...

Le régime de Vichy a supprimé les Écoles normales. Mesure principalement politique, sans aucun doute. Nul ne saurait se laisser tromper par les absurdes griefs qui lui servirent de masque. Aux instituteurs, les Écoles normales donnaient, elles leur donneront sans doute de nouveau, une instruction générale et une formation technique également solides. On accordera, cependant, qu'au sortir de ces établissements, forcément un peu repliés sur eux-mêmes et de programme nécessairement rigide, il ne serait sans doute pas, pour de jeunes esprits, inutile de prendre contact avec des milieux d'étudiants plus variés, de même qu'avec des formes d'enseignement plus critiques et plus souples. Remplacer l'École normale par un passage dans des lycées, comme l'a voulu Vichy, est un non-sens. Les futurs maîtres y apprennent moins bien ce qu'on leur enseignait mieux dans l'ancienne École. Mais je les verrais volontiers, pour ma part, une fois les Écoles normales rétablies, achever leur cycle d'études par un an de travail très libre dans les universités.

Depuis quelques décades, l'enseignement secondaire est en perpétuel remaniement. Sans doute, les grotesques incohérences des trois dernières années ne dénoncent-elles rien d'autre que l'incapacité foncière du régime à rien créer ni coordonner. Mais le déséquilibre est plus ancien. Il répond à des causes profondes. L'ancien système humaniste a vécu. Il n'a pas été remplacé. D'où un malaise aigu, qui se traduit de bien des façons. Il y a toujours eu de mauvais élèves qui devenaient, plus tard, des hommes instruits et cultivés. Je ne crois pas me tromper en disant que le cas a, de nos jours, tout à fait cessé d'être exceptionnel. Alors qu'inversement, beaucoup de prétendus bons élèves n'ouvriront plus jamais un livre. À la vérité, en ont-ils vraiment ouvert, durant leurs classes, d'autres que leurs « morceaux choisis » ? Aussi bien, la désaffection qui enveloppe l'enseignement chez les jeunes n'est pas niable. Je suis un assez vieil homme pour m'en souvenir : il y a une quarantaine d'années, on allait au lycée avec plus de plaisir ; on le quittait avec moins de joie. Le succès du mouvement « éclaireur » s'explique par bien des raisons. Dans le nombre, figure, soyons-en sûr, au premier rang, l'échec de l'éducation officielle. Au milieu de sa meute ou de sa patrouille, l'enfant trouve ce que lui apporte de moins en moins le lycée ou le collège : meilleur esprit d'équipe, des chefs plus près de lui, des « Centres d'intérêt » mieux faits pour séduire et fixer la spontanéité d'une fraîche intelligence.

Plutôt que de développer ces critiques, il vaudra mieux, sans doute, indiquer sommairement ce que nous souhaitons.

Nous demandons un enseignement secondaire très largement ouvert. Son rôle est de former des élites, sans acception d'origine ou de fortune. Du moment donc qu'il doit cesser d'être (ou de redevenir) un enseignement de classe, une sélection s'imposera. Un examen d'entrée demeurera probablement nécessaire ; il le faudra très simple et adapté à l'enfance : un test d'intelligence plutôt qu'une épreuve de connaissances... ou de perroquetage. Des examens de passage subsisteront. Mais non d'année en année. C'est méconnaître toute la psychologie de la croissance – disons mieux c'est nier sa physiologie – que de prétendre juger un enfant ou un adolescent sur le travail d'une dizaine de mois. Quels mois, parfois, dans son développement !

Nous demandons une discipline plus accueillante, dans des classes moins nombreuses ; une discipline exercée par des maîtres et des administrateurs auxquels auront été enseignés au moins les grands principes de cette psychophysiologie, dont je rappelais tout à l'heure l'existence ; que les instituteurs apprennent ; qu'un professeur d'enseignement secondaire a actuellement le droit (il ne s'en prive pas toujours !) d'ignorer radicalement. Au lieu de chercher à plier l'enfant à un régime implacablement uniforme, on s'attachera à cultiver ses goûts, voire ses « marottes ». Il y avait une grande fécondité dans l'idée des loisirs dirigés que, sous le nom d'éducation générale, Vichy s'est annexée, en la déformant. Il conviendra de la reprendre, à l'aide d'un personnel jeune. L'éducation physique aura sa large part. Étrangère à tout excès ridicule, à toute admiration béate ou malsaine pour un athlétisme d'exception, elle sera, simplement, ce qu'elle doit être : un moyen de fortifier le corps, donc le cerveau ; un appel à l'esprit d'équipe et de loyauté.

Nous demandons une très souple liberté d'option dans les matières d'enseignement : liberté désormais d'autant plus aisée que la suppression du carcan des examens doit permettre une grande variété d'initiative. Se rend-on bien compte que, par la faute du baccalauréat, la France est actuellement un des rares pays où toute l'expérimentation pédagogique, toute nouveauté qui ne s'élève pas immédiatement à l'universel, se trouve pratiquement interdite ? Le latin universellement obligatoire est une absurdité ; de même l'uniformité d'un programme mathématique trop poussé, auquel certains esprits, qu'il faut peut-être plaindre, mais non condamner, se révèlent par nature rebelles. Nous ne nous proposons d'ailleurs nullement de rejeter la tradition humaniste. Sous préjudice, cela va de soi, des langues vivantes, le latin continuera d'être enseigné. Sa connaissance est indispensable à toute discipline de caractère historique. Elle ouvre l'accès d'une littérature dont les résonances sont loin d'être éteintes. Surtout l'apprentissage d'une langue de caractère synthétique est, pour l'intelligence, une gymnastique à peu près irremplaçable. Mais pour que cette étude porte ses fruits, il faut qu'elle soit sérieuse, partant qu'un nombre d'heures suffisant lui soit consacré. Plutôt qu'un latin maladroitement ânonné, comme on le voit trop souvent aujourd'hui, mieux vaudrait pas de latin du tout ; avant toute chose, il faut dans l'éducation fuir l'à-peu-près. C'est pourquoi, malgré l'admirable valeur esthétique et intellectuelle du grec, je crains fort qu'il ne puisse être maintenu, sinon par exception : une once de latin, quelques grains de grec... je préfère bon poids du premier. Au reste, on n'aura pas la fausse vergogne des traductions. Aucun élève ne devrait sortir du lycée sans avoir pris contact avec les grandes œuvres antiques. Il est cent fois préférable d'avoir lu, en traduction, *L'Odyssée* ou *L'Orestie* tout entière que de s'être contenté d'en expliquer péniblement, dans le texte, deux ou trois douzaines de vers. Un magistrat du XVIIIe siècle, raconte Tallemant des Réaux, comme son fils, élève chez les jésuites, lui demandait de lui faire parvenir une *Légende dorée*, lui envoya, à la place, le *Plutarque* d'Amyot : « Mon fils, lui écrivait-il, voilà la vie des saints telle que la lisent les honnêtes gens. » Je laisse à ce parlementaire son jugement sur l'hagiographie. Qui ne souscrirait à celui qu'il portait sur les lettres grecques, mêmes connues, comme chez Amyot, à travers un vêtement français ?

Nous demandons que l'éducation scientifique, que nous souhaitons étendue et profonde, laisse résolument tomber ce qui n'est que matière d'apprentissage technique. L'enseignement secondaire a pour objet de former des esprits ; non, par avance, des ingénieurs, des chimistes ou des arpenteurs. Ceux-là trouveront, plus tard et ailleurs, les écoles qu'il leur faut. Nous voudrions que, surtout jusqu'à quatorze ou quinze ans, une place beaucoup plus grande que par le passé fût faite aux disciplines d'observation, parmi lesquelles la botanique, pratiquée sur le terrain, semble appelée à tenir un rôle prééminent. Nous prions les mathématiciens de se souvenir que l'enseignement secondaire, la géométrie par exemple, a sa place beaucoup moins comme accumulation de connaissances (dont un grand nombre, par la suite, deviendront inutiles au commun des élèves) que comme un merveilleux instrument à aiguiser le raisonnement. Nous pensons que des allégements sérieux peuvent être apportés à des programmes comme celui de la chimie, où la masse des faits est excessive.

Nous demandons que par un enseignement historique et géographique largement conçu – j'ajouterais volontiers, pour l'histoire au moins, totalement refondu – on s'attache à donner à nos jeunes une image véridique et compréhensive du monde. Gardons-nous de réduire l'histoire, comme on a eu tendance à le faire ces dernières années, aux événements purement politiques d'une Europe, dans le temps, toute proche de nous. Le passé lointain inspire le sens et le respect des différences entre les hommes, en même temps qu'il affine la sensibilité à la poésie des destinées humaines. Dans le présent même, il importe bien davantage à un futur citoyen français de se faire une juste image des civilisations de l'Inde ou de la Chine que de connaître, sur le bout du doigt, la suite des mesures par où « l'Empire autoritaire » se mua, dit-on, en « Empire libéral ». Là encore, comme dans les sciences physiques, un choix neuf s'impose.

En résumé, nous demandons, d'un bout à l'autre, une révision raisonnée des valeurs. La tradition française, incorporée dans un long destin pédagogique, nous est chère. Nous entendons en conserver les biens les plus précieux : son goût de l'humain ; son respect de la spontanéité spirituelle et de la liberté ; la continuité des formes d'art et de pensée qui sont le climat même de notre esprit. Mais nous savons que, pour lui être vraiment fidèles, elle nous commande elle-même de la prolonger vers l'avenir.